飲食中的朝鮮野史

알고 먹으면 더 맛있는
음식 속 조선 야사

宋永心（송영심）著
陳曉菁 譯

第二章　時代造就的食物　118

第三章　融合了生活史的飲食　186

第五章 用鄉土史做出的料理 312

朝鮮王朝

1392
太祖 李成桂
1398
定宗 李芳果
1400
太宗 李芳遠
1418
世宗 李祹
1450
文宗 李珦
1452
端宗 李弘暐
1455
世祖 李瑈
1468
睿宗 李晄
1469
成宗 李娎
1494
燕山君 廢黜 李㦕
1506
中宗 李懌
1544
仁宗 李峼
1545
明宗 李峘
1567
宣祖 李昖
1608

1608
光海君 廢黜 李琿
1623
仁祖 李倧
1649
孝宗 李淏
1659
顯宗 李棩
1674
肅宗 李焞
1720
景宗 李昀
1724
英祖 李昑
1776
正祖 李祘
1800
純祖 李玜
1834
憲宗 李奐
1849
哲宗 李昪
1863
高宗 李㷩
1907
純宗 李坧
1910

1392 年至 1910 年的歷代君主

從現在開始，揭開朝鮮史的序幕，
在美味飲食的引領下，
看見朝鮮時代人們的鮮活趣事。

載滿朝鮮野史的酒館
正式開張

朝鮮五百多年的歷史，對於生活在現今的韓國人而言，就像是故鄉的感覺。因為不管是身上穿的、嘴裡吃的或是生活使用的東西，大部分都是從朝鮮時代流傳下來，代代傳承至今。就連現在當作主食的米飯，也是在朝鮮時代的品質改良與農業技術革新之下，才得以端上今日的飯桌。因此飯桌上所看到的每一道小菜，都包含著朝鮮時代人們耀眼的創造力、技術與智慧。每一口用筷子和湯匙舀起的飯菜，都在在隱藏著不為人知、讓人淚流不止且悲痛不已的朝鮮歷史。

若說現代人們分享生活大小事、聊天和討論事情的場所是咖啡館或餐廳的話，那麼可以讓朝鮮時代的人們毫無顧忌地談天說地，對於未竟之業發洩憤恨或詼諧以對，又或者是撫掌而笑的場所，那就是「酒館」了。穿梭來往於酒館的無數過客們將埋藏在心底的故事，藉由一碗米酒，向酒館女主人傾訴也是當然的了。

酒館通常位於交通要塞、渡口或集市，例如像是在通往漢陽等大城市的必經之路上，針對來往的旅客提供食物、酒，以及住宿的地方。如此看來，當時的酒館和集市，可以說是扮演了現今社群網路般的角色。在諸如三叉路口交會之地、載送人們南來北往的渡口、以及商業流通的必經之路，一定可以看到酒館的蹤影。奔波趕路了一整天，終於在天黑之前找到落腳之處的人們，為了準備第二天的旅程，並且讓疲憊的雙腿得以歇息，往往會選擇在酒館留宿一晚。在朝鮮時代漆黑的夜裡，老虎出沒是家常便飯，所以一旦太陽下山之後，人們便結束一天的日程，在酒館裡休息並順便來杯

小酒。一杯黃湯下肚，在酒勁的催化之下，不免將一生的經歷，又或者是深埋在心中的冤屈向人娓娓道來。酒館老闆娘聽了他們的故事之後，也許還會轉述給其他旅客聽，又或者是被坐在身旁的旅客給聽了去，於是他的故事就這樣輾轉流傳到了其他地方。除了這些瑣碎的故事之外，有的人還會在酒館裡隱密地會面，討論批判統治者及策劃舉義起事之事。還有一些即將流放到外島的儒生們，在接受嚴刑拷打之後，拖著疲憊的身軀走在艱辛的道路上，他們也得以在這裡暫時安歇喘息。茶山丁若鏞♠從小堅信道義，與擁有虔敬之

♠丁若鏞（一七六二～一八三六），號茶山，朝鮮實學思想家、詩人。歷任朝鮮文藝館檢閱、司憲府持平、司諫院正言、弘文館修撰、京畿暗行御史、奎瀛府校書、谷山府使、刑曹參議等官職。

醴泉三江酒幕建於1900年間，是一個為往來三江渡口的遊客們充飢止餓的地方，更是貨郎們的落腳之處。———資料來源：韓國文化財廳

心的二哥丁若銓一同信奉天主教，但是卻因此遭受審判，其中一人被發配到地處邊疆的康津；另一人則是被流放到黑山島，當時讓他流盡血淚，感受離別之痛的地方也正是沿途所經過的酒館。在流放路上的最後，兄弟倆面臨分離的交叉路口時，他們在羅州栗亭的酒館裡相互擁抱，一起度過最後一個夜晚。在離別之際，丁若鏞用他的詩詞表達了當時哀痛的心情。該詩文中的其中一段如下：

起視明星慘將別，
脈脈嘿嘿兩無言，
强欲轉喉成嗚咽，
黑山超超海連空，
君胡為乎入此中。

——摘自《茶山詩文集》第四卷，「栗亭別」之一部分

和丁若銓分道揚鑣之後，雖然丁若鏞抵達流放之地康津，但是當時天主教被視為邪教，大家對於身為天主教徒的他避之唯恐不及，因此他找不到任何可以投靠的地方。唯有酒館仍然為這些被大眾鄙棄的罪犯們留有一處歇腳之地。丁若鏞在寒風凜冽的十一月，將他發生事情的原委告知酒館的

老嫗，終於得以在此地落腳。丁若鏞將這間酒館稱之為「東泉旅舍」，並且將自己居住的房間取了一個叫做「四宜齋（告誡自己需在此地明思、正貌、審言、慎行之意）」的堂號。或許丁若鏞在度過漫長冬夜之際，也曾經向對於自身有恩的酒館老嫗嘀嘀咕咕地發過牢騷，埋怨自己不幸的遭遇也不一定呢。在鐵鍋裡沸騰的醬湯所瀰漫的熱氣之中，或者是吃著稍微結冰的涼爽水蘿蔔泡菜時，聽著他所講述的這些故事，而這些故事隨著時間流逝成了歷史。

另外，酒館也是為祕密調查貪官汙吏腐敗罪行時，上頭所派遣的暗行御史必定會落腳居住的地方。暗行御史通常都是接到派令，才得知自己被派往何地監視調查，而其中大部分都與自己的故鄉或是姻親等毫無關係，因此經常是某個生平未曾踏足之處。把馬牌♣和銅尺♥放進包袱之後，啟程上路的暗行御史在進入即將接受調查的城邑之前，首先抵達的地方正是酒館。御史可以在酒館裡先行了解案情，或者是從來往的旅客口中打探犯案之人的各種小道消息。像朴文秀、丁若鏞及李羲甲等暗行御史們，為了剷除貪官汙吏的腐敗罪行，在拿出馬牌向他們定罪之前，這些鬧得滿城風雨，令聽者為之落淚的故事與沉冤莫白的案情，暗行御史們大都是在酒館裡蒐集而來的。

♣朝鮮時代，使用驛站馬匹辦理公務的官員出發之前在尚瑞院領取馬牌，以便在途中的驛站換乘馬匹。

♥驗屍用。

若是在酒館裡喝酒的話，店家會奉上免費的下酒菜一份。有時候是泡菜，有時候則是醃醬菜。酒館的木頭架子上總是備有好幾種下酒菜，乾貨類的下酒菜有肉乾、魚乾以及魷魚絲等；價格昂貴的下酒菜有將牛肉或豬肉燙熟做成的白切肉、宮廷烤牛肉、年糕烤肉串、烤魚以及解酒湯等料理。另外能夠為遊子們止飢的飲食菜湯中，主要以醬湯泡飯為主，將牛排骨肉燉煮到熟爛之後，就可以做出一碗滋味醇厚的湯飯。

每當舊時考生們赴京趕考之際，正是酒館坐無虛席之時。若是遇到每三年舉行一次的式年試◆時，通往首爾的每個路口上的酒館，幾乎家家都擠滿了揹著行囊的考生。在朝鮮時代後期，全國上下處於乾旱和災害不斷的時候，路上到處都是逃亡的飢餓難民，連一餐飯都難以解決的流民們，有的甚至會偷偷地進入酒館，把自己的孩子拋棄在這裡之後獨自離開。聽說有些酒館老闆娘，會因為不忍心看到被扔在酒館裡的孩子飢腸轆轆而給他們食物，而且也傳聞該地區的富有人家有的會捐贈糧食，甚至有的會把孩子帶回家扶養。以下是曾經見聞過這類事件的暗行御史將實情記錄下來，並且上呈的奏折內容。

「……昨年以來，流民之遺棄孩稚，多在於邑治店幕，大村富戶等處，衣食稍裕者，輒收而養之，故得免於中野暴露……」

~~《正祖實錄》，正祖十四年四月三十日在京津的第一篇紀錄

就像這樣，酒館是鮮活地見證了朝鮮歷史傳承的地方。現在，我們將以朝鮮的酒館為背景，透過遊客與酒館老闆娘之間的假想對話，讓與飲食相關的朝鮮史內幕故事，能夠變得更加豐盛和美味。

◆文科舉又分大科（文科）和小科（生員、進士科），大科分為式年試和別試，式年試規定三年一試。

1-1

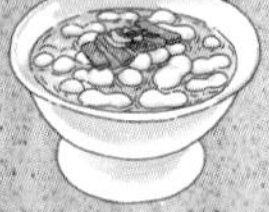

笊籬年糕湯

1-2

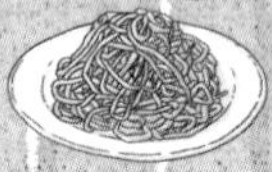

叔舟豆芽

1-3

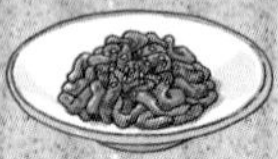

魚蝦醬

1-4

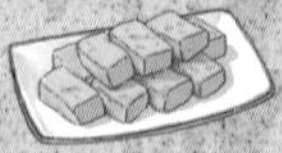

切糕

1-5

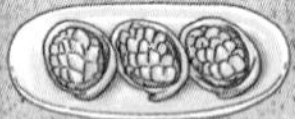

烤鮑魚

1-6

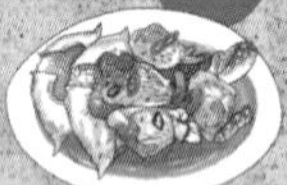

醬油螃蟹

1-7

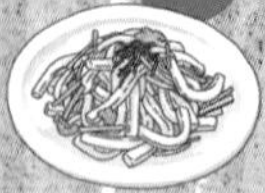

蕩平菜

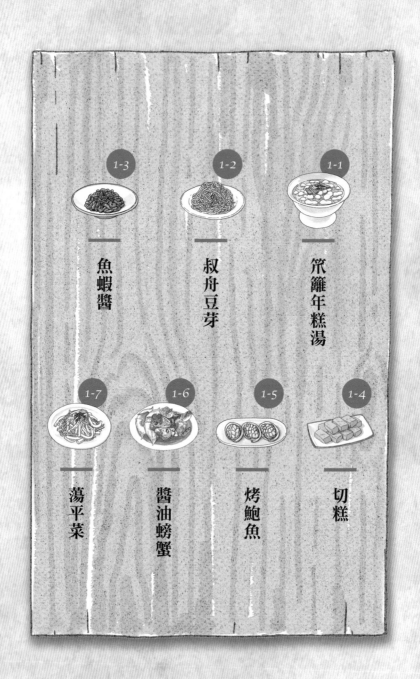

第一章

結合政治史的飲食

鬥爭激烈不亞於任何地方的朝鮮宮廷
蘊含著波瀾壯闊的朝鮮政治背後故事的食物

老闆娘，
動身上路之後，一直趕路到現在，
連碗年糕湯都沒得吃，
請給我煮碗年糕湯吧。

真是可憐啊，
大過年的，怎麼可以少了碗年糕湯呢！

不過老闆娘，
年糕湯裡的白米糕，
怎麼會長成這樣？

我們這個村子裡啊，
煮出來的年糕湯就是長這個樣子的。

呵呵，這個還真是新奇。
其中有什麼緣由嗎？

有的。
年糕湯之所以長成這個樣子，
其中緣由就讓我說給您聽吧。

菜單 1-1

笊籬年糕湯

最後一個高麗王族送給李成桂的詛咒標識

在春節吃可以招財納福的年糕湯

韓國人是從什麼時候開始做年糕湯來吃的呢？依據六堂崔南善♣從一九三七年開始在每日新報上連載，集結於一九四八年出版的《朝鮮相識問答》內容來看，其傳統可以追溯到非常久遠的年代，據說最早是源自於上古時代在新年祭祀時所吃的「飲福」當中。「飲福」是指得到神明賜予之福分的意思，也就是在祭祀之後，大伙兒一同分吃作為祭品的酒和食物的風俗。崔南善在書中說明了關於年糕湯的意思，「以白色的食物作為新年的開始，表示天地萬物復甦新生，隱含著宗教式的意義。」他又寫道：「在新年的第一天，萬象更新之際，白色的年糕具有以潔白的內心來迎接新年的涵義，所以才會煮象徵純潔無垢的白色年糕湯來吃。」

有趣的是，現在在新年第一天所吃的年糕湯，在朝鮮時代同時也是在一年的最後一天，也就是大年三十除夕夜所吃的食物。當天晚上一家大小會圍坐在一起，吃著這道年糕湯。上述內容記載於金邁淳於一八一九年編寫的《洌陽歲時記》中，金邁淳在正祖時代曾經歷任抄啓文臣；在純祖時期則是擔任禮曹參判一職。此外，在該書中還介紹了放在年糕湯中的白米糕製作方法。其作法如下：「好稻米作末細篩，清水拌勻，蒸熟置木板（案盤）上，用杵爛搗，分作小段，摩轉作餅，體團而長如八梢魚股，名曰拳模，先作醬湯候，沸將餅細切如錢形，投之以不黏不碎為佳，或和以豬牛雉雞等肉。」年糕之所以會做成長條狀，是因為想要讓它看起來像是錢袋的模樣。將長條糕切片之後，就變成了銅錢的樣子，人們藉由吃了這種形狀像錢的年糕湯，祈求新年初始，財源廣進。

那麼，年糕湯是用什麼方式煮的呢？自高麗後期以來，年糕湯的高湯都是用雉雞肉來熬煮的。在十三世紀末期，蒙古的勢力範圍擴及高麗，因此元朝的風俗傳入高麗，開始流行利用老鷹來獵捕雉雞。後來隨著元朝的衰退沒落，利用老鷹獵捕雉雞的行為也逐漸減少，於是人們開始用一般的雞取代雉雞，作為熬煮

♣崔南善（一八九〇～一九五七），號六堂，朝鮮的詩人、歷史家、出版人、朝鮮半島獨立運動領導人。他和李光洙被視為韓國近代文學開拓者。

《洌陽歲時記》：記錄漢陽年例活動的書籍。———資料來源：國立中央博物館

年糕湯的食材。於是從這個故事中衍生出一句經常使用的俗諺「以雞代雉」，表示聊勝於無之意。比《冽陽歲時記》晚三十年出現，在憲宗時期由洪錫謨所編纂的歲時節令風俗集《東國歲時記》，其「正月篇」中也有提及這樣的內容：「白餅因細切薄如錢，和醬水湯熟，調牛雉肉番椒屑，名曰餅湯。」這裡所提及的花椒粉，即是把特殊香氣和味道的花椒果實晒乾後磨製成粉末的調味料。不過為何現今的人們改用牛骨或牛肉來煮年糕湯呢？因為進入現代社會之後，一般的平常百姓也很容易就可以買到牛肉了。而且隨著不再使用銅錢之後，年糕的形狀也從銅錢狀轉變成現在的橢圓形模樣了。

另一方面，由於朝鮮時期將高湯稱之為「湯」，因此年糕湯也被稱為「餅湯」，擷取「白湯」或「糕餅」的文字，取其「白色的高湯」之意。而顧名思義，餅湯就是「用年糕煮成的湯」。另外，吃了年糕湯就表示增加一歲，因此又有「添歲餅」之別名，所以年糕湯是「歲饌床（年節餐桌）」上不可或缺的一道料理。歲饌床是指新年第一天用來招待前來拜年的客人的食物，一般包括了年糕湯、蘿蔔片水泡菜、煎餅、甜米露以及水正果（生薑桂皮茶）等在內。

時至今日，年糕湯已不僅僅是春節時所吃的食物，在日常生活中也經常吃這道料理。不過根據《宮中宴會紀錄》所記載的內容來看，朝鮮時代的年糕湯並不是在春節的時候吃，而是在宴會當晚提供給眾客們享用的料理。興宣大院君執政時期（一八二〇～一八九八），於一八六八年十一月六

日為慶祝趙大妃（追尊翼宗之皇后，神貞王后趙氏）花甲之喜而舉行了宴席（進饌例），當時就是以餅湯來為演奏樂器的樂工和跳舞的女伶們充飢止餓。

另外，在德川幕府新任將軍德川吉宗繼任之時，為表達祝賀之意，朝鮮派出的使節團曾經在一七一九年四月到一七二〇年一月之間於日本停留，當時的使臣申維翰在其所著的《海游錄》中，記載了他們在對馬島迎接新年，一邊吃著由於材料不足而草率完成的年糕湯和加上醬料的生魚片料理，一邊遙想著遠在故國的父母親而寫下的五言詩。各位讀者，一同欣賞以下這首詩吧！

滿目海茫茫，
薑辛佐魚鱠，
肉細和餅湯，
言是故鄉味。
憶親復憶親，
涙若秋波隕，
勞勞楚奏人。

就算是用笊籬年糕湯，也要對李成桂報仇的高麗皇族

年糕湯不但是春節時必定會做來吃的時令料理，也是表達對故鄉和父母親思念之情的傳統食品。不同地區的年糕湯各有其特色，尤其是在京畿道開城地區，白米糕的模樣看起來就像是蠶繭，特別引人注目，這種年糕就叫做「笊籬年糕湯」。由於現今磨坊已經機械化的關係，用機器就可以快速做出長條糕，但是在朝鮮時代，想要做出長條糕可不是一件簡單的事情。更何況笊籬年糕必須一一用手工製作，因此比做其他年糕需要花更大的功夫。想要製作笊籬年糕的話，首先麵糰要調得比一般麵糰更稀軟一些，然後須放置一段時間，讓麵糰的黏性去掉才行。將剛做好還帶著熱度的長條糕抹上芝麻油，然後趕緊切成蒜瓣般的大小，接著用刀子在麵糰中間劃一刀，做成蠶繭的形狀。因此每到除夕當日，為了製作笊籬年糕，幾乎家家戶戶都是動員了所有人的力量。

那麼，為何唯獨只有開城這裡會做笊籬年糕呢？依據野史內容所記載，這是因為裡頭隱藏著開城人民的憤怒和怨恨之故。由於高麗君王是開京（開城的舊稱）出身，因此開京人民一直擁有著驕傲和自豪感，自從李成桂◆於一三九二年七月十七日在開京的壽昌宮逼迫高麗恭讓王退位並自立為王之後，從此開京人民便從首都子民淪落為不知何時會為了復興高麗而發動叛亂的「可疑分子」。當時開京人民所蒙受的羞辱，透過「朝鮮王朝實錄」當中記錄高麗最後一位君王恭讓王被迫讓位給李

成桂的內容，大致可以推測出來。

「遂奉妃教廢恭讓。事既定，南誾遂與門下評理鄭熙啓齋教，至北泉洞時坐宮宣教，恭讓俯伏聽命曰：『余本不欲為君，群臣強余立之。余性不敏，未諳事機，豈無忤臣下之情乎？』因泣數行下，遂遜于原州。」

——太祖一卷，一年（一三九二壬申／明洪武二十五年）七月十七日第一篇紀錄

◆一三八八年，李成桂由於不肯奉命發兵遼東，而起兵謀反。一三九二年，在高麗權臣鄭道傳的輔佐下，李成桂自立為王，創建朝鮮王朝，是為朝鮮太祖。即位後，李成桂清除了原高麗禑王的勢力，並通過招撫、武力征服朝鮮半島東北地區的女真部落，進一步加強了對該地區的管轄力。

回溯這段歷史，一三八八年藉由威化島回軍◆之軍事政變，李成桂廢黜禑王，另立昌王，並獨攬政治軍事大權。但是他與新進士太夫們並無心擁禑王之子昌王為主，他們甚至聲稱禑王並非高麗恭愍王之子，而是輔佐他的寵臣——辛旽之子，以廢假立真為由將其驅逐。取而代之的是由高麗武臣政權的獨裁者崔忠獻所推舉的神王第七代子孫為新王，而這位新王正是恭讓王。恭讓王雖然性情溫柔，但是卻被史學家評價為個性優柔寡斷。據說他在登上王位之時還流著眼淚，說自己不願意登基為王，不僅如此，當他被逼迫退位之時，也依然只是流淚滿面，並未做出其他的抗爭。

那麼高麗王族王氏的下場又是如何呢？根據太祖三年四月十四日的紀錄來看，太祖李成桂對於眾臣們所呈上來的請求，表面上裝作無法推卻的樣子，實則緊急調派宮吏前往三個地方駐守。這三個地方正是三陟、江華島以及巨濟島。其後在太祖三年四月十七日，恭讓王被降級改封為恭讓君，恭讓君和兩個兒子最後遷至三陟，太祖傳旨以有人推戴恭讓王謀反為由，將恭讓王及其二子絞死。依據在三陟地區所流傳下來的傳聞，恭讓王在三陟住在與平民百姓無異的簡陋房舍裡，最後被人用繩子綁住脖子，以絞殺的方式離開人世。其後據說他和他的兩個兒子還被合葬在和尋常百姓沒什麼兩樣的墳墓當中。恭讓王曾經居住過的地方叫做宮村，宮村和田野之間則被稱之為宮址。據說在一六〇〇年，即朝鮮憲宗一年，在眉叟許穆擔任三陟都護府使時，曾經留有他認為只留下一名看墓人的恭讓王陵實在是過於簡陋的紀錄。不過奇怪的是，目前恭讓王陵同時存在於兩個地方：高陽市

和三陟郡，至於位在兩處的恭讓王陵究竟何者為真，目前尚未查明真相。不過從高麗時代到朝鮮時代的改朝換代過程之中，高麗王族受到了相當大的壓迫，這倒是一件千真萬確的事實。

從恭讓王的死亡過程中可以看出，李成桂即位之後，給開京人民留下了死亡和鎮壓的心理陰影。李成桂將高麗王族中帶著王姓的人們趕盡殺絕，逼入絕境。首先他宣布將江原道、江華島以及巨濟島的島嶼賜給他們，讓王氏宗親以為可以在那些土地上以平民的身分繼續生活著。接著他在全國上下張貼榜文，將高麗王氏宗親們聚集起來，然後讓這些人坐上已經事先在船底打洞的船，使他們搭乘的船隻在行駛不久之後即沉入水中，太祖便是以這樣的方法將王氏宗親埋葬在海底，最後將高麗宗室全部誅滅。為免除後患，倖存的高麗王姓遺族也在太祖三年四月之際，被太祖李成桂派遣到三陟、江華島以及巨濟的官吏們強行奪走了性命。因此僅存的少數王姓遺族們只好含著眼淚隱姓埋名。為了躲避殺身之禍，他們將姓氏「王」字上增加了筆畫，改成全氏、玉氏以及田氏等姓氏，其中甚至也有人選擇了帶有君王意味的龍姓作為新的姓氏。雖然他們對太祖李成桂的憤怒已經到達了極點，

♠威化島回軍是高麗王朝末期發生的一場軍事政變，其發生時間為一三八八年（高麗禑王十四年）。高麗王朝派遣李成桂征討明朝控制下的遼東，但李成桂在鴨綠江的威化島發動叛變，回軍攻陷都城開京，廢黜禑王，另立昌王。在兵變之後，李成桂獨攬高麗王朝大權，為後來建立朝鮮王朝奠定了基礎。

但是由於權力早已全部被剝奪，只能淪落為沒有任何力量的普通百姓。據說他們唯一能發洩情緒的方式，就是做出象徵將太祖李成桂的脖子掐住的笊籬年糕了。

事實上，關於新年初始做年糕湯來吃的緣由也有其他不同的說法存在。有人說拍打葫蘆時所發出的聲響可以驅鬼避邪，因此才將年糕做成類似葫蘆的樣子；也有人說因為蠶繭象徵著吉運的意味，所以才會做出蠶繭的形狀。在朝鮮王朝成立之後，王姓遺族們完全放棄了政治的理想，進而走上了經商之路，心中懷抱著家財萬貫的希望，於是從新年頭一天就製作蠶繭形狀的年糕湯來吃，藉此祈求好運降臨。另外也有祈禱新的一年好運不斷之意，因此才有在正月初一吃笊籬年糕湯的習俗出現。

埋葬高麗王朝最後一位君主恭讓王的恭讓王陵，為何會有兩處呢？

為了高麗的末代君王，也就是第三十四任的恭讓王所建造的恭讓王陵，至今仍是一個未解之謎，因為他的陵墓同時存在於高陽市和三陟郡兩處。而這兩個地方都提出了各種證據，主張位於當地的恭讓王陵才是真的。首先位於高陽市的恭陽王陵提出，傳聞有隻忠犬在當時為了追隨自殺的恭讓王而一起淹死於池塘中，而這裡有為牠建造的石像。恭讓王被李成桂逼迫退位並且逐出開京，一開始被安置在原州，其後又遷至三陟。為了潛入開京，恭讓王從三陟逃離，抵達現今的高陽市食寺里見達山的山腳下，他投靠了一間小寺廟，並且接受了僧人提供的食物，然後

高陽恭讓王陵：高麗末代君王恭讓王的陵墓所在地之一，於京畿道高陽市。———資料來源：韓國文化財廳

三陟恭讓王陵：兩處恭讓王陵之中，位於三陟的其中一處，據聞恭讓王被絞死後埋葬於此地。————資料來源：韓國文化財廳

在此地借住了一宿。因為君王曾經在食寺里住過一晚，所以這裡又被叫做御寢。但是據說因為過於狹小，不適合長久居住，於是他們離開寺廟，改住在樓閣中生活。後來遭到追殺，於是恭讓王跳進蓮花池自殺了。高陽市的恭讓王陵被指定為史蹟一九一號，恭讓王投身自殺的蓮花池所在地，至今仍然被稱為「大闕嶺」。依據《朝鮮王朝實錄》的世祖實錄十九年七月乙巳條中所記載，表示將恭讓王的御真（帝王的畫像）放在高陽縣陵墓旁的庵廟裡。憲宗十四年二月戊辰條也記錄著恭讓王陵位於高陽縣一事。一五三〇年中宗時期所編纂的《新增東國輿地勝覽》中，也有記載著恭讓王陵位於高陽縣見達山的山腳下的內容。

另一方面，三陟郡的恭讓王陵也具

有相當充分的理由足以佐證，不過與高陽市流傳的故事不同，三陟郡的傳說中恭讓王是遭到絞刑而死，也就是脖子被勒住導致窒息死亡。依據《朝廷王朝實傳》中的紀錄，顯示恭讓王在流放路上一路輾轉，途經開京、原州、杆城，最後才遷至三陟，其後在太宗三年被處以絞刑而死。

老闆娘，剛才送上來的這道菜，
吃起來味道有點奇怪，
怎麼會酸溜溜的呢？

怎麼會，難道是壞掉了嗎？
明明才剛做好沒多久，可能是因為天氣太熱了，
所以才變質了吧。

怎麼會這麼快就走味了呢？

因為是綠豆芽嘛，
本來就很容易壞掉。

綠豆芽這個東西呀，
之所以這麼容易腐壞變質，
其中有沒有什麼緣由呢？

當然有啦。
太陽也快下山，該是休息的時候了，
既然如此，
那麼我就把綠豆芽的故事告訴你吧。

這樣正好，剛好今天也沒什麼客人，
請你快點把故事說給我聽吧。

菜單 1-2

叔毋豆芽

群眾為了記取叛國者之教訓而為其取名

綠豆芽被稱為叔舟豆芽的原因

叔舟豆芽本來的名字叫做綠豆芽。顧名思義，就是將從綠豆裡長出的嫩芽拿來做菜吃，所以才叫做綠豆芽。想要讓綠豆發芽的話，只要像種黃豆芽一樣，將綠豆泡在水裡，然後持續澆水即可。待綠豆發芽之後，就可以將綠豆芽拿來做成涼拌菜了。在沸騰的水中加入少許鹽巴，將綠豆芽汆燙好之後，用冷水沖洗一下，去除水分後再加入各種調味料，一道涼拌綠豆芽即可完成。雖然在現代，這是一道不分季節都可以吃到的日常小菜，但是在朝鮮時代，綠豆芽卻是一道在特定的時間場合才會出現的菜色，例如在長輩生日時會出現在清早的餐桌上。另外在為孩子舉行週歲宴的時候，這道菜也會和湯麵一起出現在招待賓客的餐桌上。還有，在祭祀亡者的時候，供桌上會準備三色蔬菜，其中除了蕨菜和桔梗之外，綠豆芽也是不可或缺的重要角色之一。依據推測，綠豆芽並不是韓國的本土料理，而是在高麗末期由元朝傳入的食物。在元朝時期的家庭料理百科書籍——《居家必用》之中，稱綠豆芽為「豆芽菜」，並且介紹了綠豆芽的養成方法，而書中所描述的方法與我們所使用的方式一模一樣，所以才有這樣的推測。從十三世紀末開始，高麗受到元朝的間接支配，貢女、人質和使臣們經常出入元朝，因此民情風俗的交流也日益頻繁，而綠豆芽和餃子的製作方法也正是在此時傳到了韓國。在高麗時期，叔舟豆芽還是被稱為綠豆芽。另外就朝鮮時期正祖所記錄的《日省

錄》或純祖命人編纂的《萬機要覽》等資料來看，當時並未出現叔舟豆芽的名稱，而是標記為「菉豆菜」或是「菉豆長音」。

但是為何現代會出現叔舟豆芽這樣的名字呢？這是因為朝鮮時期在百姓之間是這麼稱呼的關係，因此這個名字就這樣流傳下來。叔舟豆芽的中「叔舟」是指朝鮮時期世宗大王曾經寵愛的集賢殿學者申叔舟，後來會衍生為蔬菜之名，和他的行事作風有很大的關係。申叔舟雖然是朝鮮代表性的知識分子，但是他一方面受到世宗的重用，一方面卻棄義氣如敝屣，最終還走上了叛變之路。由於綠豆芽是一種很容易變質的食物，因此讓人很容易聯想到叛變者申叔舟的所作所為，所以百姓們便以叔舟豆芽來稱呼他。另外還有一種說法，在做餃子餡料的時候，一般會將綠豆芽剁碎放進去，有人說叛變者申叔舟也應該受到這樣的對待，所以才會替他取了一個這樣的稱號。

在世宗時期，歷史上出現了很多傑出的人物，但是誰都沒有冒著生命危險，為被叔父首陽大君強行奪走王位而受盡冤屈的端宗展開復位運動。而且，還有一些人也像申叔舟一樣，轉而輔佐新繼任的世祖並且獻出自己的忠誠，可是他們並未成為眾人指責的對象，為什麼唯獨申叔舟成為「綠豆芽」的代名詞，還被取了一個在歷史上帶有恥辱意味的別名呢？那是因為申叔舟曾經受過世宗和文宗的恩惠，所以他應該要遵守為人子臣的道義，但是申叔舟非但沒有克盡本分，反而將端宗（文宗唯一的兒子）推入了無底深淵，由此可以得知百姓們對他感到多大的失望。那麼到底他做錯了什麼？

讓我們一起來回顧一下申叔舟的人生軌跡。

申叔舟於一四一七年出生於名門望族的高靈申氏家族。他的家族從曾祖父起即任職判書和參議，父親是曾任工曹參判的申檣。他的父親申檣平時很喜歡喝酒，因此他用與酒字同音的「舟」字為自己的五個兒子取名。申家不僅是祖先輩鼎鼎有名，後代子孫也不遑多讓，申叔舟的後代裡有朝鮮後期以風俗畫家而聞名的蕙園申潤福，另外民族歷史學家丹齋申采浩也是他的嫡系第十八代子孫。不過諷刺的是，前人和後代卻是走在極端的兩條路上，如同電影裡頭才會發生的情節，卻在一個擁有數百年歷史的家族中輪番上演。申叔舟從小在文章和書法上的表現就十分出色，曾經師從當代著名的文人鄭麟趾與尹淮，其後還成為了尹淮的孫女婿。他在一四三一年參加了生員和進士的初試，接著便一路過關斬將地考到複試，最後拿下了榜首的榮譽，並且在世宗面前舉行的大科考試中金榜題名，取得文科第三名的好成績。世宗相當看重他的才能，一四四一年時，他開始在當代精英薈萃的集賢殿任職，並且就此與世宗結下了深厚的緣分。申叔舟非常喜歡讀書，在藏書閣徹夜讀書對他而言也只是家常便飯。不過偶爾也會一邊看書一邊打起瞌睡，在他值班的某個夜裡，申叔舟不小心又睡著了，當他醒來的時候發現世宗的御衣正披在他的肩上，讓他嚇了一大跳，這段逸事後來也廣為人們所熟知。世宗十分疼愛集賢殿的學士們，因此他擔心在寒風中熟睡的申叔舟會生病，於是他讓內官把御衣披在申叔舟的身上。申叔舟對於世宗的看重也感到十分感激，一國之君將自身衣物披在

申叔舟肖像：這是朝鮮前期文臣保閑齋申叔舟（1417-1475）的肖像畫。———資料來源：韓國文化財廳

他的身上，表示君主對他的疼惜與信賴，後來這個故事從宮廷傳到了民間，蔚為一時美談。

他在學習語言上具有相當卓越的天分，不僅熟稔薛聰所整理的吏讀♣，更精通漢語、日語、蒙古語、女真語、琉球語、阿拉伯語以及印度語等各種東亞語言。正因為如此，一四四三年當通信史卞孝文前往日本的時候，身為他的書狀官兼從事官的申叔舟也一同訪問日本。據說當時日本人曾經提議以詩文來一較高下，而他即席寫下的出色詩句立刻在當下贏得了日本人的喝采。限制與日本貿易的協定「解約條款」，正是當時他們與對馬島島主所簽訂的。另外他還將自己出使日本所獲得的經驗編寫成一部書籍，叫做《海東諸國紀》。此後他除了身為集賢殿的學士，同時也作為朝鮮通信使團訪日的書狀官活躍於政壇，並且在一四四三年參與了訓民正音的創制。關於訓民正音的創制，近來有語言學家認為應該是由世宗獨力創造，而此主張也相當地具有說服力。不過即使認定是世宗所獨創的文字，但是像《訓民正音諺解》、《東國正韻》以及《龍飛御天歌》等說明訓民正音原理使其能夠廣泛地被使用，以及在漢字上加上訓民正音的字母，加以應用而創作出來的文學作品等，這些都是匯聚集賢殿學士們之力才得以完成的著作。而其中最大的功臣，正是登上集賢殿最高職位直提學的申叔舟。

由此可看出申叔舟被世宗視為他的左膀右臂，世宗非常地信任他，並且給予很高的評價，認為他足以擔當重責大任。申叔舟是集賢殿最具代表性的學者，擔任世子侍講院弼善一職，與後來成為文宗的世子結下深厚的交情，在文宗為世宗代理聽政的時候，申叔舟在他的身邊不遺餘力地給予了很多的幫助。在世宗與世長辭之後，文宗繼位成為朝鮮第五任帝王，他跟世宗一樣都很喜歡文學，雖然施行仁政，但是身體狀況並不佳。最後文宗在登基三年之後病入膏肓，雖然予以治療卻始終不見起色，於是他將平時最為信任的成三問、朴彭年以及申叔舟三人喚來，進酒賞賜給三人並請托他們要好好照顧世子。他們三人喝得酩酊大醉，甚至無法起身，因此文宗讓內官把他們擡回去，第二天清醒之後，他們才發現自己身上披著的是文宗的御衣，深受感動的他們不禁熱淚盈眶。雖然他們衷心祈禱文宗早日恢復健康，但是文宗始終未見好轉，最後仍然在一四五二年撒手西歸。正因為有著這樣的緣分，當民眾知道申叔舟後來並未參加端宗（文宗之子）復位運動時，才會對他深感失望並且強烈地譴責他。後來也因為他背信忘義之故，人們才會在菜名之前加上他的名字。

即便有著輝煌的功績，卻仍然無法消弭變節汙名的申叔舟

♣以漢字表記朝鮮語（韓語）的一種方法。

端宗繼文宗之後登上了王位，不過當時他只是一個年僅十二歲的少年。他的祖父世宗一共有十八位王子，其中二王子首陽大君是個野心勃勃且性格暴躁的人，因此他一直是世宗心中的隱憂。首陽大君和太祖李成桂或太宗性格相似，除了都是武藝超群的人之外，同樣擁有果決的判斷力，而且不達目的絕不善罷干休。他一直有奪取王位的狼子野心，因此私下四處打聽能夠助他一臂之力的心腹謀士，他一眼就看出曾經任職敬德宮宮直的韓明澮是最佳的人才，於是將他留在身邊並予以重任。韓明澮也沒有讓首陽大君失望，在他嫻熟縝密的策劃之下，首陽大君小心翼翼地跨出成為王的步伐。而在暗地裡牽線，將韓明澮推薦給首陽大君的人正是申叔舟。因為首陽大君對申叔舟信賴有加，且兩人年紀相同，因此很快就建立了深厚的交情。

一四五三年，首陽大君將為了輔佐年幼端宗而被稱為「黃標政事」◆的重臣金宗瑞棒刑致死，並且發動了癸酉靖難。這裡的「黃標政事」是指，為了幫助年幼的端宗治理國政，金宗瑞會在他決定政策或人事安排的奏折上貼有「黃標」這樣的黃色紙條，端宗見了就會按照黃標上所指示的內容去執行。申叔舟雖然沒有直接參與「癸酉靖難」，但是表示支持的態度。他極力拉攏了曾經與他共同完成「世宗實錄」並有著同甘共苦情誼的成三問與朴彭年等集賢殿學士們，協助首陽大君奪取政權，成為靖難之變的功臣。其後他更藉此功勞扶搖直上，登上了相當於現今青瓦臺祕書室長的承政院都承旨的位置。申叔舟沒有守護因為叔父的威脅而鎮日惶惶不安的端宗，反而將端宗的一舉一動向首

陽大君報告。首陽大君在發動「癸酉靖難」之後，最終對他的姪子產生威脅，端宗最後被迫讓位給首陽大君。

一四五五年閏六月十一日，滿朝百宮齊聚在景福宮慶會樓。當日舉行了端宗將王位傳給世祖的禪位儀式。被迫將王位讓給叔父的端宗用著顫抖的聲音命人將玉璽拿來，而此時負責傳遞玉璽的成三問因為過於痛心，因此將玉璽抱在懷中，當場放聲大哭起來。而朴彭年的反應更加激烈，他試圖在慶會樓前投湖以明志節。看到這一幕的成三問急忙將眼淚擦乾，上前一把拉住朴彭年，接著說服朴彭年一同制定替端宗奪回王位的復辟大計。此後每當他們看到世祖坐在王位上裝腔作勢的時候，只能用苦不堪言的表情望著他，焦躁難耐地度過每一天。申叔舟對此事完全不知情，憑藉著他在世祖登基為王時所立下的功勞，被敘封為同德佐翼功臣，其後在他被升任為藝文館大提學之後，身負冊封奏請使一職，奉命將世祖即位一事昭告天下，其於一四五六年成功達成任務並返回。然後就在同一年閏六月之際，成三問制定出準備一舉剷除世祖、懿敬世子以及世祖親信大臣的復辟計畫。但是不料由於宴會場所過於狹窄，別雲劍計畫不得不取消，而且王世子也沒有打算要參加這場宴席。另外，參與端宗復位運動的相關人士，因為擔心計畫被人識破而過得戰戰兢兢。然而不幸的預感總

◆本來朝鮮時代的人事一般由吏曹負責處理，但是文宗在臨死之際，擔心年幼的端宗即位後政局不穩，因此把人事權委託給金宗瑞和皇甫仁。當時政令上被委任者的名字會被貼上黃色的紙條，因此又有黃標政事之稱（又名落點政治）。

是容易成真，集賢殿學士金礩向他的岳父，也就是身居右贊成的鄭昌孫透露了此次的復辟計畫。鄭昌孫一聽到這個消息之後，立刻拔腿奔向宮廷，向世祖告發叛亂之事，於是參與復辟計畫的人全部遭到逮捕，在嚴刑拷打之下最終悲慘地死去。

其實在成三問制定復辟計畫時，就特別強調必須致申叔舟於死地。因為申叔舟違背了文宗的遺願，協助世祖將端宗拉下臺並輔佐世祖登上大位。在端宗復位運動失敗之後，曾經受到世宗信任與寵愛的成三問、朴彭年、河緯地、李塏、金文起以及柳誠源等集賢殿學士們在一夜之間踏上了黃泉路，只有申叔舟獨自存活了下來，躋身世祖身邊新朝功臣的行列。不僅如此，申叔舟更進一步建議將端宗貶為魯山君。不久之後，錦城大君再次以端宗復辟運動為旗幟發動政變，於是申叔舟上奏建請世祖必須將端宗賜死以絕後患。在這段期間，他曾親自率領軍士出海討伐倭寇，另外也將女真族驅逐到邊境。因此世祖越來越信任和依賴申叔舟，甚至還說過：「唐太宗有魏徵，而我有叔舟。」為了回報世祖對他的厚愛，申叔舟完成了《四朝寶鑑》的編纂，不僅任職禮曹判書、兵曹判書，最後甚至還爬到領議政的位置。

申叔舟的號是「保閑齋」，意思是「悠閒地讀著書的人」。另外由於他非常喜歡研究學問，甚至留下遺言表示，在他與世長辭之後，棺材裡只要放入書籍即可。不過他這個人缺乏氣節，作為博覽群書的知識分子，卻未具備應有的節義；作為一個屈節辱命文士，只配過著忍辱偷生的日子。可

另外一方面，他的確在外交、軍事和學術留下了燦爛的實績，讓朝鮮成為一個更為堅定穩固的國家。所以在提及申叔舟的功績時，有的人反而會問道：「若是他也像成三問一樣為了節氣而犧牲性命的話，那麼他還能夠留下如此輝煌的豐功偉業嗎？」

但是在世人眼中，認為真正的學者文人應該要有道義和節操，因此才會將他的名字拿來為綠豆芽取名。留在歷史上的汙名是永遠無法被消弭掉的，人們不會因為他有豐功偉績，就把他變節求榮的行為忘得一乾二淨，百姓們對於他的背叛感到十分不齒。深受世宗和文宗信賴的他，不但沒有參加復辟運動，反而選擇了能讓他出人頭地之路，後人甚至捏造了一個虛構的故事，說他的夫人最後代替他自斷性命，由此可見世人對他是多麼地失望。「生六臣」♠之一的金時習，他的天資聰穎更勝申叔舟一籌，卻不願意出仕當世祖的臣子，脫下官服之後遊覽全國，活得恣意而妄為，時不時地出現在百姓面前，罵申叔舟是個叛徒。

數百年以來，民眾每每聽到這個故事，都會覺得心中十分痛快。這個故事告訴我們，不管立下了再多的豐功偉業，只要做出違背做人基本道德的事情，最終那些功績也無法成為掩蓋背信忘義行為的免死金牌。

♠生六臣是指朝鮮王朝的六位大臣，因為效忠端宗，以「不事二君」辭官退隱，永不出仕世祖，包括：金時習、成聃壽、元昊、李孟專、趙旅、南孝溫。

亙古忠臣成三問最後留下的詩文

世祖親自嚴刑拷問成三問，問道：

「你們既然臣服我，為何要謀反呢？」

聽到這句話，成三問一臉堅毅地回答道：

「我只是想要重新侍奉昔日的君王，老爺您怎麼能說我們謀反呢？我之所以要復辟，只是因為天無二日，民無二王。」

世祖怒不可遏地嚴厲反駁道：「你見到朕不稱朕為人君，反而稱朕為老爺，食君之祿，應忠君之事，豈能背信忘義？」

於是成三問泰然自若地回答道：

「太上王仍在世，老爺又何必非得讓我做您的臣子？而且我未曾吃過您的俸祿。」

一聽之下世祖更加惱怒，因此對他施以酷刑，將燒紅的鐵棍刺穿他的大腿，直到白骨盡露，並且斬斷他的手臂，但是成三問卻依然面不改色。最後，成三問和他的父親成勝一起被凌遲處死。成三問的三個弟弟，還有他的四個兒子孟瞻、孟年、孟終，以及剛出生的么兒也全部被殺害，成家就此斷子絕孫滿門傾覆，妻子次山與女兒孝玉則貶為官婢。在他死後，世祖派人去查看他的房子，只見世祖所賜的大批祿米原封不動地放置在內，其他值錢的東西一件也不剩，房間內的地板甚至只鋪著草蓆而已。包括成三問在內的「死六臣」在被處決之後，據說連世祖也對他們感到欽佩不已，感嘆地說道：「今世之亂臣，萬世之忠臣。」以下是成三問的遺作，表現出他忠貞的氣節。

此身逝去化何物？
化為長松一株，挺立蓬萊山頂。
白雪滿乾坤，惟見長松獨青青。

這裡所說的「白雪」是指變節的叛徒，意思是即便叛徒們在世上橫行霸道，他仍然會獨自守節不移。最後成三問在遭受凌遲處死之前，還留下了這樣的絕命詩：

擊鼓催人命，
回頭日欲斜。
黃泉無一店，
今夜宿誰家。

成三問先生遺墟碑正面：遺墟碑是為了追悼古代先賢，並且將他們的足跡流傳給後世而建立的紀念碑，上面記載著死六臣之一的成三問 (1418-1456) 先生功績。———資料來源：韓國文化財廳

老闆娘，
今天連個小菜也沒有，
至少給我來點魚蝦醬吧。

兩班老爺啊，
既然今天特別提到了魚蝦醬，
那麼關於魚蝦醬的故事，
您想不想聽聽看呢？

讓人開胃的魚蝦醬，
難道有什麼故事，
是跟魚蝦醬相關的嗎？

呵呵，這個嘛，
不過聽了這個故事，
可能會讓您胃口盡失呢！

如果這樣還是感到好奇的話，
那麼就仔細聽我娓娓道來吧。

菜單 1-3

魚蝦醬

因燕山君為母親復仇之心，
而創造出來的人類魚蝦醬

曾經犯下超乎想像惡行的燕山君

魚蝦醬是指將魚貝類的內臟、卵、或是肉等用鹽醃製，在一定期間內放置在常溫下，使用鹽漬法發酵製作而成，是韓國具有代表性的水產發酵食品。在司馬遷所著的《史記》中，漢武帝消滅古朝鮮的故事裡，有一段關於魚蝦醬的有趣內容。當漢武帝在山東半島追趕東夷族的時候，聞到了一股濃郁的香味，於是他便派人去打聽究竟是什麼味道。原來是一種把魚腸和鹽放入罈子，然後埋在土裡製成的食物所散發出來的氣味，這個食物正是魚蝦醬。陳壽所著的《三國志》中，就有提及關於韓國初期的國家名稱，包括扶餘、高句麗、沃沮以及東濊在內。從前中國稱呼韓國的時候，使用的名稱就是「東夷族」，由此可知韓國人的祖先在很早以前就已經開始製作魚蝦醬了。

另一方面，在春秋戰國時期解釋中國古代物品名稱的書籍《爾雅》當中，針對用海鮮做的魚蝦醬與用肉類做成的肉醬，分別使用了不同的名稱來作介紹。亦即，用海鮮做成魚蝦醬叫做「漸」；用肉類做成的則叫做「醢」。在金富軾編纂的《三國史記》中記載了神文王八年（西元六八三年）迎娶金欽運次女為王妃之際，關於納幣（當男方家定下婚事之後，送聘禮至女方家，女方家受物復書，婚姻乃定之禮儀）的聘禮物品名單，包括大米在內的一百三十五車食物當中，也包含了「醢」這個品項，也就是說肉醬亦是聘禮的內容之一。從《朝鮮王朝實錄》中可以知道，朝鮮時代王室製作的肉醬是用鹿肉製成的，又名為「鹿⿺走雚」。

但是令人驚訝的是，朝鮮王朝第十代君主燕山君卻命人將人肉撕碎，並且拿來醃製成肉醬。在說明這個事件以前，我們必須先了解燕山君的成長背景。生下燕山君的生母是判奉常寺事尹起畎的女兒，也就是廢妃尹氏。一四七三年她被選入成宗的後宮，封為從二品淑儀並且深得成宗寵愛。一四七六年尹氏成為王妃，同年生下了燕山君。不過成宗是朝鮮歷代國王中，後宮嬪妃人數首屈一指的君王。除了因病去世的恭惠王后韓氏和燕山君的生母廢妃尹氏之外，還有中宗的母親貞顯王后尹氏，以及後宮嬪妃九名。妒忌心異常強烈的廢妃尹氏，對於後宮眾多且沉迷於女色的成宗經常感到心急如焚。依據野史記載，廢妃尹氏因後宮問題和成宗發生口角，在爭吵的過程中，尹氏抓傷了成宗的臉並且喚來御醫為其治療，不過《朝鮮王朝實錄》中並未記載這段內容。根據成宗親自向大臣們講述自己為什麼要把王妃趕出去的文章所示，廢妃尹氏所犯下最嚴重的罪行乃隨身攜帶著砒霜，有殺害成宗或是其他後宮嬪妃之嫌疑。據說廢妃尹氏的住所裡有一個從不展示給任何人看的小箱子，不過她自己卻經常私下查看這個箱子。對此一直感到可疑的成宗，某天趁廢妃尹氏在盥洗的時候偷偷地把箱子打開來，裡面竟然裝著毒藥砒霜和二顆塗抹著砒霜的柿餅。除此之外，他還找到一個箱子，裡面放著一封用諺文（韓字）寫成的書信，信上寫著後宮貴人嚴氏與鄭氏意圖謀害自己的內容，最後卻被查明是她要陷害後宮的陰謀。另外她還持有用來驅趕外來惡鬼的「神茶鬱壘木」，並且在制作書信時用其敲擊發出了捶打聲。不過這個故事讓人感到有趣的是，高高在上的宮殿，而且還是君王和王妃所住的寢室裡，竟然會有老鼠洞出現。依據實錄內容所示，廢妃尹氏為了堵住成宗寢室裡的老鼠洞，將書冊上的紙任意剪下並拿來塞在老鼠洞裡，後來為了修繕老鼠洞而將紙張取出時，才發現這是尹氏用來詛咒他人的巫蠱文書。除此之外，她也未和顏悅色地善待成宗，作為嬪妃，早上應該要晨起送成宗上朝，但是一直到成宗與大臣們結束早朝返回，她仍然沒有起身。她甚至還向娘家告狀，謊稱因成宗賞了她一個耳光，所以她才帶著孩子離開宮廷，諸如此類的行徑反覆發生。

就這樣，關於廢妃尹氏的惡行持續不斷出現，不過由於她仍然是嫡王子的生母，因此大臣們提出建言，建議在宮殿的一側另蓋一座別宮讓她居住。但是成宗擔心自己死後，尹氏會憑藉新王生母的身分專權，所以接受了仁粹大妃和後宮們的進言，決定賜死廢妃尹氏，並且留下遺囑，吩咐永遠不可恢復她的名譽。這件事情發生在燕山君四歲的時候，之後燕山君由貞顯王后撫養長大，因此他一直以為貞顯王后才是他的生母。燕山君在性格上似乎繼承了母親的感性，心思細膩而敏感，比起政治，他對文學反而更感興趣。但是一直到他十七歲的時候，由於思考前後因果關係的理解力相當不足，甚至因此還留下了「文理不通」的紀錄。燕山君在十九歲時登上王位，在他繼位第四年之際，以金宗直的學生在編寫《成宗實錄》時將金宗直的文稿《弔義帝文》收錄在內為由，大舉肅清金宗直的弟子，包括金馹孫在內的士林派等人士，史稱「戊午士禍」。《弔義帝文》名義上是憑弔

海望書院：這是為了紀念戊午士禍與甲子士禍時，遭到斬刑的金宗直、金宏弼、鄭汝昌、金馹孫以及鄭汝諧而設立的書院。———資料來源：韓國文化財廳

一千七百年前被項羽殺死的楚國義帝，但是實際上卻是影射世祖殺害端宗之後將他扔入江中的事件。

但是戊午士禍只不過是燕山君後來犯下諸多惡行的開端而已。燕山君是朝鮮歷史上最為著名的一代暴君，而他所犯下的惡行已經超越了人類的常識與想像力。昌德宮內設有飼養各種動物的內應房，在他任內急遽地擴大其規模，管理內應房的人員從初期的一百名，在他繼位十年之後幾乎增加到一千名之多。在原本應該莊嚴肅靜的宮殿之中，傳出了各種珍禽異獸的叫聲，本來為了當作祭品而獵捕的野豬卻逃之夭夭，滿身是血地跑進了弘文館官署，此類事件層出不窮。燕山君喜歡親眼看著馬匹交配的場景，然後做出各種淫亂行為，甚至對從小撫育自己的月山大君夫人，也就是他大伯母朴氏做出侵占之舉，促使朴氏自殺身亡。不僅是淨業院的女僧，就連宰相、宗親以及臣子們的夫人們，他也不惜強奪豪取，只為了滿足自己的慾望。另外他為了自身享樂還培訓了數千名官妓。為了從全國各地徵集美女，他下令設立了「採紅使」與「採青使」等官吏，甚至以「興清」來比喻因為美貌出眾而被挑選入宮的女子。後來成為燕山君的後宮並且握有大權的張綠水就是興清出身。在民間接受妓女訓練的女性叫做「運平」，樂工則稱為「廣熙」，當時興清有二百人，運平有一千人，而廣熙也有一千人，由此可見他過著多麼奢靡享樂的日子。提供給這些女性使用的倉庫稱為「護花庫」，他的奢侈和放蕩已經無法用言語來形容，有時候甚至全國一半以上的田稅都用來維持這些妓生的支出。後來韓文中有一句話叫做「興清亡清」，就是從燕山君時期衍生而來的詞彙。意指興清是「導致國家滅亡的人」，而這句話在今日則衍生為在金錢或物品的使用上揮霍無度，形容人無謂地浪費時所使用的表達方式。燕山君不僅沉迷於女色，他命人把景福宮和昌德宮的圍牆高築起來，強制拆除了周圍的民宅，因此惹得百姓怨聲載道。而本來就厭惡讀書的燕山君，更是一舉廢除了經筵制度。

此外，由於燕山君近乎病態地憎惡父王成宗，所以在舉行成宗葬禮期間，他把從前成宗飼養的鹿抓來烤著吃，用手直接把父王的遺像一把掀開，其後甚至把遺像拿來當作射箭用的靶子。當成宗的忌日來臨之際，他並沒有虔敬地舉行祭祀，而是跑去獵捕活生生的動物。更甚者，他還在成宗長

眠的宣陵舉行宴會，命人在此演奏音樂，將陵墓變成他飲酒享樂的場所。

為替母親復仇而創造出來的人類魚蝦醬

那麼燕山君到底是為了什麼，把誰做成了魚蝦醬呢？這一切都要從那個被埋藏的事件開始說起。在一五〇四年時，有一天他去探望自己最為疼愛的妹妹徽淑翁主時，聽到徽淑翁主的駙馬任崇載的父親任士洪說起關於他生母廢妃尹氏的事情。任士洪趁與燕山君一同飲酒的機會，故意用沉重的表情說他想起了中殿娘娘，藉此開啟了話題。雖然任士洪處心積慮讓自己兩個兒子成為公主的駙馬，但是因為過度行使權力，曾經被司憲府、司諫院以及弘文館等三司官員彈劾並且遭到流放。於是懷恨在心的他才會向燕山君進讒當年生母廢后尹氏被殺原因，打算藉此機會將三司的官員們一次剷除。

燕山君初次知道自己親生母親並不是與成宗一起埋葬在宣陵的貞顯王后，而是廢妃尹氏，是在進行宣陵工程的時候。在進行王陵工程的時候，不僅要將逝者的功績和生平記錄在上頭，而且必須將祖譜與姻親刻在墓誌碑上，留給後世的人做出對君王的最終評價。一直到此時，燕山君才初次知道原來自己的生母另有其人。但是關於廢妃尹氏是如何遭到賜死的過程，燕山君並不知情。這是因為成宗在生前曾經留下遺囑，吩咐即使在他死後過了百年，也不可把廢妃尹氏的事情告訴世子。但是因為任士洪的關係，在成宗死後不過十年的時間，廢妃尹氏的死亡內幕就傳到了燕山君的耳裡。後世的小說家朴鍾和一九三五年在《每日申報》發表的小說《錦衫之血》中，寫道當燕山君收到廢妃尹氏的母親大夫人保存下來的賜死毒藥，並且看到沾染著廢妃尹氏吐血痕跡的錦衫（用綢緞做成的女式襯衣）時，燕山君的暴戾憤怒達到了極點。

在得知實情之後，燕山君立即提起長劍奔向他的奶奶仁粹大妃，奔跑途中一邊放聲大叫一邊追問，然後用長劍往奶奶的頭上一敲，於是仁粹大妃便當場暈了過去。將廢妃尹氏的惡劣行為向成宗和仁粹大妃告發的後宮——貴人嚴氏、貴人鄭氏，被燕山君視為陷害母親的主謀，她們被扯住頭髮扔到宮殿的院子裡，用棍棒狠狠地打了一頓，幾乎被打到只剩下半條命。即使如此他還是無法消氣，因此命人把貴人鄭氏所生的兩個兒子安陽君和鳳安君喚來。他們兩個是燕山君同父異母的弟弟。燕山君把他們叫來之後，直接揪住安陽君和鳳安君的頭髮，帶著二人闖進仁粹大妃的寢宮裡，然後一邊說著：「這是大妃最心愛的孫子獻上的酒，請品嚐看看。」一邊催促著安陽君將酒杯遞給仁粹大妃。接著燕山君又問道：「有沒有什麼東西要賞賜給你心愛的孫子呢？」大妃在驚嚇之餘趕緊命人拿來了兩匹布。之後仁粹大妃因為眼見孫子遭受虐刑而痛苦不堪，最終因病情加重而過世。燕山君在二十五日之內草率地結束了葬禮，對拋棄母親的老奶奶進行了殘忍的報復。

之後燕山君在弟弟們的脖子戴上枷鎖，杖刑八十下之後，在漆黑的夜裡將弟弟們帶到了貴人鄭

氏和嚴氏所在的昌慶宮，當時二人已經因為刑求而昏迷不醒。被綑綁在昌慶宮庭院裡的兩位後宮，因為天色昏暗而看不清楚來者是誰。燕山君對兩個弟弟下達了一道殘忍的命令：「給我打這兩個罪人。」他這麼做等於是讓孩子自己親手打死了自己的母親。鳳安君隱約猜測出是自己的母親，所以不忍心下手；然而安陽君卻在不明就裡的情況下依照指示將罪犯痛打了一頓。由於鳳安君拒絕動手，燕山君便直接命人毫不留情將兩位後宮殺害。接著燕山君命令內需司♣將後宮貴人嚴氏和鄭氏的屍體撕碎做成肉醬，並且棄置於山野。不僅如此，他還把當時將尹氏廢位的三丞相、六判書以及都承旨全部都抓起來，已經死去的則挖掘他的墳墓，再度處以剖棺斬屍的刑法。光是因為牽扯上甲子士禍而犧牲的學者們就有二百九十二名之多。這些遭到刑罰的官吏們不僅失去性命，燕山君甚至沒收了他們的財產，用來填補因為自己揮霍無度而已經見底的國庫。

♣朝鮮時期主管宮廷內需品的官衙。

成為朝鮮王妃的過程

每當君王到了適婚的年齡，國家就會按照《國朝五禮儀》規範的內容，開始進入挑選王妃的程序。首先會設立一個主管婚事的臨時官廳，這個官廳名為嘉禮都監。嘉禮都監開始運作之後，首要之事就是在全國下達禁婚令。禁婚令下來之後，家中有未婚女子的士大夫家族都必須向朝廷報告，也就是必須提交所謂的「處女單子」。處女單子上面除了記載閨女的出生年月日，生辰八字（四柱）以及居住地之外，還包括了曾祖父、祖父、父親和外祖父的履歷，因此一眼就可以了解這位女子的家族來歷。從眾多處女單子裡選出未來王妃人選的工作，主要是由整個王室輩分最高的大妃來主持。選拔工作從揀選開始，而揀選又分為初揀擇、再揀擇以及三揀擇等三重門檻。

〈牡丹圖〉：花中之王牡丹是君王的象徵，牡丹屏風是朝鮮王室在舉行宗廟祭禮、王室婚姻之嘉禮以及祭禮等主要宮廷儀式和活動時使用的物品之一。———資料來源：韓國文化財廳

皇后翟衣：這是目前唯一保存下來的翟衣，推測是高宗登上王位之後，他的皇后穿過的禮服。古代王妃或王世子妃所穿的大禮服稱為翟衣。———資料來源：韓國文化財廳

不過一般都會事先仔細地調查候選名單中女子的身世背景，然後從中選出最適合的女子納入內定名單，最後才是進行形式上的三揀擇。那麼在朝鮮時代，培養出最多王妃的名門家族是哪一個呢？穩居首座的家族是清州韓氏，總共培養出五位王妃。特別是世祖時期的功臣韓明澮，他的兩個女兒分別成了睿宗的章順王后及成宗的恭惠王后，因此他也一直處於朝廷的權力中心。繼清州韓氏之後，驪興閔氏與坡平尹氏也分別培養出四名王妃；十九世紀勢焰滔天的安東金氏與青松沈氏則是各有三名王妃。培養出王妃的家族自此聲名遠播，光耀門楣，成為所有家族們羨慕的對象。

老闆娘，
本來要去睡覺了，不過肚子卻有點餓，
有沒有什麼東西可以吃？

唉唷，你的運氣還真好！
今天剛好是我女兒生日，
白天做的切糕剛好還有剩。

呵呵，吃得肚子好飽啊。
謝謝你的切糕，
不過為什麼會叫做切糕，
請把緣由告訴我吧。

關於切糕，
應該也有趣味十足的故事吧？

正是如此。
來，那麼先吃一口切糕，
再來說說切糕的故事吧。

今夜月色皎潔明亮，
故事好像也很有意思，
我得好好洗耳恭聽了。

菜單 1-4

切糕

百姓獻給拋棄子民，
獨自逃亡之君主的年糕

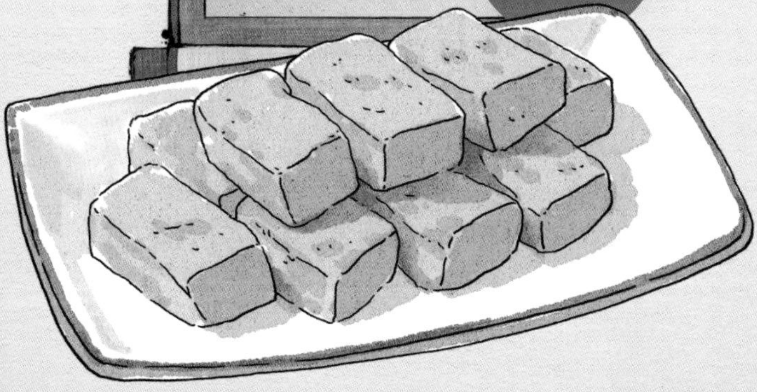

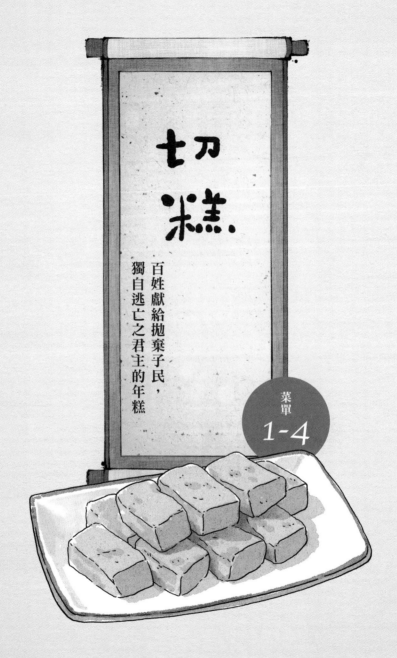

從百姓到君王人人都喜愛的糕點——切糕

切糕是一種做法簡單又美味，不分男女老少都喜歡吃的糕點。製作切糕最多的地區正是雜糧產量最為豐富的黃海道和平安道。京畿道地區的切糕是由純糯米所製成，黃海道和平安道地區的切糕則是用糯米混合小米與黃米所做成。南部地區的切糕也是混合各種食材來做的，在春天艾蒿發芽時，他們會把艾蒿嫩芽稍微用熱水燙過，擰去水分搗碎，加到糯米裡做成切糕，於是充滿艾蒿香氣的艾蒿切糕就此誕生。紅棗切糕也很受歡迎，在搗糯米的時候，把去掉棗核的紅棗放進去一起搗碎，一道

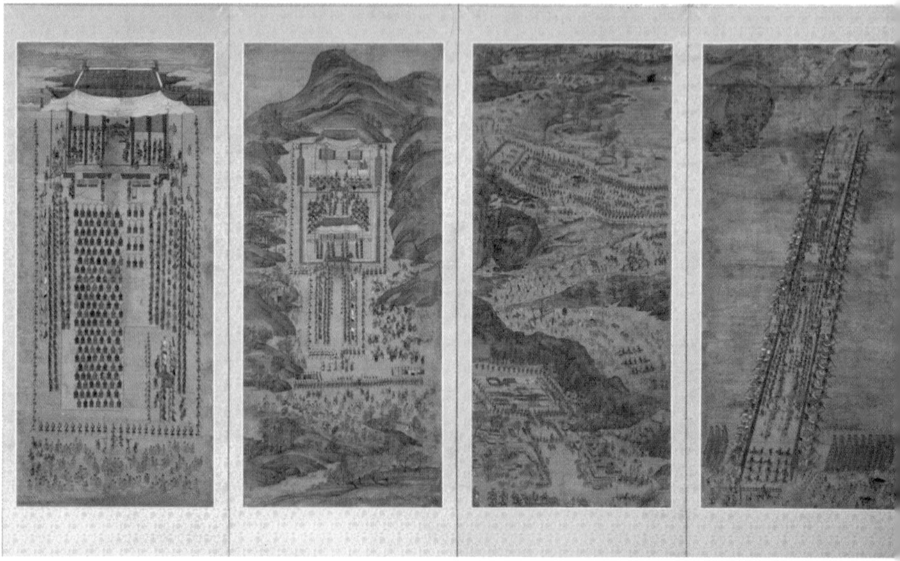

〈華城陵幸圖〉（1795）：圖片描繪了正祖親自出行顯隆園，為母親惠慶宮洪氏舉行盛大宴會的場景。———資料來源：韓國國立中央博物館

美味的紅棗切糕就完成了。

在正祖於一七九七年出版的《園幸乙卯整理儀軌》或是正祖回顧每日生活所寫下的《日省錄》裡，都可以看到正祖於一七九五年陰曆閏二月九日為他母親惠慶宮洪氏所舉行的花甲宴之菜餚紀錄，當時的宴席餐桌上擺放了各種顏色的切糕。在宴會結束之後，分發給士兵和下人們的食物也正是切糕。只不過當時所寫的用語不是切糕，而是引切餅。為了製作各色切糕而使用各種食材，包括了糯米二斗、紅豆五升、紅棗五升、石耳五升、乾柿二串、芝麻二升、松子二升以及蜂蜜一升。這裡的石耳是指黑木耳，乾柿則是指柿餅。

內容提及切糕的另外一本書是一八〇

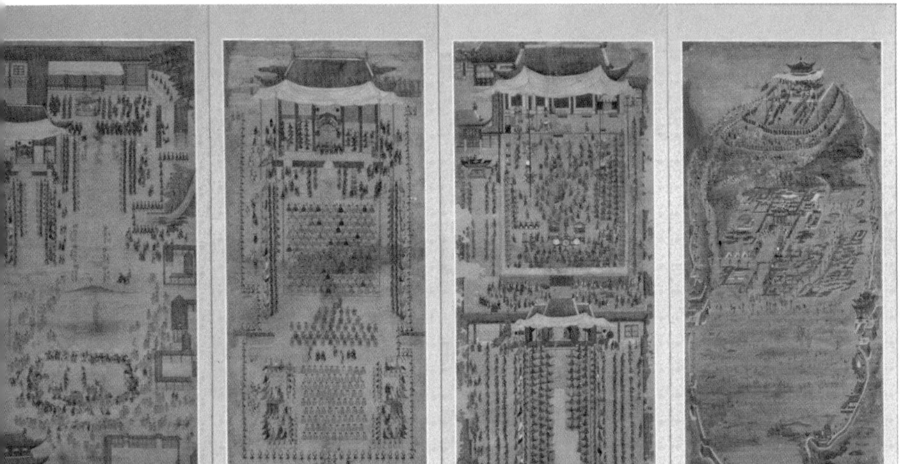

九年憑虛閣李氏所著的《閨閤叢書》。閨閤是指女性居住的地方，而《閨閤叢書》則是將與閨閤有關之事彙整起來所寫成的一本書。憑虛閣李氏的家族是世宗第十七個王子寧海君的後代子孫。這本書裡提到，全國最好的切糕是黃海道沿岸生產的切糕。此外，還詳細介紹了製作切糕的方法。切糕一般只使用糯米來做，先把糯米浸泡在水裡，其間需經常換水，等過了四到五天之後，將糯米撈起再蒸至鬆軟，最後再將其揉製成年糕。此時把紅棗切成細條狀並且搗碎，用糕杵打年糕的時候再一起加進去，紅豆炒過後覆蓋在年糕上面，待凝固之後，美味的切糕即完成。

切糕原本是舉行宗廟祭禮時，會呈放在貢桌上的糕點。但依據實學家星湖李瀷（一六八一～一七六三）所著《星湖僿說》的記載，到了朝鮮後期，人們的生活越來越奢侈，因此祭祀時將切糕端上桌的事情逐漸消失。就連在市街上也是，隨著時間的流逝，在大街上做切糕生意的人也越來越少了。不過，依據一七八五年正祖時期，出使清朝的使臣把在清朝的所見所聞向朝廷報告的內容來看，據說清朝使者在前往朝鮮時，每次在驛站換乘驛馬的時候，都會在驛站吃當地所提供的切糕，使者們對於美味的切糕讚不絕口，離開的時候還放了幾個切糕在口袋裡帶走，沒想到之後拿出來一看，切糕都已經壞掉了，使者們對此感到沮喪不已。由此可見，切糕是一種在驛站裡也能做出來的糕點，而且不僅深受國人的喜愛，也很符合清朝人的口味。此外，切糕還是一種會勾起人們往昔回憶的糕點。深受正祖喜愛的丁若鏞在他淒涼的流放生活中，就用吟詠詩句來追思他在首爾的生活以及和朋友們一起品嚐切糕的回憶。

憶在明禮坊，
親交日相對，
每遇晴好天，
折簡走傔价，
溪南速韓李，
溪西要尹蔡，
妻洪頗曉事，
辦具常不懈，
璀璨羅餈餌，
精細推膾，
苦吟間清話，
流落在一朝，
而余最窮隘。

李适之亂，讓拋棄百姓逃亡的君主填飽肚子的年糕

切糕的原文叫做「引切米」，這個名字裡頭可是流傳著一段有趣的故事呢！這個故事要從「仁祖反正」這場政變開始說起。一六二三年三月十三日，西人黨為了驅逐光海君而發動了仁祖反正。李貴、金瑬、李适以及金自點等西人黨在洗劍亭洗刀誓師之後，經過彰義門一同湧向昌德宮。他們打算推舉宣祖第五個兒子定遠君的長子綾陽君為王。其實在一六一五年時也發生過一起謀反事件，當時是西人黨打算推舉定遠君的二兒子綾昌君為王，計畫失敗之後，主謀申景禧等人慘遭殺害，而綾昌君也被流放到江華島的喬桐。當時人們蜂擁而至，在綾昌君居住的房間裡堆了柴火打算放火燒屋，他寫了一封要留給父母親的遺書之後，以懸梁自盡的方式結束了自己的生命。聽到這個消息之後，定遠君因此罹患了鬱火病，最終因病而離開人世。綾陽君在父親的葬禮上痛哭流涕，發誓必定要為這個家族報仇雪恨。實錄中記載著綾陽君自己招攬義兵發起了宮廷政變，因此後世推測在「仁祖反正」的背後，其實綾陽君這樣的私人情感也占據了很大的動機因素。

再次回到「仁祖反正」這個事件，當時為了逮捕光海君，西人黨率叛軍手持火把衝進昌德宮，此時火苗迸發，昌德宮部分宮殿已被燒毀，於是光海君急忙地在一名宦官的背負下逃到宮外，但是不久之後隨即被捕。綾陽君將反正功臣李貴等人送進西宮（德壽宮），釋放了被光海君軟禁在西宮

的仁穆大妃。當時整個王室輩分最高的人正是仁穆大妃，因此若仁穆大妃不交出玉璽的話，綾陽君這次的政變就會變成是一個名不正言不順的行動。不過由於仁穆大妃在被幽閉的數年裡，過著完全與世隔絕的封閉日子，因此，即使叛軍前來營救她，但是因為沒有承旨和史官在場，所以她聽不進任何人的勸說，反而義正詞嚴地拒絕支持綾陽君。雖然叛軍試圖以光海君犯下「廢母殺弟（戕兄殺弟、幽廢嫡母）」之罪行來說服她，但仁穆大妃的決心卻沒有絲毫動搖。於是綾陽君急匆匆地趕來，一邊痛哭流涕，一邊安撫並勸慰仁穆大妃，懇求她協助讓皇室血統得以延續下去。仁穆大妃回憶起被光海君囚禁的殘酷歲月，曾如此描述道：

「（吾與光海君）不共戴天之讎，忍之已久。願親斫渠父子之頭，以祭亡靈。幽囚十餘年，至今不死者，蓋待今日耳。願得甘心焉。」

～～仁祖一卷，一年（一六二三癸亥）三月十三日（癸卯）第一篇紀錄。

經過這一番波折，綾陽君最終登上王位，即朝鮮第十六代君主仁祖。仁祖依照仁穆大妃的意思，並沒有在景福宮或是昌德宮，而是選擇了西宮，也就是現今德壽宮的即祚堂作為他登基為王的場所，這在歷任朝鮮君王中乃是首創之舉。

在仁祖反正發生的第二年，也就是一六二四年，曾經是仁祖反正功臣的李适發動了叛亂。李适是一位忠厚的武臣，文采出眾且善於謀略，還曾因深受光海君信任而被任命為咸鏡道兵馬節度使，是一位當代的傑出人物。為什麼李适最後又發起叛亂呢？在仁祖反正時曾經擔任過總大將的金瑬，原本他因為害怕反正的消息會傳入光海君的耳中，因此舉事之際躊躇不前，但後來還是負起了總指揮的職責，帶領著六百到七百名叛軍參與起義。但在仁祖反正成功之後，為反正政臣們進行論功行賞的時候，金瑬、李貴等被封為一等功臣，而李适卻只是二等功臣。李适認為自己付出的辛勞並未得到同等的回報，因此內心開始感到不滿，雖然之後李适被任命為捕盜大將，並且在都元帥張晚底下擔任副元帥，最後還升任了平安道的兵馬節度使，但其仍為日後發生之事埋下伏筆。

李适原本是個做事有始有終且責任心很強的人，他到了平安道之後，收起了委屈的心情，專心致志準備防禦外敵，進行了紮實的軍事訓練，過著忙到不可開交的日子。可是卻突然發生了一件意想不到的事情。一六二四年一月，有心人士製造叛亂事件，並誣陷給李适和他的兒子李栴，以及韓明璉、鄭忠信、奇自獻、玄楫、李時言等人。朝廷大臣們認為應該立即將李适等人逮捕，進行嚴厲的調查，但仁祖先將李栴逮捕起來並對他進行了審問，結果被證實為無罪，因此仁祖也暫時消除了對李适的疑心。接著仁祖以必須確認調查結果為由，命李适返回漢陽，並且派義禁府都事前往李适的駐紮地寧邊。得知此事後，原先就對此極為不滿的李适更是滿腔怒火，一看到來者立即勃然大怒。

最後在一六二四年（仁祖二年）一月二十二日，李适殺害了從漢陽前來的義禁府都事與宣傳官之後，正式起兵叛亂。李适麾下的兵力由一萬一千餘名精銳部隊以及壬辰倭亂當時投降的一百名降倭兵所組成。李适率領這批兵力直逼漢陽，以破竹之勢進軍南下。李适的叛軍正往漢陽前來的消息傳開之後，仁祖跟當初宣祖在壬辰倭亂時丟下百姓離開漢陽一樣，他也拋下了漢陽並且倉皇地逃往公州避難。不過也因為這樣，當李适率兵進入漢陽的時候，仁祖已經逃離此地，因此李适可以說是無血入城。李适駐紮於因為壬辰倭亂而成為廢墟的景福宮，擁立興安君李瑅為王。為了穩定民心，他還張貼榜文告示天下，致力於收拾因叛亂而引發的混亂。這就是朝鮮歷史上首次由叛亂軍占領首都漢陽都城的「李适之亂」。

另一方面，仁祖離開漢陽之後停留於公州避難，翹首期盼著叛亂軍被鎮壓的那天到來。仁祖有時候會登上公州最高的山城公山城，眺望著北方，殷切地期盼著再度回到漢陽的日子。來到公山城的時候，雖然仁祖感到飢腸轆轆，可是這裡卻連個像樣的食物都沒有，御膳桌上更沒有什麼足以令人動筷的菜色。此時住在公州的一位富人在籮筐裡裝滿了某種食物，並且獻給了仁祖。一掀開籮筐上蓋著的布，只見裝在裡頭的年糕像是剛做好似的柔嫩且鬆軟，上面還裹上了一層豆粉。仁祖拿起一塊年糕，一吃之下，年糕的美味讓他為之驚豔。仁祖對這個味道讚嘆不已，於是向大臣們詢問了糕點的名字，但是誰也不知道這種糕點到底叫什麼，他們只知道這是一位姓任的富人送來的食物。

雙樹亭側面：這是位於公州公山城的一座涼亭，為了紀念仁祖曾在此地避難而建造的。
———資料來源：韓國文化財廳

聽到這樣的回覆之後，仁祖撫摸著鬍鬚，沉思了許久，然後決定替這個糕點取名。「絕味」表示這是最為美味的糕點，另外由於是由任姓富人所呈上的食物，因此為它取名為「任絕味」。起初雖然被叫為「任絕味」，但是隨著歲月的流逝，任字的發音產生了變化，在幾度輾轉流傳之後，現今的名稱就變成了「引切米」。後來仁祖終於從公州返回漢陽，而這一道曾經填飽他肚子的切糕，不但吃起來方便，味道也十分美味，因此無論是以前或現在，都是一道經常被拿來取代正餐的人氣糕點。

另一方面，李适旋即受到官軍的反擊而潰敗，一路撤退到昌慶宮並且繼續奮力抵抗，在這樣混亂的打鬥過程中，原先是大王大妃住所和安身之處的昌慶宮變成一片廢墟。最終李适敵不過官軍的進擊，在退到無路可退的情況之下，只好從運送屍體的水口門逃出，從漢陽一路逃到利川。後來李适在逃亡途中遭到部下的暗算，就此命喪黃泉。李适這一生總共侍奉了三位君主（光海君、擁立興安君為王、仁祖），他波瀾壯闊的一生就此畫下了休止符。

雖然李适之亂就此平息，但是在兵荒馬亂之中，保管《朝鮮王朝實錄》的春秋館史庫卻就此被大火燒毀。百姓們更是再一次對叛亂一起就棄民如敝屣的君王感到失望不已。再加上曾經參與李适之亂的餘黨逃亡到朝鮮北方的後金，幫他們指引通往朝鮮的通路，使得朝鮮邊境的威脅加重，朝鮮儼然已成為風中的殘燭。

五十一歲新郎和十九歲新娘的婚姻所釀成的悲劇

一六〇〇年，當時宣祖的正妃懿仁王后朴氏在壬辰倭亂四處避難，後來因為病重不治而與世長辭。但是一國之后的位置不能一直空著，於是在一六〇二年，宣祖登基後第三十五年之際迎娶了繼妃，也就是當時年僅十九歲的仁穆王后金氏。然而宣祖已經五十一歲，也就是說仁穆王后比自己的丈夫小了三十二歲。由於宣祖和懿仁王后之間並沒有生下任何子嗣，所以仁穆王后能否為皇室生下嫡子便成了眾人矚目的焦點。因為若是仁穆王后生下男孩的話，那麼由後宮恭嬪金氏所生，現今已冊封為世子的光海君，他的世子之位就會面臨重大的威脅。

不過令人擔憂的事情終究還是發生了。一六〇六年，仁穆王后誕下了王子永昌大君。但是宣祖駕崩時，永昌大君只有兩歲，因此雖然永昌大君身為嫡子，但是卻難以繼承君王之位。而在宣祖辭世的時候，光海君年屆三十三歲，已經是足以肩負國政重任的年齡，而且他的能力也很出眾。宣祖也對此事心知肚明，因此他在去世之前，已經將遺書封好並且交給仁穆王后保管。一六〇八年二月一日宣祖駕崩之後，遺書的內容才得以公開。

「朕相信東宮會友愛兄弟，就如同朕在世時一樣。無論任何人提出誣蔑或上疏，東宮都不需予以理會。」

光海君嗚咽抽泣著聆聽遺言，並且在仁穆王后和大臣們面前發誓，表示自己必定會遵照遺言所示去做。不過最終他還是被捲入大北派對政治權力的慾望之中，終究未能遵守當初的誓言。由於光海君犯下廢母（仁穆王后）殺弟（永昌大君）的罪行，最後才會引發了仁祖反正這場政變。

老闆娘，那個不是鮑魚的殼嗎？

你的眼睛還真是雪亮啊。
那是我嫁到濟州島的女兒，
回家探親時帶回來的伴手禮。

鮑魚是用生吃的方式吃掉了嗎？

女兒說這個是高級食材，
所以做了烤鮑魚給我吃，
早已經吃下肚啦。

原來是烤鮑魚。
其實因為這道烤鮑魚，
曾經發生過有人含冤而死的事呢。

這是真的嗎？
真的因為這美味絕倫的鮑魚，
而導致有人喪命嗎？

老闆娘你好像一臉不可置信的表情，
我就把這個和烤鮑魚有關的
悲慘故事告訴你吧。

菜單 1-5

烤鮑魚

究竟是誰在仁祖的烤鮑魚裡下了毒藥呢？

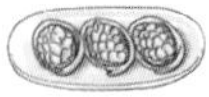

端上君王御膳桌的珍貴食物——烤鮑魚

自古以來鮑魚都是一種非常稀有的貝類。不僅是因為鮑魚有著散發出七彩光澤的外殼，所以才說它是珍貴的東西，而是有時吃鮑魚的時候，還會發現裡頭藏有珍珠的關係。海女潛入深海之中捕撈的天然鮑魚，只有身分崇高的人才能夠吃得到。相傳結束春秋戰國時代並統一天下的秦始皇，除了追求長生不死之外，他最喜歡吃的食物也是鮑魚。正因為鮑魚如此罕見，因此在一般尋常百姓家裡，為了讓一家老小都能品嚐到鮑魚的滋味，所以將鮑魚煮成了鮑魚粥。但是作為宮廷料理，必須做出更能展現品味的菜餚，因此烤鮑魚就此誕生。雖然製作烤鮑魚的方法並不困難，但是由於食材相當不易取得，因此在朝鮮時期才會當作是呈到君王御膳桌上的代表性食物。做這道烤鮑魚時，首先必須將鮑魚從它的外殼上剝除下來，然後沿著鮑魚的紋理漂亮地切開，接著再放回外殼裡擺好。把調好的醬料均勻地塗抹在鮑魚切片的縫隙之間，最後再放在鐵網上烤熟。這個時候會用麵糰之類的東西塞住鮑魚外殼上的孔洞。

不過曾經有一位女性，因為在君王御膳桌上的烤鮑魚中下了毒，因此被判以悖逆之罪並處以死刑。這位女子正是仁祖的長媳，也是昭顯世子的世子嬪愍懷嬪姜氏。愍懷嬪姜氏（一六一一〜一六四六）因叛國罪而被廢除了所有封號，因此一度只以「被廢黜的姜氏」或是「逆姜（逆賊姜氏）」

來稱呼她。後來一直到肅宗時期才得到平反，正式復位為「愍懷嬪姜氏」。若是將復位後的名稱進一步解釋的話，有「令人懷著憐憫之心的嬪妃」之意，因冤屈而死的她令百姓們心生憐憫，從而懷抱著悲傷的心情，所以才會得到這樣的封號。愍懷嬪姜氏究竟是如何走過她的人生，最後是否因為冤屈而死的呢？現在開始，讓我們一起來探究她的人生歷程。

明智地度過人質生活的世子嬪，以及因她而感到威脅的仁祖

愍懷嬪姜氏是仁祖時期右議政姜碩期的二女兒，十六歲時成為昭顯世子的世子嬪。一六二七年，她與昭顯世子舉行婚禮，而當年正是後金發動丁卯胡亂入侵朝鮮，並且要求雙方訂立兄弟國盟約的那一年。朝鮮最終無法阻止後金♣侵略，只能被迫承認後金為兄國，而朝鮮則為弟國，陷入悲慘的處境。在這樣的時期，王室因為迎來了新的成員，臉上露出了難得的笑容。世子嬪姜氏雖然只是女流之輩，但是卻罕見地讀過《小學》，並且聰穎過人，在輔佐昭顯世子上也是稱職的賢內助。婚後二年，

♣後金（一六一六年～一六三六年）是出身建州女真的努爾哈赤在滿洲地區（今中國東北地區）建立的滿洲族汗國，為清朝的前身。後金至皇太極，於一六三六年改國號為大清，並遷都至瀋陽（後更名為盛京）。

也就是一六二九年時，為王室生下了第一位嫡孫，後來又先後生下了三男五女，為王孫尊貴的朝鮮王室帶來了無限喜悅。

但是在嫡孫李檜出生的一六三六年十二月，清朝要求兩國建立君臣關係，並且發動十二萬名兵力大舉進攻朝鮮。世子嬪姜氏抱著出生才幾個月的嫡孫，連同她的小叔們鳳林大君、臨海君以及其他王室家族成員一起到江華島避難，不過最後還是全員落入清朝官兵的手裡。在這段期間，仁祖和昭顯世子一起進入了南漢山城，但由於軍糧不足，僅僅撐了四十五天便出城投降。仁祖在三田渡向清朝皇太極行三跪九叩之禮，受盡了屈辱，最後還與清朝簽訂了辱國喪權的投降條約。最終在一六三七年二月，依據因投降而與清朝簽訂的丁丑和約內容，朝鮮昭顯世子必須以人質身分前往清朝當時的首都瀋陽，世子嬪姜氏一同跟隨。繼昭顯世子和世子嬪姜氏之後，相當於朝鮮第二繼位者的鳳林大君與三公六卿（三政丞與六曹判書）的子弟們，以及主張主戰論的金尚憲、尹集、吳達濟、洪翼漢與百姓二十餘萬名等全部都被帶到遙遠的異國他鄉，從此展開了長達八年在異國他鄉當人質的日子。昭顯世子與世子嬪姜氏等人的生活情況，可以透過侍講院臣子呈送到朝鮮的報告書《瀋陽狀啓》詳加了解。世子一行人在前往瀋陽的路上，也遭到了刁難。在清朝的堅持之下——清朝婦女不坐轎子而是習慣騎馬，他們要求世子嬪也必須一路騎馬到瀋陽館。雖然大家都很替她擔心，但是世子嬪姜氏卻以雍容不迫的姿態乘上馬匹，堂堂正正地向女真族展現了身為朝鮮嬪宮的自尊心。和

大多數朝鮮婦女一樣，世子嬪姜氏也從來沒有騎過馬，但是她仍然表現出臨危不亂的態度。最後這一行人總算走到了瀋陽館，但是只見兩棟尚未完工的建築物孤零零地聳立在那裡。而這裡貧瘠的土地和寒冷的氣候，讓世子變得體弱多病，因此經常讓世子嬪和侍從們感到內心焦躁不安。但是世子不僅聰慧睿智，而且勇氣和氣魄兼具，他懂得對清朝皇帝和高官們投其所好。因為他知道一旦失去清朝的信任，朝鮮便會面臨巨大的危機，因此昭顯世子為了維持清朝和朝鮮的和諧關係，竭盡心力處理各項事物，如同走鋼索般步步為營，盡心盡力地完成了這項任務。他成功地安撫了包括龍骨大在內的清朝將軍和官員，即使對

三田渡碑全貌：1636 年，清朝的太宗入侵朝鮮，引發了「丙子胡亂」。當時在南漢山城抗戰的仁祖被迫在三田渡地區向清朝投降，並且簽定了辱國喪權的議和協定。清太宗要求朝鮮建立一座功德碑，以頌揚自身功績，這塊石碑就稱為三田渡碑。———資料來源：韓國文化財廳

他們氣勢十足的發號施令，他仍舊可以安然無恙地繼續過著他的人質生活。

另一方面，由於瀋陽館同時扮演著戰敗國的領事館角色，因此要解決的事務可謂堆積如山。例如他必須處理在丙子胡亂當時，因為主張抗戰到底，作為主戰派而遭到逮補的金尚憲與三學士等人面臨被處決的威脅（三學士雖然遭受嚴刑拷打，卻始終沒有接受清朝的懷柔政策，最終仍然被處決而死）；還要為那些因從清朝逃亡而遭到刖刑（切斷腳後跟）的人進行治療；另外為了使這些人質能夠早日被釋放，作為戰爭失敗的代價，朝鮮每年都需要向清朝支付巨額的賠償金與貢品，若是朝鮮進貢的物品遲遲未到，那麼瀋陽館就必須代為準備與繳納。而當時朝鮮的經濟狀況極度惡劣，因此很難在短時間內拿出清朝要求的賠償金和各種貢品。而且清朝的要求遠遠地超乎常人想像，例如要求繳納三萬個紅柿或是六千個水梨等。此時，捲起雙手袖子站出來的人正是世子嬪姜氏。她將原先在朝鮮已經開發好的農業方法應用在滿州瀋陽館附近的屯田當中，訂立了農作物的收成計畫。為了獲得耕作所需的勞動力，她說服世子將瀋陽館現有的資金全數用來支付賠償金，贖回原先因為欠下巨款而失去自由的朝鮮人質，並且將這些人力投入於屯田耕作上，其成果十分令人吃驚。收穫的農作物高達上千石，不但使一向缺乏糧食的瀋陽館變得能夠自給自足，還從遙遠的蒙古地區購買牛隻，然後以高價售出賺取利潤，另外也把清朝人們感興趣的朝鮮水果販售給他們，這些生意往來讓瀋陽館變得充滿生氣。依據仁祖二十一年十二月十四日在《瀋陽狀啓》中所呈報朝鮮朝廷的報告內

容所示，六處屯田當中有九百三十九個耕作面積◆，播種數量為二百三十三石四斗七升，生產的糧食有五千二十四石二斗九升，收成的棉花量為六百二十斤。如今已經與世子夫婦初次抵達瀋陽館時所面臨的情況完全不同，這是用血汗換來的豐碩成果。在糧食如此不足的地方，卻憑藉著世子嬪見識卓絕的經濟政策，生產出超過五千石的莊稼。可是仁祖卻對她的做法感到不以為然。

「……世子在瀋陽時，作室塗以丹雘，又募東人之被俘者，屯田積粟，貿換異物，館門如市，上聞之不平。」

——仁祖二十三年（一六四五）六月二十七日戊寅第一篇紀錄

仁祖自身無法送出豐厚的物質到瀋陽，卻又擔心世子透過這樣的經濟行為與清朝越走越近，於是便產生了不安的情緒。再加上清朝太宗親自為必須返回朝鮮的世子舉辦餞別宴，席上好話不斷，並且替他穿上唯有君王才能穿著的大紅蟒龍衣；雖然世子以不可越矩穿上君王之服為由，懇切地婉

◆一頭牛一天的耕作面積。依據地區不同而有差異，一般約為二千坪。

拒了太宗的好意，但消息傳開之後，仁祖心中的不安感日益嚴重。對於這個自己先前曾經不吝激勵，期望她成為出色外交家，如今又將世子從經濟危機中解救出來的兒媳婦世子嬪姜氏，他的心裡逐漸地對她產生怨懟之情。仁祖對世子嬪的憎恨與日俱增，最終對她做了一件在人倫上絕對不可做出的行為，究竟他做了什麼樣的事情呢？

一六四三年，世子嬪姜氏的父親中樞府事姜碩期離開了人世。但是由於世子嬪人在遙遠的瀋陽館，因此無法參加他的喪禮。朝鮮持續地請求清朝允許世子嬪暫時回國，最後清朝決定，若是讓世子夫婦返國奔喪的話，那麼就必須讓麟坪大君的夫人、嫡孫以及弟孫（世子嬪的二兒子）作為替代的人質，如此一來他們才能夠同意世子夫婦回國之事。世子嬪一想到將來可能會登基為王，目前才年僅六歲的王子連同更為年幼的弟弟將要一起成為人質，在焦急惋惜的心情之下，一時間忍不住淚如雨下。自從一六三七年因為成為人質而離開之後，她已經好幾年沒有見過自己的兒子們，這次為了交替人質的任務，才好不容易可以在路上見他們一面。雖然見到了思念不已的兒子們，但是由於馬上又要再次分離，世子嬪緊緊抱住他們淚流不止，徹夜無法成眠。第二天早上，在時猶嚴寒的天氣裡，世子嬪再度與兩位年幼的兒子分開獨自返回朝鮮，她的心中只有一個念頭，就是要好好地送離世的父親最後一程，盡到自己身為女兒應盡的禮節。世子嬪姜氏好不容易才回到朝鮮，但是仁祖卻不允許她返家問喪，就連領議政沈悅出面代為懇求，仁祖依然拒不同意。一直到她在朝鮮的滯留期間結束之前，仁祖緊閉的心房始終無法開啟。雖然世子嬪姜氏聲淚俱下，卻終究無法返回近在咫尺之遙的父親墓地，也無法回到母親臥病在床的娘家探視，最後只能徒留遺憾再度踏上返回清朝的路程，從這個時候開始，仁祖和世子嬪姜氏便走上了一條無法挽回的道路。仁祖甚至在回到瀋陽館的世子身邊，安插了一位自己的親信宦官金彥謙，要求他報告世子夫婦的一舉一動，以便隨時掌握他們的動靜。透過金彥謙的報告，仁祖得知世子嬪與清朝關係親密，並且為了使世子登上王位而努力不懈，聽說她訂做了王妃才可以穿著的紅錦翟衣，並且讓侍從稱她為「內殿（中宮）」，因此仁祖對世子嬪的所作所為感到怒氣衝天。但是實情並非如此，那件翟服只是世子嬪在女人愛美之心的作祟之下，以試穿的心態去訂做的；另外稱號也只是個誤會，起因是侍從們私下之間稱呼世子為「東殿」，稱呼世子嬪為「嬪殿」的關係。

世子嬪真的在仁祖的烤鮑魚中下了毒藥嗎？

在這樣的局面之下，發生了一件對某人而言是喜訊，但是對某人來說卻是令人不安的消息。一六四四年，明朝以李自成之亂為契機走上了滅亡之路，清太宗皇太極成為中國名副其實的主人。昭顯世子與世子嬪一行人終於正式結束了長達八年的人質生活，並且於一六四五年返回朝鮮。在歸國之前，昭顯世子曾經到北京參訪，並且與傳教士湯若望（Adam Schall）見面聊天，他從湯若望那裡收到了作為禮物的望遠鏡、自鳴鐘等珍奇西方物品與天主教書籍。另外在湯若望的安排之下，也帶了一批身為天主教徒的宦官和宮女們一同回國。世子嬪也購買了很多當時在朝鮮被認為是非常珍貴的物品，其中包括中國的絲綢等，可以說是滿載而歸。類似這樣的事情宦官也都盡責地一一呈報給仁祖知道。經過三田渡的屈辱事件之後，仁祖對於清朝恨之入骨，因此連帶地厭惡起與清朝關係親近的世子，以及打算輔助世子登基為王的世子嬪。再加上他看到世子一回到漢陽，大街上歡迎世子的人潮擠得水泄不通，可謂盛況空前，因此仁祖的心情變得更加不安。於是在仁祖的嫉妒心作祟之下，原本打算前來向昭顯世子行禮的大臣們，全部都被阻攔在大門之外。

在這樣的情況之下，歸國兩個月之後的一六四五年四月二十六日，昭顯世子突然臥病在床，過沒有多久便撒手人寰。世子在死前的六天就已經因為惡寒和高燒而受盡折磨，在他嚥氣的當天還讓他喝了對惡寒有特殊療效的小柴胡湯，可是病情仍然沒有起色，最後雖然接受了針灸治療，但是卻已經無力回天。然而在施予針灸療法當時，仁祖命令所有的御醫全都到世子的宮廷外頭待命，宮裡只留下兩名負責扎針的鍼醫而已。究竟當時做了什麼樣的針灸呢？在與此相關的實錄中，留下了令人毛骨悚然的內容。

「世子東還未幾，得疾數日而薨，舉體盡黑，七竅皆出鮮血，以玄幎覆其半面，傍人不能辨，其色有類中毒之人。」

——仁祖二十三年（一六四五）六月二十七日（戊寅）第一篇紀錄

另外，針對當時施予針灸的醫員李馨益，司憲府與司諫院強烈地主張必須予以懲罰，但是仁祖卻對此事置之不理。和年幼的孩子們一起被留在這個世上的世子嬪，由於昭顯世子的死因不明，因此她悲憤地捶胸頓足，悲不可抑。但是她知道自己必須堅強起來並且照顧好嫡孫，才能夠實現

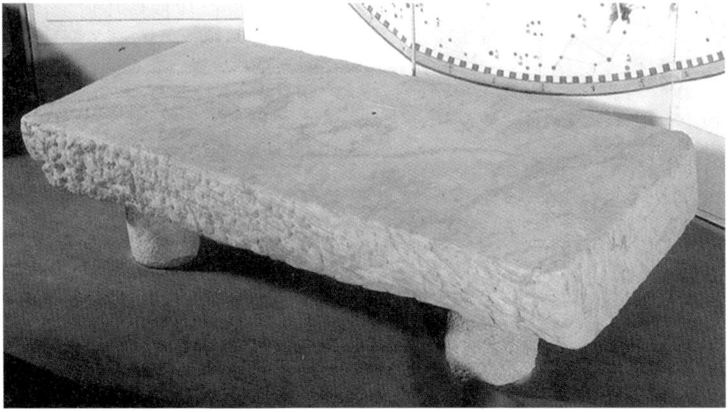

新法地平日晷：仁祖 14 年 (1636)，李天經依照時憲曆法所製作的日晷。由於製作的標準緯度與中國北京的緯度一致，因此被認為是 1645 年時由昭顯世子一行人從清朝帶回來的物品之一。———資料來源：韓國文化財廳

昭顯世子心中未完成的夢想。可是後來卻連這個心願也在一夕之間全然破滅，因為仁祖並未冊立昭顯世子的兒子為世子，反而讓身為次子的鳳林大君取代了他的位置。幾乎所有的大臣都以史無前例為由，請求仁祖收回成命，但是仁祖卻仍舊堅持自己的想法，一意孤行。在這樣的情況之下，由於世子嬪的哥哥姜文明等人，曾經抱怨過昭顯世子的墓地與葬禮日期會對嫡孫造成不良的影響，因此仁祖便以此為由，下令將昭顯世子的妻舅們嚴刑拷打致死或是流放遠地。之後世子嬪來到仁祖所在的大殿旁，放聲哭喊以宣洩不滿的情緒，最後甚至連原先晨昏定省的請安儀式都中斷了。事態越演越烈，素來與世子嬪關係不佳的趙昭容謊稱世子嬪連日詛咒仁祖，如此一來不僅是世子嬪的宮女，就連照顧嫡孫的宮女也全部因此慘遭下獄問罪。雖然他們想以嚴刑逼供的方式讓宮女們說出幕後指使者就是世子嬪，以屈打成招的方式得到假的供詞，但是宮女們卻寧死也不肯屈服，世子嬪聽到這個消息之後，幾乎被逼到快要發瘋的地步。儘管如此，仁祖心中卻仍然無法放下對世子嬪的仇恨之心。

到了最後，終於發生了將世子嬪姜氏逼上絕路的決定性事件。仁祖二十四年（一六四六）一月三日，上呈到仁祖御膳桌上的烤鮑魚中被發現有毒。仁祖將侍奉世子妃的五名嬪宮內人與三名御廚（製作君王御膳的廚師）內人抓了起來，並且施以嚴刑拷打，逼他們說出這件事情確實是世子嬪所指使的，但即使遭受各種刑罰的折磨，卻沒有任何一個人開口說出虛假的供詞。儘管如此，仁祖還

是將世子嬪姜氏囚禁在後苑的別堂裡，然後在別堂的門上挖了個洞，把要給世子嬪的食物和水放入這個洞裡，對她採取了非常不人道的處置。直到成為世子的鳳林大君提出強烈的反對，仁祖才讓一位侍女進去裡面照顧世子嬪。其實這一切都是趙昭容向仁祖進讒言所導致的後果，自從仁祖宣布跟姜氏偶語者有罪之後，仁祖所在的大殿與世子嬪姜氏居住的嬪宮殿之間已經完全沒有任何往來，所以她要在烤鮑魚中下毒可以說是不可能的事情，即便如此，仁祖還是打算將世子嬪流放到外地，實錄中也記載著這件事情。仁祖以下毒之事作為藉口，最終下令賜死藥給世子嬪。但是仁祖殘忍的舉止並沒有就此止步。他把昭顯世子的三個幼子李石鐵、李石麟以及李石堅流放至濟州島，全然沒有顧念他們是自己血濃於水的親孫子，也沒有考慮到他們已經是無父無母的孤兒。此時石鐵十二歲，石麟八歲，最小的石堅也不過才四歲而已。他甚至還擔心被流放到濟州島的士大夫會照顧孩子們，為日後的謀反作準備，因此還把他們分別送到了不同的島嶼。這三個失去父母的孩子當中，由於龍骨大曾經提議要把石鐵帶回清朝撫養，因此仁祖對他特別有戒心，他十分害怕自己的王位會被這個孫子搶走，因此才會把孩子們流放到濟州。

一六四八年，流放到濟州後僅一年的時間，石鐵就因病而去世了。接著石麟也同樣因為疾病而死亡，一個人孤孤單單被留在這個世界上的石堅，後來一直到仁祖過世，孝宗繼位時才得以終止被流放的日子。石鐵過世的時候，仁祖裝出一副悲傷的模樣，特意將他的棺木放置在昭顯世子墓地的

旁邊，為他舉行了喪禮。負責記載實錄的史官們，針對此事寫出的史論如下：

「史臣曰：『石鐵雖逆姜（逆賊姜氏）之子，而獨非上之孫乎？以祖孫至親，而投藐爾幼稺於瘴海中，竟致之死，雖歸骨於父墓之側，亦何益哉？可哀也已。』」

——仁祖二十六年（一六四八）九月十八日己卯第一篇紀錄

承受莫大冤屈而死的世子嬪姜氏，在事隔七十二年之後的一七一八年，才由肅宗召集二品以上的大臣為她伸冤平反，依據商議的結果，全員認為世子嬪姜氏是含冤受屈而死，因此決定替她正式復位。正如前文所提及的內容，因冤屈而死的她令百姓們心生憐憫，因此才為她取了「愍懷嬪」這樣的謚號。

仁祖在丙子胡亂當時因清朝而承受的侮辱

仁祖與屬於進步主義者的昭顯世子之間所產生的不和，其根源是因為仁祖曾經在三田渡遭受過清朝給予的屈辱與蔑視。丙子胡亂當時，南漢山城的士兵們連日捱餓，仁祖一天也僅靠一碗粥支撐，抗戰持續地進行中。後來在一月二十二日（陽曆二月十六日）江華島淪陷，當仁祖聽到王室家族的成員們成為清朝俘虜的消息之後，便派遣主和派的崔鳴吉為首，主動向清朝投降。清朝起初要求仁祖「飯哈」，所謂的「飯哈」是指用繩子將投降君王的雙手捆起來，然後像過世的人一樣在嘴裡叼著一顆珠子，並且在身上揹負著殯棺，用這種儀式向對方投降。熟諳外交手段的崔鳴吉向對方苦苦哀求之後，雖然條件稍有緩和，不過對朝鮮人而言依然是一種難以言喻的恥辱。因為清朝要求投降的所有人員不得騎馬，而是以步行方式前來。君王不得身著袞龍袍，而是必須穿著下級官員的青衣。

一六三六年一月三十日，哀戚的痛哭聲迴繞在整個南漢山城之間，仁祖走了一段很長的路，身上穿著臣子的青色戎服走進了三田渡。接著他準備行三跪九叩之禮，清朝的人們開始大聲吶喊，仁祖深深地低下頭，朝著地上磕了三個響頭，而且聲音必須大到讓清太宗聽見才行。每次當仁祖將頭用力磕在地上時，額頭上就會流下鮮血，於是他的臉變成血跡斑斑的樣子。投降儀式全部結束了之後，清朝卻還不讓仁祖離開，而是讓仁祖繼續站在田地中央，此時他的心情如坐針氈，處境十分淒涼。一直到夕陽西下，清朝的人才允許他離開。在受到如此悲慘的「三田渡之屈辱」後，仁祖對清朝的羞恥心和憤怒一直盤據心頭揮之不去。

歡迎光臨。
正好大受客人歡迎的菜色，
已經醃製好了。

呵呵，老闆娘如此厚愛我，
那麼我今天就沒有白跑一趟了。
究竟是準備了什麼菜色呢？

正是醬油螃蟹。
有偷飯賊之稱的醬油螃蟹，
讓人垂涎三尺的佳餚，
已經準備好了。

說到醬油螃蟹，
其實我這個人呢，
對醬油螃蟹是敬謝不敏的。

什麼！
怎麼會呢？其中有什麼理由嗎？
明明是這麼美味的東西。

當然有啦，
且聽我細細道來。

醬油螃蟹

吃完醬油螃蟹之後離開人世的君主——景宗

菜單
1-6

將美味的螃蟹長期保存的祕訣——醬油螃蟹

醬油螃蟹被人們稱之為偷飯賊，因為一旦開始品嚐，不需要別的小菜，只要有醬油螃蟹，三兩下就可以把白飯全部吃下肚。有關醬油螃蟹的歷史可以追溯到很久以前。韓國三面環海，特別是西部海域的花蟹捕獲量特別豐富，為了可以長時間將帶有滿滿蟹卵的新鮮花蟹保存下來，於是人們開始使用特別的祕方，將其製作成醬油螃蟹。另外也會使用從蟾津江或錦江等河流中捕獲的新鮮河蟹來製作醬油螃蟹。在尚未有冰箱的時代，祖先們創造出醬油螃蟹這樣的發酵食品，如此一來就可以把秋天捕獲的螃蟹保存到冬天再食用，可以說是一種累積先人智慧的料理訣竅。捕撈河蟹的季節是在秋天，而西海花蟹最美味的月分則是在五月。每年到了五月，花蟹不僅變得肉質飽滿鮮甜，還帶有滿滿的蟹卵，是最適合拿來醃製成醬油螃蟹的時候。另外，在河裡捕到的淡水蟹叫做「陸蟹」，陸蟹收穫量最多的季節是在夏季。只要走入溪流中，輕輕地把岩石掀開，就可以抓住藏在下面的螃蟹。不過由於近來河川大多遭到汙染，因此使用陸蟹來醃製醬油螃蟹的地方已經不多了。

醃製醬油螃蟹的方法並不困難。一般民間在製作醬汁的時候，會在醬油中加入大蒜、洋蔥以及生薑一起熬煮，不過若是想要讓醬汁味道變得更好的話，還可以再加入香菇、鯷魚高湯或是清酒等食材。待醬汁熬煮完畢之後放至冷卻，先在罈子等容器中放入處理過的花蟹，接著把醬汁倒入，直到花蟹完全浸泡在醬汁中即可。大約先醃製一天左右，然後把醬汁倒出來，將醬汁再次煮至沸騰，冷卻之後再重新倒入容器裡。這樣的步驟反覆進行三次，螃蟹就會開始發酵，放置三、四天之後取出即可食用。

朝鮮時代培養出最多王妃的坡平尹氏家族，從很久以前開始，在宗家料理當中，就已經出現了醃製醬油螃蟹的紀錄。尤其是論山的坡平尹氏宗家，他們使用論山錦江支流中魯城川裡捕獲的河蟹，醃製成著名的魯城醬油螃蟹，更是被拿來當作呈獻給君王的貢品。由於是要進貢給君王的食品，所以使用了不同於一般民間的特殊做法來醃製。令人驚訝的是，他們把一般百姓很難吃得到的牛肉餵給雜食性的螃蟹吃，如此一來製作成醬油螃蟹時，就可以做出充滿肉汁的醬油螃蟹。

論山明齋古宅：這是坡平尹氏中的明齋尹拯（1629-1714）所建造的房屋，目前尹氏宗婦居住於此。———資料來源：韓國文化財廳

製作方法如下所述：「首先將餵養過生牛肉碎末的螃蟹處理好，再放入裝有高湯的罐子裡，先醃製個一天左右。高湯中除了加了大蒜、生薑以及蔥之外，還加了栗子和芝麻油調製而成，讓螃蟹由內而外都要均勻地浸泡在精心製作的高湯裡。」醃製醬油螃蟹的時間主要是在收割稻米的秋天，這是因為從二百九十多年前就開始在坡平尹氏家製作的「校東傳甕醬油」，此時味道最為醇美的關係。「校東傳甕醬油」名稱中的「校東」是指魯城坡平尹氏的宗家位於魯城鄉校東側之意，而「傳甕」則是表示醬油是用宗家流傳下來的甕缸盛裝釀造而成的。再次回到製作過程，將高湯倒入放置二到三天，之後的做法和一般民間的差不多，把醬油湯汁取出之後，另外煮至沸騰並放至冷卻，此一過程須重複二、三次。除了給螃蟹餵食牛肉之外，從紀錄上還可以看出他們曾經醃製出別出心裁的特殊醬油螃蟹。在憑虛閣李氏所著的《閨閤叢書》中記載著，若是在醃製螃蟹的過程中，將生的雞肉與螃蟹放置在一起二至三天，那麼螃蟹就會吸收雞肉的肉汁，讓螃蟹嚐起來更加鮮美多汁。另外裡面也提到，若是雞肉不易購得的時候，可以改用豆腐來取代。

肅宗、景宗與英祖，以及老論和少論的分裂

歷史上與美味醬油螃蟹有關的可怕故事也同樣流傳於世。正祖十年（一七八六）十一月十一日

的《承政院日記》當中曾經記載著這樣的事例，羅州有位叫做姜鐵柱的儒生，在他過世之後，他的妻子金氏為了追隨丈夫的腳步，因此決意上吊自殺，但是被家人所救，後來她在舉辦喪禮的那天再度試圖自盡，不過仍舊失敗了。後來在舉行兩周年祭禮時，她在吃了蟹醬、蜂蜜和河豚卵之後，懇求她的婆婆將她移到丈夫去世的房間裡，最後在那裡結束了自己的性命。由此可以得知，醬油螃蟹雖然是一道很美味的菜餚，但是如果和屬性相剋的食物一起吃，很有可能會對生命造成危害。醬油螃蟹在朝鮮時代被稱為「蟹醬」，朝鮮第二十代君王景宗在吃了蟹醬之後，因為腹痛和腹瀉而離開了人世。而且把蟹醬呈給他的不是別人，正是身為王位繼承人的世弟，也就是景宗同父異母的弟弟延礽君。景宗在吃了蟹醬的五天之後去世，接著由延礽君繼承王位，成為朝鮮第二十一代君王。而他正是朝鮮歷史上在位最久的君主——英祖。

可是一般王位的繼承人理應是由君王的兒子來接任，延礽君怎麼會在景宗登上王位後不到一年的時間內，就被冊封為世弟呢？想要了解這一點，必須先清楚地知道南人黨與西人黨之間的明爭暗鬥。還有西人黨之間因為朋黨的關係，導致西人黨再次分裂為老論派與少論派。景宗和延礽君的父親肅宗在位期間，曾經突然之間三次進行政局轉換，此事被稱之為「換局」。第一次換局又名為「庚申大黜陟」，一六八〇年，南人黨領袖許積因為祖父許潛被授予諡號，所以替他舉行了延諡宴。在宴席上，他在未經君王許可的狀況下使用了王室專用的油幄，於是此事便成為初次換局的契機。油幄是指「塗了油的帳幕，主要是為了防雨時使用」。那天正好下著大雨，肅宗懷著對臣子的思念之情，於是命人將倉庫裡的油幄送到許積的家裡。但是油幄卻早已經被許積命人搬走，安置在他的家中。肅宗認為許積這個舉動相當傲慢無禮，因此他將掌握軍權的負責人從南人黨的柳赫然換成西人黨的金萬基，另外就連摠戎使與守禦使也都全部換成西人黨的人馬。俗話說屋漏偏逢連夜雨，許積的庶子許格因為與麟坪大君的三個兒子福昌君、福善君以及福平君等共同策劃造反，最後遭到他人告發而失敗。因此包括許積在內的南人黨主導人物全部都被趕出朝廷中央勢力範圍，不是遭到賜死，就是被流放到外地。不過南人黨並未就此一蹶不振，經過十餘年的磨刀霍霍，後來與宮女張玉貞攜手同心，共同創造了一個逆轉的局面。這就是發生於一六八九年的「己巳換局」，其內幕詳述如下。

肅宗總共有四名王妃，其中三人早他一步離開人世。第一位王妃仁敬王后因為罹患了天花而在二十歲的時候過世。第二位王妃仁顯王后未能得到肅宗的喜愛，曾經被下旨廢為庶人，其後又將她正式復位，歷經了這些過程之後，最後因病而去世。第三位王妃則是以「張禧嬪」稱號聞名於世的張玉貞，她在波瀾起伏的人生最後，被賜死藥結束了生命。最後一位迎來的王妃是仁元王后。在仁敬王后去世的時候，是張玉貞撫慰了肅宗空虛的心靈，但是肅宗的母親王后金氏（顯宗的王妃明聖王后金氏）對於出身於譯官中人家族的張玉貞十分鄙視，認為她的品性不佳，因此將其趕出王宮，並且讓西人黨派人士閔維重的女兒閔氏成為肅宗的繼妃。仁顯王后成為繼妃之後，因為本性心地善良，她明白肅宗思念張玉貞的心情，因此說服肅宗將張玉貞重新接回宮中。但是她這麼做，無異是火上燒油的舉動，因為張玉貞回宮後重獲肅宗的寵愛，反而開始疏遠仁顯王后。對此感到不安的西人黨與仁顯王后打算再次從西人黨家族中選出新的後宮，試圖挽回肅宗被張玉貞奪走的心，可是卻一點用處也沒有。肅宗對張玉貞的寵愛與日俱增，張玉貞終於在一六八八年生下了王子，而這位王子正是日後成為朝鮮第二十代君王的景宗。

一直以來肅宗都因為遲遲未生下王子而感到憂心忡忡，如今終於有了期盼已久的子嗣，他在高興之餘打算立刻冊封他為世子。但是老論派一聽到這個消息立刻紛紛上疏表示反對。在此期間，西人黨的黨首宋時烈與他的弟子尹拯之間也因為老論派和少論派的立場不同而產生分歧。肅宗因為老論派的反對而大發雷霆，下令捉拿宋時烈並將其治罪，但由西人黨人馬組成的司憲府或司諫院官憲們卻未見任何行動。肅宗在震怒之下將朝廷大臣全部都換成南人黨的人，即使如此他還是未能消除憤怒，又下令將正前往流放地的宋時烈賜死於途中。肅宗將反對者進行處決之後，把生下嫡子的張玉貞從昭儀升格為禧嬪，從這個時候開始，張玉貞便以「張禧嬪」的稱號聞名天下。後來，肅宗還將引領西人黨的閔維重之女仁顯王后驅逐出宮。四月二十三日是仁顯王后的生辰，一般在王妃生辰的時候，大臣們都會站成一列呈上祝賀之意，這是朝鮮的傳統禮節之一。肅宗卻阻止了大臣們向仁顯王后恭賀生辰，西人黨和南人黨置之不理，仍然向王后道賀，但之後仁顯王后的內宮便被抓走並

宋時烈肖像：尤巖宋時烈（1607-1689）是朝鮮後期的朱子理學的大師，同時也是老論黨的首任黨首。———資料來源：韓國文化財廳

進行了嚴酷的拷問。後來更以善妒無子等罪名將仁顯王后廢去王妃的名銜。

仁顯王后被逐出王宮之後，同年冊立張禧嬪為王妃，不料登上王妃寶座的張玉貞，她的幸福也只維持了短暫的六年。隨著歲月的流逝，肅宗對於趕走仁顯王后一事開始感到後悔。無論用什麼角度來看，王妃張氏不僅缺乏美德與慈悲之心，而且善於嫉妒，與仁顯王后的高尚品行兩相對照，未免顯得相形見絀。在這期間肅宗曾經對身為水賜伊♣的崔氏宮女一見鍾情，有一次崔氏偷偷在宮中準備泉水為廢妃祈福，其過程中偶然地被肅宗遇見進而受到寵愛。此後肅宗便經常拜訪宮女崔氏的住所，並且將她冊封為從四品淑媛，對她疼愛有加。另一方面，計畫著要驅逐南人黨並重新奪回政權的西人黨，開始透過淑媛崔氏的力量，企圖讓仁顯王后得以復位。不過南人黨也察覺到肅宗的心境起了變化，於是他們將企圖讓仁顯王后復位的這些西人黨們全數抓起來，對他們進行了嚴刑拷打。此事被傳開之後，肅宗反而將南人黨人士流放到外地，重新起用西人黨的人馬，史稱「甲戌換局」。然後將他這段時間在心中策劃的想法一一地付諸實現。他親筆寫了一封信，並且連同美麗的衣服和華麗的轎子一起送到仁顯王后的處所，將她迎回宮中並且恢復其正妃的身分。

仁顯王后復位之後沒過多久，卻罹患了不知名的疾病，健康狀況逐漸地在惡化中。仁顯王后持續纏綿於病榻上，最後在一七〇一年八月十四日魂歸西天。當時她年僅三十五歲。肅宗在王妃病逝之後來到禧嬪張氏的住處，在那裡發現了一張仁顯王后的畫像，胸口處留有被弓箭射穿無數次的痕跡。察覺到事態嚴重的肅宗，將禧嬪張氏的宮女們全數抓起來嚴刑拷問。事情原來是這樣的，禧嬪張氏透過哥哥張希載的小妾，找來一個名叫五禮的巫女，在禧嬪張氏的住處設立神壇，作法詛咒加害仁顯王后，同時祈願讓禧嬪張氏再次回到中殿之位。後來發現，巫女不僅在仁顯王后的畫像上射箭詛咒，並且指示宮女在仁顯王后的寢居通明殿西側角落與蓮花池旁的兩處地方，將鯽魚、鳥與老鼠等的屍體埋葬在此。除此之外，禧嬪張氏在過去這段期間所做的惡行惡狀也暴露在全天下人的面

♣在宮中擔任挑水做雜役的宮女。

前，肅宗在震怒之下於一七〇一年十月八日下令讓禧嬪張氏自盡，在二天之後的十月十日禧嬪張氏終於結束了她的生命。至此，肅宗對世子的心也已產生了隔閡。老論派的人看透了這一點，所以一度請求改立延礽君為王位的繼承人，為了達成此目的，他們甚至祕密地進行了軍事訓練。但世子在承命代理攝政的數年期間並沒有任何重大過失，所以在肅宗死後他仍然安然無恙地登上了王位。在登基不到一年之際，由於景宗有痼疾，老論派便以景宗體弱多病為由對其施加壓力，上疏請立其弟延礽君為世弟。景宗向大王大妃徵詢此事的意見，最終傳達了她的口諭：「孝宗的血脈和先大王的骨肉唯有殿下與延礽君兩人。」遵從了老論派的意思。氣勢正盛的老論派趁勝追擊，上疏請王世弟代為聽政，不過卻反而遭到少論派與南人黨的大力反對。因為此事造成老論派的首領遭致處死，多人被發配邊疆，最後大大地削弱了老論派中央政權的勢力，正史謂之「辛壬士禍」。從此老論派暫時在朝廷中消聲匿跡，他們一邊等待著奪回政權的那一天，一邊在怨恨中忍耐度日。

少論派對醬油螃蟹敬謝不敏的理由

但是他們期待的那天卻比預想中來得更快。一七二四年八月，景宗因為痼疾復發，再度臥病在床。景宗早從三年前開始就聽從醫員的指示，吃過了一百數十帖的藥劑，可是卻一點效用也沒有。

由於長期服藥的關係，雖然他的外表看起來很健康，但是五臟六腑卻早已虛空，由於食慾不振，已經有很長一段時間未曾好好進食了。但是在八月二十一日晚上，景宗突然因為胸口和腹部疼痛而哀號不已，傳喚御醫為其進行診治之後，發現景宗在前一天吃了從世弟宮內奉上的蟹醬與生柿子，所以才會造成身體不適。醫員們一致認為景宗之所以臉色泛黑，是因為同時吃了蟹醬與生柿子的關係，以韓醫的角度來看，這兩樣食物屬性相剋，應忌諱同時食用。此後無論服用什麼樣的藥方，景宗的病症都不見好轉，腹痛和腹瀉的情況日益嚴重，最終在八月二十五日於昌慶宮歡慶殿駕崩。從此之後民間開始流傳著把蟹醬與生柿子一起食用會致死的說法，因此人們視此為禁忌。少論派的人也因為自己侍奉的君王吃了蟹醬而逝世，所以他們就再也不碰蟹醬這種食物了。

景宗駕崩之後，身為世弟的延礽君繼承王位，成為朝鮮第二十一代君主，史稱朝鮮英祖。在英祖繼位後的執政期間，關於英祖在東宮時期以蟹醬毒殺景宗的傳言仍然不斷地擴張著。於是英祖在一七二五年，也就是登基之後僅一年的時間，他就讓老論派的大臣們重返朝廷，託坊間傳言之福，老論派才得以再度掌握政權。對於此事，少論派一方則是感到憤憤不平，難以忍受。他們最終與南人黨的李麟佐、韓世弘等人共同聯手，試圖推舉昭顯世子的曾孫密豊君李坦為王，進而起兵造反。李麟佐是曾經被宋時烈指控為「斯文亂賊」而飽受譴責的尹鑴之孫女婿。他相當善於交際，親自跑遍各地說服了自從「甲戌換局」之後便難以涉足政事的南人黨人士，包括了安城的李浩、果川的李

日佐、居昌的鄭希亮以及忠州的閔元普等人，延攬他們參與此次的叛亂。同樣身為南人黨的鄭世胤與羅州的羅崇大互相合作，以六百到七百餘名的流民為基礎組成了綠林黨，然後他們把指揮權交給了李麟佐。為了能夠一舉獲得成功，李麟佐置辦了數百支火槍，並且交代由朴弼顯與沈維賢負責做軍事方面的訓練。另外他在全羅道地區的全州和南原市集上張貼寫有英祖毒殺景宗的掛書◆，吸引社會輿論的廣泛討論。於是感到動盪不安的地方仕紳們開始提供資金，並且動員家中的奴僕參與叛亂。雖然在發起叛亂之前，由於叛軍的軍事力量過於分散而產生混亂，但是李麟佐為了增強軍力而費盡心思，終於控制了局勢，凝聚住叛軍的軍心。總算等到適當的時機來臨，在一七二八年（英祖四年）三月十五日讓權聖鳳假裝舉行葬禮，然後把武器藏在喪車中進入清州，直接發動攻擊，叛軍殺了忠清道兵馬節度使李鳳祥並且占領了清州城。在占領清州城之後，自信心大增的李麟佐一路向北進攻，經由木川、清安、鎮川等地，控制了安城、竹山等忠清道和京畿道一帶的局勢，接著派遣首領到各個地區，並且將官糧發放給生活困苦的百姓。他利用憤憤不平的民心得到百姓的支持，藉此擴充了叛軍的軍事力量。但是事情並沒有那麼簡單，原先被寄予厚望的嶺南地區和湖南地區並未給予預期中的響應，而且安東的儒生們以及湖南的權貴人士對於軍事動員也都採取不合作的態度。後來朝廷任命兵曹判書吳命恆為新的都巡撫使，帶領官軍鎮壓叛亂，最後在安城制伏了叛軍，並且展開了猛烈的追擊戰。

村民申吉萬等人與僧人們合力逮捕了藏在深山寺廟中的李麟佐，並且交到吳命恆的手上。吳命恆為了降伏叛軍，佯令要砍下李麟佐的腦袋，但是實際上是砍了其他人的項上人頭來取代，並且在懸掛人頭的長竿尾端寫著「賊魁李麟佐」。之後便將李麟佐本人壓送到漢陽。在漢陽焦急地等待著鎮壓叛軍消息的英祖，一聽到李麟佐被逮捕的消息，立刻高興的手足舞蹈，決定親自到崇禮門迎接吳命恆，並在昌德宮仁政門前直接對李麟佐等人進行審問。李麟佐坦白地供出以他為首的叛亂主謀人士以及造反的事實之後，隔天便遭到斬首之刑。身為叛軍的首領原先應處以凌遲至

◆匿名發表的文章。

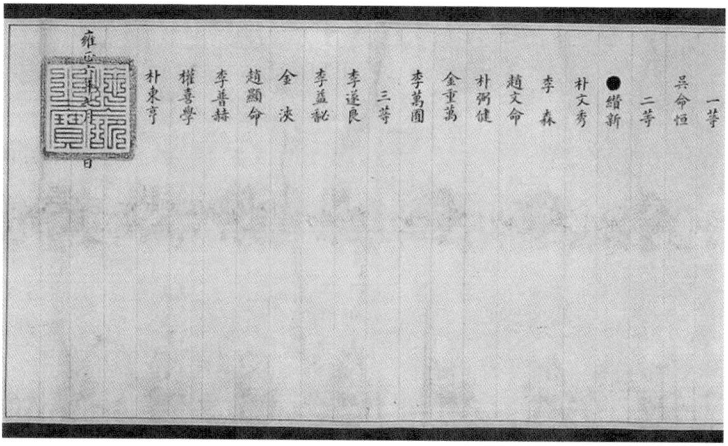

功臣名單：平定李麟佐之亂（1727）而立下大功的臣子們，他們的名字被記載在揚武功臣教書上。其中包括了一等功臣一名，二等功臣七名，三等功臣七名，功勳事蹟與姓名皆記錄在內。———資料來源：韓國文化財廳

死的刑罰，不過顧念他是尹鑴的孫女婿而作罷。雖然李麟佐之亂以失敗告終，不過自此之後少論派仍然繼續維持著不吃蟹醬的傳統。

由於師生之間的鬥爭造成黨派分裂的原因

西人黨以所以會分裂成老論派與少論派，宋時烈（一六〇七～一六八九）和尹拯（一六二九～一七一四）師生之間的反目成仇是很重要的關鍵因素。尹拯出身自名門望族坡平尹氏，自幼品德出眾，聰穎過人，在他二十八歲的時候，在老師金集的勸說之下成為宋時烈的門人。尹拯的父親尹宣舉過世之後，他向師長宋時烈提出請求，拜託他替先父寫一篇頌揚其生平功績的墓誌銘。但是宋時烈知道尹宣舉在丙子胡亂當時曾在江華島避難，後來還換上平民百姓的衣服逃了出來，因此他認為尹宣舉不配被稱為一個士大夫。再加上宋時烈奉朱子提出的程朱儒學為正統，終生致力於注解朱子著作，但是尹鑴卻對此提出不同的見解。尹宣舉對於尹鑴有著很高的評價且一直互有交流，宋時烈得知此事之後感到非常地憤怒。

最後宋時烈寫了一篇毫無誠意的墓誌銘給尹拯，尹拯雖然提出了修改的要求，但是宋時烈卻只修改了部分字句，整篇文章的內容仍然沒有太大的變動。尹拯對他感到十分失望，並且寫了一封信說他「義利雙行（缺乏義理之心）」、「王覇並用（王道與霸道並行）」的抗議書信，此後兩人之間便產生了很大的隔閡。其後宋時烈也將自己的憤怒之意用絕妙的隱喻表達出來，寫了一封回信給尹拯，兩人漸行漸遠。後來支持老師宋時烈的勢力稱為老論，而推戴弟子尹拯的一方則稱為少論，雙方之間的黨爭又被稱為「懷尼是非」；「懷」是指宋時烈曾經住過的地方懷德（現今的大田市大德區），「尼」則是指尹拯曾經生活過的尼城（現今的忠清道論山市）。

這位書生，
請嚐嚐看這道橡子涼粉吧，
昨天才剛做好的，很美味唷。

謝謝您的好意，
但是我更喜歡吃綠豆涼粉。

果然是從漢陽來的兩班貴族，
口味就是與眾不同。

在所有綠豆涼粉中，
蕩平菜更是首屈一指啊。

蕩平菜？
為什麼涼粉的名字
聽起來這麼深奧難懂？

哈哈，仔細聽好了，
涼粉的名字之所以變得這麼艱深，
是有其緣由的。
讓我把來龍去脈說給您聽吧。

菜單 1-7

蕩平菜

英祖的蕩平策是否來自蕩平菜？

蕩平菜與蕩平策之間有著什麼樣的關係？

涼粉是祖先們創造出來的智慧食物，同時也是讓人可歌可泣的一道食物。因為在接連不斷的旱災荒年之際，當時的人們為了填飽飢餓的肚子，把橡實、綠豆和蕎麥磨成粉，做成涼粉來食用。涼粉原本是這樣的救荒食物，不過最近由於發現它可以抑制脂肪吸收，並且帶來飽足感，因此成為一項備受關注的減肥食品。各式涼粉當中最受人們歡迎的是橡子涼粉，一九九九年英國女王伊麗莎白二世到訪韓國，在她前往河回村的時候，這道橡子涼粉還曾經出現在她生日宴會的飲食當中。之後英國的科學家們對橡子涼粉的功效進行了實驗，結果發現它是一種對人們健康相當有益的超級食物，因此一時蔚為話題。

一般提到涼粉，大家就會想到像橡子涼粉這種深褐色的涼粉，不過其實也有白色的涼粉，就是用綠豆做成的綠豆涼粉。製作綠豆涼粉的方法並不困難。將綠豆浸泡在水裡一天左右，然後用手搓揉，其間必須將水更換數次，直到綠豆外殼脫落，接著再加入少量的水並且攪拌均勻。將磨碎的綠豆用濾網過篩之後放入水中，沉澱之後就會產生澱粉。將水酌量倒入鍋中，為了使其不沾黏必須持續攪拌，待鍋中的水煮沸之後，將煮熟的粉漿倒入大一點的容器中，放涼凝固後綠豆涼粉即完成。

在韓國，每年適逢端午（農曆五月五日）之際，有用清泡水洗頭的傳統，而這裡的清泡水就是指浸泡綠豆時的水。

那麼綠豆涼粉是什麼時候吃的食物呢？

朝鮮正祖時期的文人洪錫謨將當時的節慶活動與歲時風俗整理之後撰寫而成的《東國歲時記》；十九世紀作者不詳的《是議全書》；一九一七年出版，由方信榮所作的《朝鮮料理製法》；一九二四年李用基所寫的《朝鮮無雙新式料理製法》，以及一九三一年由吳晴編纂的《朝鮮年中行事（朝鮮の年中行事）》，在上述這些著作中皆記載著三月分是吃綠豆涼粉的時節。特別是洪錫謨曾經在書中提及，蕩平菜的食材除了綠豆涼粉之外，還加了豬肉、芹菜苗以及海衣，拌勻之後淋上醋醬一起吃，口感相當地清爽，是一道特別適合在三月夜晚享用的菜餚。這裡所提到的海衣指的就是紫菜。那麼為何綠豆涼粉會成為三月分必吃的食物呢？透過許浚所著的《東醫寶鑑》，就可以清楚地明白理由何在。依據《東醫寶鑑》所載，綠豆是一種清熱退火的食物，因此在夏天來臨之際，它便成為一種防暑降溫的時令飲食。

食材包括綠豆涼粉的蕩平菜，雖然名稱聽起來詞意艱澀，不過實際上製作方法卻很簡單。將顏色鮮豔的各種食材與綠豆涼粉拌勻，做成口味帶酸的涼拌菜，一道蕩平菜就完成了。是否想要更加詳細了解一點呢？首先把做好的綠豆涼粉切成略粗的條狀。將綠豆芽稍微汆燙過，然後把水分瀝乾。蕩平菜中不可或缺的食材還有芹菜，把芹菜切成手指大小的長度，汆燙過後加點鹽巴再炒過。為了

讓紫菜散發出黑色的光澤，可以先將紫菜烤至酥脆，然後再揉碎做成紫菜碎末。另外將牛肉切成肉末或是細長的肉絲狀，再放入各種調味料一起炒過。鮮亮的黃色則是來自於雞蛋，把雞蛋煎好切成蛋絲，如此一來所有的食材即準備完成。將除了綠豆涼粉以外的食材先用芝麻油、醋以及醬油拌勻，然後把拌好的食材擺放在綠豆涼粉上頭，或者是在盤子上分成兩部分各自盛放。料理專家們一致認為，蕩平菜和拌飯這兩道菜餚皆使用了構成韓食的黃、青、白、赤、黑等五種顏色的食材，是體現五方色的代表性料理。有趣的是，蕩平菜一直被公認為是宮廷料理之一，在開化期♣之後，也一直是高級餐廳的菜單中不可或缺的菜色。從日本殖民統治時期開始，到一九七〇年代為止，在高官們經常出入的官邸或料亭裡，餐桌上絕對少不了蕩平菜。蕩平菜之所以被視為宮廷料理的原因是什麼呢？雖然民間流傳著這道菜餚是實行蕩平策的英祖下令命御膳房製作出來的食物，但是深入了解之後就會發現其實內容過於誇大。首先在《朝鮮王朝實錄》或《承政院日記》等書中就沒有任何英祖命人創造出蕩平菜的紀錄。

有關蕩平菜的文獻出現在一八五五年趙在三所著的《松南雜識》，這是他以教育兩個兒子為目的所編寫的書籍，也可視為百科全書的一種。他在〈衣食類〉的部分記錄著，宋寅明在年輕的時候，有一天經過商販林立的大街時，聽到叫賣蕩平菜的聲音而心生感慨，他認為朋黨的黨人就像製作蕩平菜時的各種食材，必須公平地採用各方人馬，才能夠形成良好的政治氛圍，因此他開始著手進行

蕩平事業。宋寅明是朝鮮後期的文臣，在英祖登上王位之後因為深得他的信任，從原先的右議政升至左議政，過世之後還被追封為領議政。英祖登基之後，他立刻上訴提出了禁止官員結成朋黨，英祖接受了他的建議，在一七二四年下了詔書表明黨爭的弊端與蕩平的必要性，正式開始實行蕩平政策。這裡所提到的「蕩平」一詞出自於《書經．洪範》：「王道蕩蕩，王道平平」，意思是說，身為君主應該要像中國古代堯舜等聖君一樣，不偏不倚公正地任用人才。

事實上，早在宋寅明上奏之前，英祖就已經深刻地明白黨爭對國家的危害。因為他自幼深陷於黨爭之中，而他自己也是依靠著老論派的力量才會被冊封為世弟，另外在景宗時期他更是親眼目睹了無數大臣們因黨爭而喪命或被逐出官場。但是蕩平政策並沒有獲得太大的成效。正如前文提及的內容所述，後來以相信景宗而遭到毒殺的少論派激進勢力為中心，曾經起兵發動了李麟佐之亂。不僅如此，當思悼世子在代理聽政的時期，由於心中傾向少論派，於是老論派開始挑撥離間，使思悼世子與英祖的關係日益疏遠。最後英祖仍然被捲入黨爭之中，命人將思悼世子關進米櫃，使得他最後活活被餓死。這麼說來，老論派對於思悼世子之死究竟涉入多少呢？就讓我們來了解一下其中的內幕。

♣韓國受到西洋文化的影響推翻封建社會秩序，向現代化社會改革的時期。

英祖失敗的蕩平政策，以及思悼世子

英祖的長子孝章世子年僅九歲時就去世了，之後就一直沒有子嗣，讓他感到相當地苦惱。在這樣的情況之下，暎嬪李氏誕下了王子，此時英祖的心情好像得到了全世界似的。英祖將後宮所生下的這位王子過繼給貞聖王后作為養子，當成原配嫡子來撫養，並且冊封為世子。世子聰穎過人，兩歲時就已經認得六十三個漢字，三歲時即可在英祖和諸位大臣面前流暢地背誦出孝經。不僅如此，他還寫得一手好字，經常寫下字句分送給眾臣們。世子年紀增長之後，善騎馬與射箭，精通武藝，二十四歲時親自將固有的十八種技藝武術圖文並茂地記錄下來，編寫成《武技新式》，該教材曾經被拿來當作訓練都監的教材。今日的朝鮮傳統武術是傳承並參考正祖時期所編纂的《武藝圖譜通志》而來，而該書便是以思悼世子所著作的《武技新式》為基礎。但是原先備受眾人敬愛的世子卻開始漸漸地籠罩在黑暗的陰影之中，起因正是黨爭。當時分裂為老論派和少論派，而少論派的觀點打動了世子的心。經常出入世子處所的南人黨將景宗突然死亡的原因，以及少論派一直以來遭受老論派欺壓之事告訴了他，因此世子才會產生了這樣的心情。再加上身為父親的英祖口口聲聲說要實行蕩平政策，可是卻把更大的權力賦予給將自己推上王位的老論派，這些事情都讓世子支持少論派的心變得更加堅定。在李麟佐之亂當時，尹就商的兒子尹志因為在羅州客棧張貼批判老論派的文章而被

處以死刑，此時老論派主張應該將與尹志互通消息的少論派人士一併處以極刑，但是世子卻對他們的提議置之不理。不僅如此，他還重用了少論派的首領人物李宗城作為自己的親信。世子和老論派意見相左的事情還不止於此，老論派的人士請求將他們一直以來尊為師長的尤庵宋時烈與同春堂宋浚吉供奉在文廟裡，但是世子卻說這有違蕩平政策的立場，因此未予以同意。對此感到憤怒的老論派，對於這個總是與他們的意見背道而馳的世子感到不滿，並且開始研擬世子登基為王之後，他們所需要的對應之策。

另外英祖對這個聰慧世子的期待也慢慢地開始破滅。世子的所作所為千奇百怪，讓英祖處處看不慣。每當他對世子感到失望的時候，英祖就會故意宣告自己即將就要退位，並且要把王位讓給世子。雖然禪位風波每次都以鬧劇收場，但是每當這樣的事件上演時，思悼世子為了挽回英祖的心，即便在酷寒肆虐的天氣裡，他都會穿著罪犯們穿的麻布衣服，坐在用草薦鋪成的墊子上，一邊痛哭失聲，一邊請求英祖收回禪位的命令直至凌晨，以跪薦待罪的方式來請求原諒。像這樣的跪薦待罪反覆地進行著，某年在跪薦待罪的過程中，還曾經因為戴在頭上的網巾破裂，造成額頭上鮮血直流的慘狀。然後英祖對他的訓斥卻越來越嚴厲，甚至連遽然的氣候變化等事情，全部都可以怪到世子的頭上，進而批判為他的政策失誤。英祖的讓位與不知饒恕等舉措讓世子的壓力越來越大，在過了二十歲之後，世子對英祖的懼怕演變成心理疾病，並且開始做出令人匪夷所思的行為。每當英祖召喚他的時候，由於他不想去見英祖，甚至還討厭起穿衣服，最後患了一種叫做「衣帶症」的疾病，這是一種類似於強迫症的病症，他拒絕穿上官服，也不願意配戴冠帶。有一次世子宮內的內官、內人、後宮和世子嬪等人為了讓他穿上官服和冠帶，雙方起了很大的衝突，世子甚至還在一怒之下動手打人。後來世子病情愈發嚴重，發作時還會殺死宮婢和內侍。曾經有服侍他更衣的內官被他砍下頭，之後還提著他的頭四處示人；後宮景嬪朴氏替他更衣的時候，世子忽然發病，最後將朴氏毆打致死。老論派的人馬當然不會錯過這樣的機會。一七五九年，

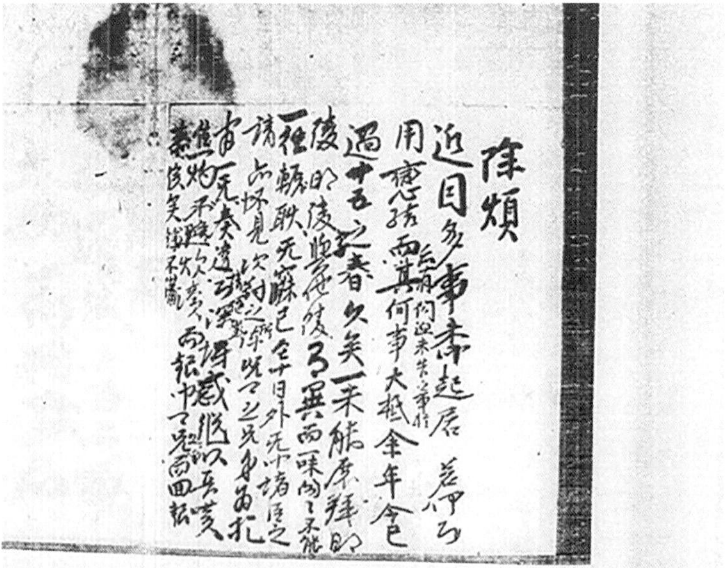

後來被追封為莊祖的思悼世子寫給岳父洪鳳漢的信（1750）：這是思悼世子寫給岳父的信，敘述了自身的憂鬱症，以及患有衣帶症等情況，也表達了與父親英祖之間的矛盾。

英祖以六十六歲高齡迎娶十六歲的貞純王后為繼妃，隔年從昌慶宮移御（指帝王遷徙所居）至慶熙宮，此後父子關係變得更加惡化。抓準時機的老論派將世子的錯誤大肆渲染後，向英祖告發世子罪行，這些對世子不利的言論不斷地傳進英祖的耳裡，英祖心中對世子的憎恨也就日益加深。

朋黨政治的犧牲品，同時也是成為蕩平政策全新起點的父子

在這樣的情況下，最終在一七六二年發生了那件大家熟知的命運事件。事件從兵曹判書尹汲的下人羅景彥告發內官們圖謀叛亂開始。得知這個消息之後，身為領議政同時也是世子岳父的洪鳳漢立刻將此事上呈給英祖。於是英祖親自審問了羅景彥，從他的衣袖中看到了關於思悼世子的十條不軌行為，憤怒的情緒讓他雙手不停顫抖著。內容列舉思悼世子多項罪行，包括生下嫡孫之後將後宮景嬪朴氏毆打致死、曾虐殺宮女、引女僧入宮居住、與內官們私自離開平壤出宮遊歷、私訪北漢山城等內容。英祖氣得跳腳，將世子喚到跟前來，向他追問羅景彥告發的內容是否屬實。世子一邊放聲大哭一邊喊著冤枉，並且要求與羅景彥當面對質，但是英祖並沒有接受他的提議。其實羅景彥背後有老論派的大臣們在操縱和施壓，想把與少論派親近的思悼世子逼入絕境。而英祖在當時也早已下定決心不能就這樣輕易放過世子。

思悼世子一直到臨死之前都希望英祖能夠原諒他，雖然他趴在昌慶宮時敏堂的月臺上認錯賠罪，可是英祖終究沒有原諒思悼世子。在烈陽高照的閏五月十三日，英祖把世子叫到昌慶宮徽寧殿來。英祖調動軍隊，控制了整個宮殿，並且宣布將世子廢為庶人。接著他下令要求世子自刎。世子開始不停地流著眼淚，並且撕開龍袍掛在自己的脖子上，一直在旁邊觀看著的侍講院大臣們急忙地跑向前，阻止了世子的舉動。在烈日炎炎似火燒的申時（下午三點到五點），英祖命人從御膳房拿出了盛大米的櫃子。世孫抱住了英祖的腳踝，哭求著請他饒了自己的父親，但是英祖卻一把將他甩開。依照惠慶宮洪氏所作的《閑中錄》中的記載，當時思悼世子一邊痛哭流涕一邊高喊著：「父王，父王，是我做錯了，我會按照您吩咐的去做，我會好好讀書，也會聽您的話，請您收回成命，求求您收回成命。」

不過他沒能挽回英祖果斷的決心。英祖命令世子立刻進入米櫃，當世子一進入米櫃之後，英祖親自把米櫃的蓋子關上，並且用鎖把米櫃嚴實地鎖上。最初幾天世子哀切不已的痛哭聲響徹了整個宮殿，在炙熱的陽光下曝晒且數日滴水未進，因此世子的體力逐漸下降。英祖下達了嚴格的命令，命所有人不得給世子提供任何食物與水，同情世子的某人違反了這項規定，英祖得知之後更加地憤怒，他讓人把乾草和肥料覆蓋在米櫃的上方，完全地隔絕了進入米櫃的空氣。八天之後世子活活被餓死在米櫃之中，終年二十八歲。在世子死後，英祖好像才恍然回過神來。他恢復了世子的身分並

賜諡「思悼」，並且將世孫李祘過繼給孝章世子當養子。但是在英祖要將王位傳給世孫的時候，他的條件是不可以追崇（對死者追加封號之意）思悼世子，也不可再追查導致思悼世子死亡的背後勢力為何，試圖將過去的一切全部掩埋。

在思悼世子死後，老論再次分崩離析，分裂為認為思悼世子之死為理所當然的僻派，以及對思悼世子之死帶著同情之心的時派。其中老論僻派就是促使思悼世子走向死亡的那股勢力。另一方面，英祖即位之後曾經下令推行的蕩平策詔書也以一七六二年為起點，開始更加

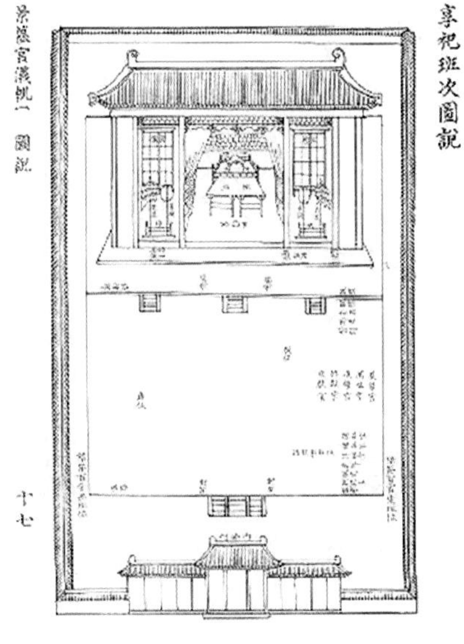

景慕宮儀軌享祀班次圖說：這是描寫思悼世子祠堂和祭祀的儀軌。儀軌是指朝鮮時代王室或國家主要行事內容的紀錄。

積極地實施。英祖認為朋黨主張的黨論是以殺戮為本，而殺戮即是亡國之根源，因此無論是老論派或少論派，他都盡量公平地任用穩健而具有妥協性的人才。以此為據，他大力整頓了身為朋黨發源地的書院，讓南人黨的蔡濟恭等人與北人黨的南泰齊等人登上了朝廷的政治舞臺。

將上述內容整理後可以得知，先是年輕時的宋寅明在大街上看到有店鋪在販售由多種食材混合而成的蕩平菜，才向英祖提出了蕩平策這個建議，他認為應該要公平地任用各個朋黨的人材，於是英祖才開始實行蕩平策。但是隨著歲月的流逝，故事的順序卻先後對調過來了，變成為了阻止黨爭的惡化，英祖才創造了蕩平菜這道菜餚，目的是為了向大臣們明確地傳達蕩平策的內容，然而故事就這樣流傳下來了。民間認為蕩平菜所用的食材正是朋黨的象徵物，綠色的芹菜代表的是東人黨，白色的綠豆涼粉是西人黨、紅色的肉類是南人黨，而黑色的紫菜碎末則是北人黨的代表色。正因為如此，由於蕩平菜被視為是君王賜予大臣的宮廷食物，所以在現代的韓定食當中，蕩平菜就成為菜單中必不可少的一道菜餚。

宮廷文學的代表作，《閑中錄》誕生的祕辛是？

由惠慶宮洪氏所撰寫的回憶錄《閑中錄》，被視為是朝鮮宮廷文學的翹楚，這部作品誕生的背景中有一段被隱藏的祕聞。惠慶宮洪氏的外祖父一家人因為正祖而慘遭滅門之禍，為了要重新恢復外祖父的名譽，因此她寫了《閑中錄》這部作品。由於惠慶宮洪氏是在怨恨中所寫下的文字，因此也被稱為《恨中錄》。

思悼世子的兒子正祖登上王位之後，立即將與父親之死相關的人處以極刑或發配邊疆。在此過程中，貞純王后的外戚勢力清風金氏與正祖親生母親惠慶宮洪氏的娘家豐山洪氏皆變成了一片廢墟。世間曾經流傳著這樣的流言蜚語，說當初那個悶死思悼世子的米櫃是惠慶宮洪氏的父親洪鳳漢送來給英祖的，她為了要替父親闡明真相而寫了這些文章。先前正祖曾經向惠慶宮洪氏承諾過，等到她年過七旬的時候，就恢復豐山洪氏家族的名譽，但是最終他仍舊沒能遵守這個約定，因為惠慶宮洪氏在差四歲即滿七旬的那年，正祖就已經與世長辭。惠慶宮洪氏之所以寫下這部回憶錄，主要是為了讓年幼的純祖了解思悼世子的死亡與自已的娘家無關，以及讓他明白正祖在生前已經承諾要恢復洪氏家族的名譽等實情。另外在《朝鮮王朝實錄》中並未出現過「米櫃」一詞，只有提到「被嚴密地關在裡面」這樣的敘述而已。然而文獻中首次出現「米櫃」這個具體物品的說法，就是在惠慶宮洪氏所執筆的《閑中錄》裡。

《泣血錄》：惠慶宮洪氏所著回憶錄《閑中錄》的抄本。———資料來源：韓國國立中央博物館

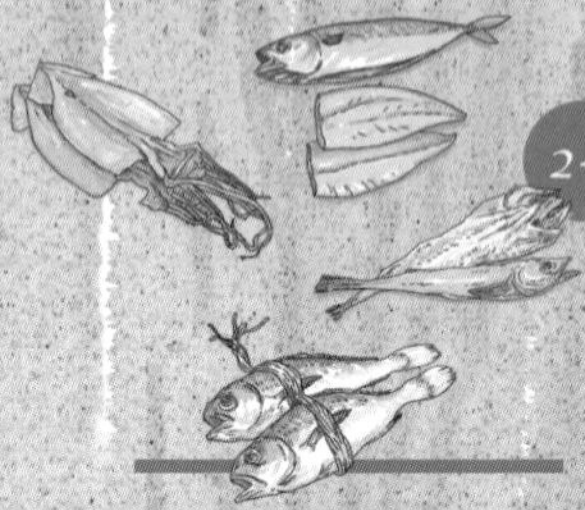

2-1

明太魚乾
烏賊乾
鹽漬鯖魚
黃花魚乾

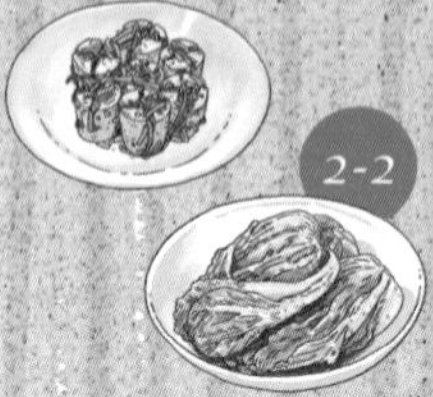

2-2

白菜泡菜
黃瓜泡菜

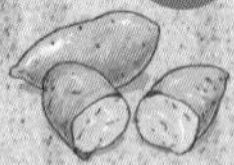

2-3

地瓜

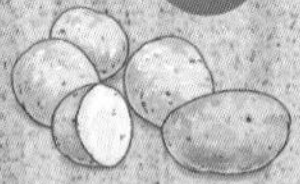

2-4

馬鈴薯

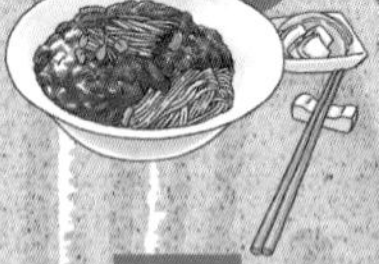

2-5

炸醬麵

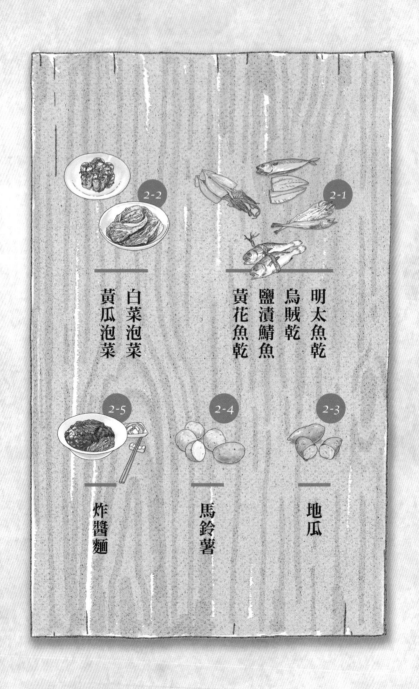

時代造就的食物

第二章

與朝鮮的歷史一同流傳至今
為了配合朝鮮時代變遷而產生的食物

老闆娘，今天的小菜太美味啦！
鹽漬鯖魚的味道是一絕，
乾明太魚湯也相當爽口呢。

因為我昨天去了趟市場。

怪不得，不過吃了這道鹽漬鯖魚，
不禁讓人想起黃花魚乾的好滋味啊。

唉唷，那麼貴重的黃花魚乾，
我們這種小酒館怎麼會有呢？
不過您等會要離開的時候，我給您烤一點
昨天在市場上買的烏賊乾吧。

這可真是個好主意呀！
那麼為了感謝老闆娘的好意，
我就給您說個有滋有味的故事吧。

把烏賊烤好撕開來的這段時間，
正好可以用來聽客倌說故事。

這樣的食物究竟是從何時
開始出現的呢？
這就是我所要說的故事。

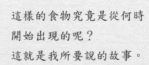

菜單
2-1

明太魚乾、烏賊乾、鹽漬鯖魚、黃花魚乾

在沒有冰箱的時期，用鹽漬／乾燥法保存的水產品

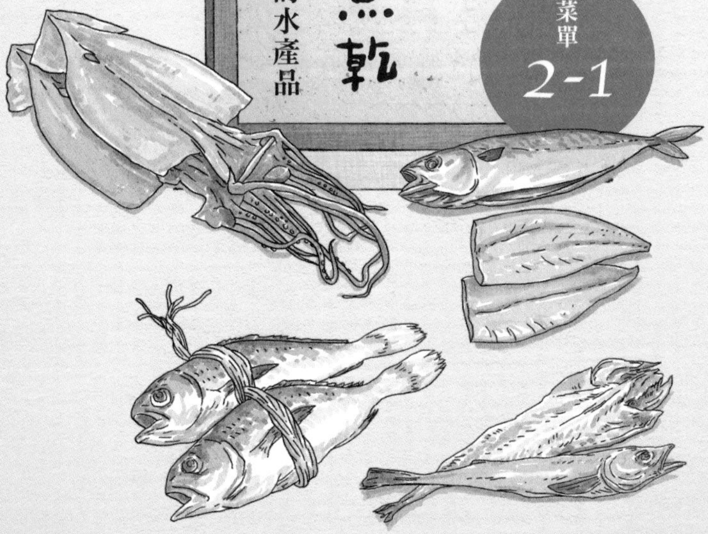

容易變質的海鮮在進貢過程中，產生納貢承包人代納之弊端

明太魚乾、烏賊乾、鹽漬鯖魚以及黃花魚乾的共同點就是可以保存很久。萬一烏賊、鯖魚以及黃花魚在未完全晒乾的狀況下，就被拿去當作商品流通的話，那麼不到兩天就會產生變質。在沒有冰箱的年代，祖先們為了可以長時間保存水產品，於是開發了乾燥法以及使用鹽巴醃製的鹽藏法，還有在冬天時藉由冰冷的寒風將這些海鮮進行熟成等方式。百姓們捕獲的水產品會以貢納的形式呈送給君主，但是一般從外地到漢陽需要一個月以上的路程，因此這些貢品經常會發生損傷的情況。因此從朝鮮初期開始，居住在漢陽的京主人♣開始擔任起納貢承包人的工作，就是代替各地區的農民籌措貢物向中央納貢，這種權宜方式又叫做「代納（防納）」。問題是京主人經常以低廉的價格購買品質不好的物品上呈，然後再向各地的百姓索取數倍以上的高價，這就是所謂的「防納之弊端」。依據《中宗實錄》內容所載，當時代納一隻羊的話，代價是七捆棉布；一塊貂皮的價錢則是四捆官木♦；而一隻鳥的價格竟高達三十匹官木。對此難以承受的百姓，若是想把現有的物品當成貢品上呈的話，就必須去收買首領或衙役才有可能通融，因此農民繳不出貢品之事比比皆是。在代納制度實施之前，為了不讓水產品在到達漢陽之前即產生變質，百姓們便以承繼自三國時代流傳下來的鹽藏

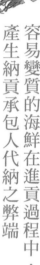

法或是乾燥法來保存水產品。為了不讓水產品受到損傷，人們還開發出其他充滿智慧的保存方式，與剛從大海捕撈之後立即烹煮的新鮮滋味相比，經過醃製的水產品不僅美味，而且還更別有一番風味。

一年四季都能吃到，名稱五花八門的明太魚乾貨

其中最具代表性的水產品是明太魚。明太魚是祭祀、拜神以及舉行傳統婚禮時不可或缺的物品之一，也是大家都很熟悉的水產品。舉行傳統婚禮時之所以會使用明太魚乾，是因為明太魚頭型大且魚卵多，被認為是多產和富饒的象徵。另外由於明太魚擁有明亮的眼睛，表示可以讓生活變得更明亮，帶給家庭和睦，也包含著用光明驅走黑暗氣息的意義。再加上明太魚總是瞪著一雙大眼睛，因此也被認為能夠驅除不祥之物。

♣高麗、朝鮮時期，為了負責中央和地方官衙的聯絡事務，由地方首領派任到首爾的衙役或鄉吏。

♦國家儲備的棉布。

其實明太魚並不是一開始就被命名為明太魚。關於明太魚的名稱，有一段趣味橫生的故事曾經被記錄在高宗時期文臣李裕元所編纂的《林下筆記》（一八七一）當中。據說明川地區有一位姓太的漁夫捕獲了一種魚，將其獻給治理該地區的道知事（道伯）。道知事覺得這種魚吃起來十分的美味，但是問起魚的名字卻無人知曉，只知道是明川一位姓太的漁夫抓到的，因此他把這種魚取名為明太魚。但在朝鮮初期的文獻中根本看不到明太魚的名字。

一五三〇年，中宗時期所編撰的《新增東國輿地勝覽》卷四十八至五十中的咸鏡道部分，新增收錄關於京城與明川物產的內容裡可以看到「無泰魚」出現，後人推測無泰魚即是明太魚。明太魚的另一個名字叫做「北魚」，因為牠是在北方海域捕撈到的關係；一七九八年正祖時期，在李晚永編撰的《才物譜》當中記載著：「由於明太魚捕獲自北海，因此又稱為北魚。」在朝鮮中期以後明太魚成為一種常見的魚類，在市面上也很容易買到明太魚的魚卵，孝宗三年（一六五二）《承政院日記》裡的紀錄能夠證明這一點。依其內容敘述，原先應該要上呈的貢品為鱈魚卵，但是卻出現以明太魚卵取而代之的情況，應該要加以管制。

明太魚也會依製作方式不同而有著五花八門的名稱。除了上面提到的明太魚和北魚之外，冷凍的明太魚叫做「凍太」；在江原道地區的晒魚場上，利用當地冬天嚴寒及強風與日照掛棚晾晒，經過二十多天反覆結凍解凍，使得魚體變黃的稱之為「黃太」；除去內臟和魚嘴後處於半風乾狀態的

是「半乾明太魚」；乾燥後呈現雪白色澤的稱為「白太」；黑色的則是叫做「黑太」；晒乾後堅硬異常的是「幹太」。除此之外，用漁網捕撈的叫「網太」；釣魚捕獲的叫做「釣太」；在江原道沿岸捕獲的叫做「江太」；在咸鏡道沿岸捕獲的小型明太魚被稱做是「倭太」；另外晒乾後長得像沙蔘的明太魚叫做「沙蔘北魚」；明太魚的幼魚被稱為「嬰太」或是「幼太」，還有一種說法是「小明太魚」。在沒有冰箱的朝鮮時代，為了讓新鮮捕獲的明太魚能夠在一年四季中皆可享用，因此才逐漸發展為「北魚」或「黃太」的乾貨型態。即便在朝鮮時代，由於明太魚的產量豐富，因此無論在何處，只要花三錢左右就可以買得到，所以也成為深受百姓們喜愛的食材。

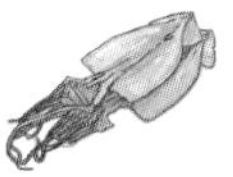

把烏鴉抓來吃的烏賊？

接著，讓我們來認識一下烏賊。烏賊本來的全名是「烏賊魚」。那麼烏賊名稱上有著代表「烏鴉」的「烏」字，這和烏鴉又有什麼關係呢？有一種說法是因為烏賊非常喜歡吃烏鴉的肉。但是烏鴉在天上飛，而烏賊卻在海底游，烏賊想吃烏鴉肉應該不是一件容易的事情，因此烏賊想出了一個辦法，那就是利用自己的身體當做誘餌。也就是說，烏賊會讓自己漂浮在海面上，像死掉般地躺平著，在烏鴉向下俯衝靠近大海的時候，烏賊就會立刻用腳在一瞬間將烏鴉拖進海裡並且吃掉。因此人們認為這種軟體動物是一種「危害烏鴉的盜賊」，隨著時光幾番流轉，在口耳相傳之下，「烏賊」的名稱就這樣流傳了下來。

不過也有人認為這種說法並非屬實。這一派的人馬認為烏賊本來的名稱並不是「烏賊魚」，而是「烏鯽魚」。他們主張的論點是，由於烏賊噴出的墨汁顏色像烏鴉一般漆黑，因此才會在牠的名稱上添加「烏」字，另外「賊」字也並非代表「盜賊」之意的「賊」字，而是有軟體動物之意的「鯽」字。而捕捉烏鴉來吃的故事，也只是利用與漢字發音相同的文字捏造而成的傳說罷了。雖然我們並無法得知哪一種說法才是正確的，但是有一件事情我們可以明確知道，那就是現今的烏賊二字是從漢字的名稱演變而來的。為了讓容易變質的烏賊可以放著慢慢吃，人們想出來的方法就是將其製作成烏賊乾。

進貢給王室的各項貢品之中，烏賊也是其中之一。從朝鮮初期到末期的所有實錄中，烏賊皆被記載為「烏賊魚」。特別是明朝的使臣因為對烏賊很有興趣，因此朝廷將烏賊送到使臣居住的太平館，其數量足足有二千尾以及一千二百尾之多。另外烏賊乾當時的名稱標記為「乾烏賊魚」，紀錄上還寫著是當時朝鮮物產中最具代表性的一項。送往北京的時候，記載的數量為一千六百尾到八百尾左右。雖然現今鬱陵島的烏賊很有名氣，但是根據實錄所記載，從前在濟州島捕獲的烏賊才稱得上是名品，另外也留有倭人想要捕撈烏賊進行買賣的紀錄。那麼朝鮮時代的烏賊價格如何呢？根據正祖二十年（一七九六）的《日省錄》記載，烏賊每尾的價格是四錢，明太魚一尾是三錢，由此可以得知烏賊的價格較高。

比起作為貢品，作為平民菜餚備受喜愛的鹽漬鯖魚

接下來讓我們來了解一下鹽漬鯖魚吧。鯖魚之所以又被稱為「高登魚」，是因為鯖魚的背就像山丘一樣圓圓地鼓起來，故而得名。在朝鮮成宗時期編纂的《東國輿地勝覽》中，將鯖魚標記為「古刀魚」，意思是牠的模樣與古時候的刀子很相像。丁若鏞的哥哥丁若銓在黑山島過著流放生活時，寫了一本叫做《玆山魚譜》的書，裡面提及鯖魚時所記錄的名稱是「碧紋魚」，這是因為在鯖魚的魚背上有著青藍色花紋之故。

鯖魚最美味的季節是在九月到十一月。甚至出現了「秋天的梨和鯖魚不給媳婦吃」這樣的俗語。鯖魚在韓國海域是很常見的魚類，只要放下魚竿，魚很快就會自動上鈎，也很容易被捕獲。但鯖魚一被捉到就會死掉，而且魚身馬上就會腐爛，在保管上是一件非常麻煩的事情。因此安東地區的醃製工人尚未開發出用鹽巴醃製鯖魚之前，鯖魚都是以晒乾的狀態被廣泛流通。不過其味道不佳，而且口感又硬，從《承政院日記》英祖元年（一七二四）十月二十日的紀錄來看，領議政李光佐甚至

還要求把一無是處的鯖魚乾從進貢的品項中刪除。

「臣曾為咸鏡監司時，見進上有乾古刀魚等物種，決無用處，而民力則多費矣。進上之物，固非自下所敢議者，而此等無用之物種，特教除弊則誠好矣。古刀魚，雖新捉，不堪為御供，況乾之如木片，雖賜與諸處，亦何用哉……」

到英祖時期為止，在實錄或《承政院日記》中都沒有出現關於鹽漬鯖魚的紀錄，因此可以推測出安東地方所開發的鹽漬鯖魚是在十九世紀之後才出現的。現今的大韓民國第一四七號名人，也就是安東鹽漬鯖魚的達人李東三，身為有五十年經歷的他，也可以為這一點作證。在交通尚未發達之前，從東海沿岸捕撈上來的鯖魚，必須花費一天的時間，才能送達位於內陸的安東地區。安東地區供應海鮮的地方是在盈德的江口港。凌晨捕撈的鯖魚裝載在牛車上，必須花費足足一整天的時間，才會抵達安東臨東面的鞭巨里♠市集。距離安東市集只剩下十里的路程時，醃製工人就會把鯖魚的肚子剖開，取出內臟並且塗抹上粗鹽。因為是「概略塗抹上鹽的鯖魚」，所以在安東地區又叫做「概鹽魚（얼간잽이）」。鯖魚在腐壞之前會產生一種酵素，而這種酵素會與鹽巴適當地融合在一起；另外在到達安東市集的這段路程中，鯖魚的水分也會適度地流失掉，再藉由陽光和風的力量讓牠自

然熟成，於是美味的鹽漬鯖魚就此誕生了。雖然鹽漬鯖魚直接吃就很美味，不過加入各種調味料後再放到鐵鍋裡蒸過做成的蒸鹽漬鯖魚，與放入陳年泡菜一起燉煮成的燉陳年泡菜鯖魚，也是深受老百姓們喜愛的平民美食。另外在一九八〇年代左右，住在釜山南浦洞後面巷子的人們，有許多人家會把剛捕撈上來的鯖魚用煤炭烤得香噴噴再享用，這樣的料理被稱為「烤鯖魚排」，對於一般的百姓們來說，烤鯖魚排搭配馬格利酒一起吃就是最高級的享受了。

利用鹽藏法使其發光發亮的黃花魚乾

那麼最後讓我們來認識一下最具代表性的乾燥水產品——黃花魚乾。黃花魚乾一詞的典故來自朝鮮仁宗時期，身為朝鮮仁宗外祖父與岳父的李資謙，曾經企圖毒殺仁宗並發動叛亂，篡位失敗後被發配到了靈光郡一帶，後來他把這裡用鹽醃製過的黃花魚乾獻給仁宗，表示自己「雖然送禮，但是卻非表示屈服。」因此後來「卑屈」一詞就成了黃花魚乾的名稱。不過後來的學者們卻有另外一

♠챗거리，沒有相應漢字，音譯。

種解釋，他們認為其實是因為當時用稻草將黃花魚捆綁成一串，因此黃花魚就會變形成山巒的樣子，所以本來叫做「仇非♥黃花魚」，久而久之在口耳相傳之下，最後就成了「黃花魚乾」。另一方面在實錄中則是記載著黃花魚為「石首魚」。在《太宗實錄》裡記載著將剛做好的石首魚送至宗廟；在《成宗實錄》中則記載著由於成均館經費不足，因此將一石米、兩桶魚蝦醬以及二十串石首魚賞賜予成均館。另外在《仁祖實錄》也有相關紀錄，內容是說曾經有人進貢了變質的石首魚，不過後來卻免除了那個人的罪行，由此可以看出黃花魚也是代表性的貢品之一。不僅如此，黃花魚也是最常出現在宮廷餐桌上的一道菜餚。依據仁祖時期一六二五年的《承政院日記》內容所示，光是在各個嬪妃之下的處所，一年之間使用的石首魚竟高達一萬三千餘串之多。《世宗實錄地理志》中的靈光郡記事中寫道：「石首魚產於靈光郡西側的波市坪（法聖浦一帶），在春夏交際之時，各處的漁船全部聚集在一起，使用漁網捕撈之。」由此可見法聖浦自朝鮮時代以來就是黃花魚的黃金漁場。黃花魚乾最著名的地區是靈光郡法聖浦，主要原因除了法聖浦的黃花魚捕獲量最高外，還緣於使用了當地特有的鹽藏法加以醃製，因此法聖浦的黃花魚乾才會如此盛名遠播。法聖浦所使用的鹽藏法，並不是使用普通的鹽巴，而是使用靈光郡鹽山面當地鹽田出產的天日鹽。這種天日鹽經過一年以上的保存，鹵水已經澈底地蒸發掉，因此鹽的味道非常美味。另外，使用鹽巴醃製的時候，鹽的使用量會因為黃花魚的大小而有所不同，為了讓黃花魚夠均勻地塗抹上鹽巴並使其入味，醃製的時間也必須

加以調整，由於鹽藏法具有相當的難度，因此一般人也很難模仿。除此之外，法聖浦還有適量的日照量和溼度，再加上從海上吹來的西北風自然而然地將黃花魚乾加以乾燥，因此才能做出如此非凡的味道，甚至還出現了「黃花魚乾是被風吹乾的」這樣的說法。朝鮮時代的黃花魚乾比起現在放了更大量的鹽巴，為了讓春天捕獲的黃花魚可以長期食用，所以採取了強烈的醃製手段。首先撒上鹽巴醃製個三到四天，然後再曝晒半個月以上，讓黃花魚變得完全的乾燥。如此一來就會像明太魚乾一樣，很容易就可以用手將魚肉撕開。在沒有冰箱的朝鮮時代，將一串乾燥的黃花魚乾放進裝滿大麥的容器中保存，如此一來，託屬性偏涼的大麥之福，不僅有冷藏的效果，而且大麥的粗糠還可以吸收黃花魚乾的油脂，讓魚肉保有勁道的口感。用這種方式做成的魚乾就叫做「大麥黃花魚乾」。

和黃花魚乾有關的傳說還有一個，那就是眾所周知的故事「慈仁考碑」。傳說有一個以小氣出名的吝嗇鬼把一串大麥黃花魚乾掛在天花板上，叫家裡的人吃一口飯看一眼黃花魚乾，沒想到孩子只是多看了一眼，他就大發脾氣，說這樣會把黃花魚乾給看壞了。不過這個故事的主角是真實存在的人物，他是仁祖時期居住在忠清北道陰城郡的中部參奉趙惟曾的四兒子趙玏（一六四九～

♥구비＝굽이，音同彎曲之意。

一七一四）。他為了積聚錢財歷經了千辛萬苦，可說是做出了各種極盡誇張的吝嗇之事，最後成了富甲一方的大戶人家。在他年屆花甲的那一年，因為遭逢旱災，全國上下餓死的百姓不計其數，儘管他是個遠近皆知的吝嗇鬼，不過他還是打開了糧倉，慷慨地解救了眾多的飢民。度過饑荒之年後，曾經受過他救濟的百姓們替他立了一塊頌德碑，上頭的碑名就寫著「慈仁考碑」，也就是以慈悲之心解救眾多將死之人，如同父母再造之恩的意思。這個碑名與他的軼事被寫成故事流傳下來，這就是「慈仁考碑」的由來。

禁止自由航行的朝鮮時代

在朝鮮時代，雖然允許乘船出海捕魚，但是根據自己的意志開闢新航線、旅行或是訪問其他國家的事例卻是寥寥無幾。因為當時若要前往國外的話，需要得到國家的許可。朝鮮肅宗時期，安龍福前往對馬島向島主取得證明鬱陵島與獨島皆屬朝鮮領土的文件，後來他被押送到漢陽，雖然被判了死刑，不過朝廷最後免其死罪而將其發放邊疆。若是在不可抗力的狀況之下，雖然人已經出海，但是由於捲入了海浪和風暴之中，最後竟然又再度「漂流」回來的話，那麼朝廷會考慮到他所承受的痛苦，依照慣例酌情處理甚至予以鼓勵。最具代表性的例子就是金非衣一行人漂流到琉球王國的事件。一四七七年成宗時期，金非衣為了將橘子進貢給朝廷，從濟州出發前往漢陽的途中，在楸子島前方海域遭遇了暴風，於是他靠著木板一路漂流到琉球王國。他們在琉球王國受到了對方的厚待，關於這件事情被收錄在實錄當中，描述內容如下：

「……勺飲不入口者，凡十四日，至是島人，將稻米粥及蒜本來饋。……」

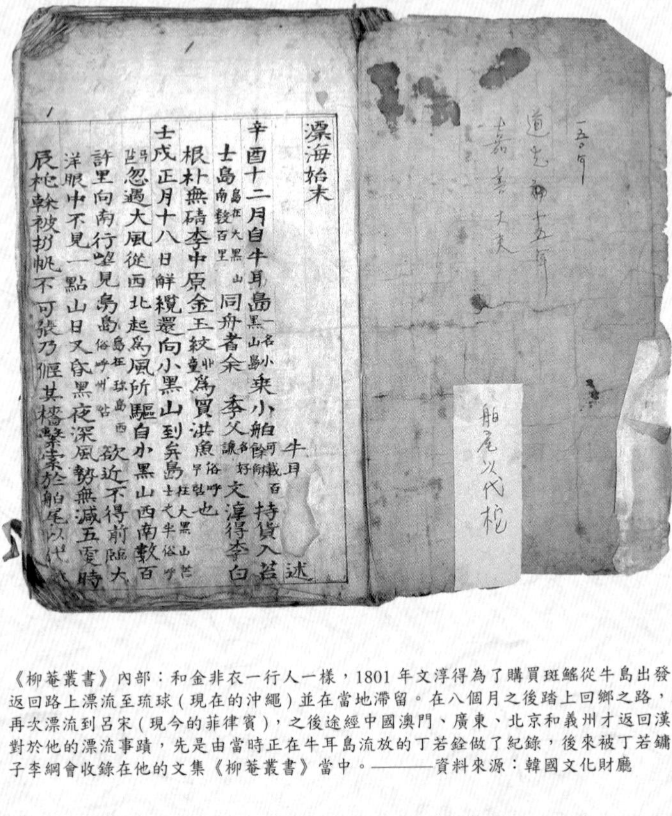

《柳菴叢書》內部：和金非衣一行人一樣，1801 年文淳得為了購買斑鰩從牛島出發，在返回路上漂流至琉球（現在的沖繩）並在當地滯留。在八個月之後踏上回鄉之路，途中再次漂流到呂宋（現今的菲律賓），之後途經中國澳門、廣東、北京和義州才返回漢陽。對於他的漂流事蹟，先是由當時正在牛耳島流放的丁若銓做了紀錄，後來被丁若鏞的弟子李綱會收錄在他的文集《柳菴叢書》當中。———資料來源：韓國文化財廳

此外他們將關於琉球社會、經濟、文化、風俗以及環境等詳細內容寫成報告，在《成宗實錄》中皆有詳細的記載。因此朝廷對他們頒發了以下獎項予以鼓勵：

「送還漂流人金非衣等三人，濟州命除二年役，給半年料及過海糧，又各賜襦直身帖裏布，直身帖裏（上衣下裙相連的男用衣服），各一。」

——成宗十年六月二十日（乙巳）第三篇紀錄

就如前述，朝鮮雖然地處半島，但是既不從事漁業，也不允許以私人原因或探險等理由出海。

老闆娘，沒有泡菜嗎？
若是沒有泡菜的話，
我就吃不了飯啊。

哎呀，
泡菜正好都吃光了，
要不要給您來點水蘿蔔泡菜呢？

啊，泡菜不是一定要紅通通的
才會夠味嗎？

看看我這記性！
不過既然有現成的黃瓜泡菜，
就給您來點這個吧。
雖然人家說無魚蝦也好，
不過還是請您好好享用吧。

雖說泡菜歸泡菜，不過黃瓜泡菜
是什麼時候開始醃製的呢？

您說黃瓜泡菜嗎？
已經有百年以上的歷史囉，
我來把這段歷史說給您聽吧。

菜單 2-2

白菜泡菜、黃瓜泡菜

壬辰倭亂之後才引進，與辣椒一同誕生的紅色泡菜歷史

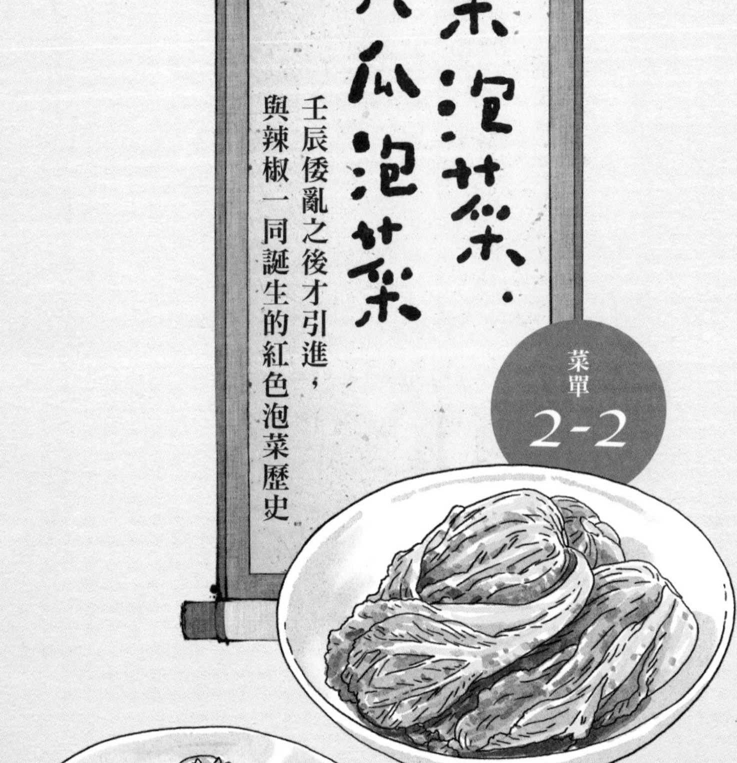

十九世紀以後和辣椒一起誕生的火紅白菜泡菜

冬天，大家一起醃製並分享，最具代表性的韓國發酵食品非泡菜莫屬。韓國這種越冬泡菜的文化已經在二〇一三年正式被列入聯合國教科文組織人類非物質文化遺產。發酵食品是指在乳酸菌等有益微生物的發酵作用下製成的食品。泡菜經過發酵的過程之後，因微生物的關係會產生不同的成分變化，而形成泡菜特有的味道以及有益於我們身體健康的營養素。開始發酵的過程，我們稱之為「泡菜逐漸熟成」。一旦開始發酵的話，原先泡菜中帶有的病原菌或腐敗菌等就會慢慢地死去，但泡菜裡耐鹽性高且不需要空氣的有益乳酸菌反而會急遽地增加；另外在各種乳酸菌的作用之下，產生乳酸、醋酸以及酒精等成分，並散發出一種我們熟悉的味道，也就是泡菜獨有的清爽、辛辣以及香氣。當我們聽到「泡菜熟透了」，那就表示維生素和無機物質的含量已經達到最高值。

那麼韓國人是從什麼時候開始醃製泡菜的呢？在古代的文獻之中，代表泡菜的漢字用語為「菹」字。在中國的紀錄當中，在三千年前的文獻中就已經開始出現這個用詞，而韓國則是從高麗時代開始使用這個字。中國的「菹」是用鹽醃製而成的，因此也被稱為「漬」，而這個字至今仍然還留在我們的身邊，也就是指鹹菜、醃黃瓜與蘿蔔泡菜♣等。高麗時代有關泡菜的代表性文獻是李奎報所著的《東國李相國集》。他用自己在家裡種植的六種蔬菜作為素材，寫了一首叫做「家圃六詠」的

準備越冬泡菜：家人和鄰里們聚在一起醃製冬天吃的泡菜，醃製越冬泡菜文化在 2013 年已經被列入聯合國教科文組織人類非物質文化遺產之中。

詩，裡頭提及：「得醬尤宜三夏食，漬鹽堪備九冬支。」小黃瓜、茄子、蕪菁、蔥、露葵以及瓠瓜等蔬菜都在他的詩中登場過，透過這首詩可以得知高麗時代蔬菜在夏天是用醬料來醃製，而冬天則是用鹽巴來醃製的事實。但是直到高麗時代，就我們所知泡菜類還是用鹽醃製而成的，就像現今的水蘿蔔泡菜或白泡菜的形態，而這樣的傳統一直延續到朝鮮初期。從世宗實錄的《社稷正配饌實圖》來看，有筍菹（竹筍泡菜）、青菹（蘿蔔片水泡菜）以及韭菹（韭菜泡菜）

♣鹹菜（짠지）、醃黃瓜（오이지）、蘿蔔泡菜（석박지），原文中皆帶有「漬（지）」字。

等各式各樣用鹽巴醃製的「菹」在餐桌上出現過的紀錄。

進入朝鮮時代之後，終於可以在文獻中找到「泡菜」一詞的來源。關於泡菜的詞源來自何處，目前分為兩種說法。第一個說法來自史書上的記載，他們認為「泡菜」一詞是來自於「沈菜」，而「沈菜」是指「用鹽來醃製的蔬菜」之意。在一五一八年金安國所著的醫學書籍《救急禹瘟》中，首次出現了「沈菜」一詞。另外在一五二五年崔世珍為了讓孩子們學習漢字而發行的《訓蒙字會》中，提到把蔬菜用鹽巴醃製之後再把水倒入，做成浸泡在大量湯汁裡的泡菜，而這種泡菜就叫做「沈菜」。另外也有人認為「越冬泡菜（김장）」一詞的起源也歷經了相同的變化；也就是說，在朝鮮時代表示「越冬泡菜」的用語是「沈藏（침장）」，隨著時間的演變再從「Chim-jang（침장）」變成「Tim-jang（팀장）」，最後又變成「Dim-jang（딤장）」，由於音韻的變化，最後演變成現代韓語中的「越冬泡菜（김장）」。另一種說法則是認為泡菜是來自「鹹采（함채）」一詞。在中文的發音中，鹹菜被叫做「Hahm Tasy」或是「Kahm Tasy」，在轉化成韓語的過程當中，發音慢慢地演變成現今的「泡菜（Kimchi）」。

正式介紹泡菜製作方法的書籍是一六七〇年（玄宗十一年）貞敬夫人安東張氏與張桂香共同編著的第一本韓文烹飪書籍《閨壺是議方》。這裡所介紹的泡菜製作方式並不是用鹽巴醃製，而是用熱水浸泡熟成的「無鹽沈菜」。將山芥等蔬菜放入小罈子裡，倒入熱水後放在熱呼呼的火坑上煮熟

食用。另外還介紹了將小黃瓜泡菜切細後放在水裡浸泡，然後將雉雞肉煮熟切成長條狀，一起放入熱水中加入鹽巴使其發酵熟成的「生雉沈菜法」。由此可以得知，在泡菜中加入各種魚醬、明太魚或是魷魚等動物性食材一起攪拌製作的方法，早在朝鮮中期時就已經出現了。一六八〇年左右，肅宗時期出現介紹包含著古人智慧，關於烹飪方法和食品等內容的《要錄》，作者不詳，其中總共介紹了十一種不同的泡菜種類。不過值得大家注意的一點是，截至目前為止，都還沒有出現與我們現今所食用的紅色泡菜相關之內容，雖然曾經有用辛香料川椒來取代辣椒的紀錄。這裡說的川椒就是花椒樹的果實，而這樣的朝鮮泡菜也傳到了中國。

通常一提到泡菜我們就會聯想到又辣又紅的泡菜，不過透過記載的資料可以得知，雖然辣椒早在壬辰倭亂（一五九二～一五九八）之後就已經傳入韓國，但是一直到十八世紀初期，在醃製泡菜時並沒有使用辣椒的事例出現。被推崇為實學家先驅的芝峯李睟光寫了一本歸類為百科全書的《芝峯類說》（一六一四），書裡頭提到了關於辣椒傳到韓國的故事。文中記載：「南蠻椒有大毒。始自倭國來。故俗謂倭芥子。今往往種之酒家。利其猛烈。或和燒酒以市之。飲者多死。」從內容中可以看出，在他生活的十七世紀初期，韓國就已經開始栽培辣椒了。但是即便已經出現辣椒，卻仍然未使用於泡菜的製作上。那麼是從什麼時候開始，才在泡菜的製作過程中加入辣椒的呢？在目前流傳的文獻中，最早介紹利用辣椒醃製泡菜方法的書籍，是柳重臨在一七六六年（英祖四十二年）

出版的《增補山林經濟》。這本書是為了補充洪萬選所著的《山林經濟》內容而撰寫的，書中提到關於製作泡菜時放入辣椒的內容，名稱叫做「沈蘿蔔醎菹法」，製作方法為將帶著蘿蔔葉的白蘿蔔與鹿角菜、南瓜、茄子等蔬菜放在一起，然後加入大蒜汁、辣椒、川椒以及芥末等辛香料一起拌勻。當時做出來的味道應該和現今的嫩蘿蔔泡菜極為相似。

依據推測應該是在十九世紀時，才出現了像現今這種用各種醬汁和紅辣椒調味料拌在一起的泡菜。因為在光山金氏禮安派家族的金綏所寫的烹飪書籍《需雲雜方》中，使用了「沈菜」一詞；另外一八〇九年（純祖九年）憑虛閣李氏編著的《閨閤叢書》中也記載了製作泡菜時，使用辣椒粉和各種醬料一起攪拌的內容。在徐有榘編纂而成的博物館誌《林園經濟志》（一一三卷五十二冊）中，「鼎俎志（卷四十一至四十七）」也介紹了與現今相同形態的九十多種泡菜。徐有榘將泡菜分為四個種類，分別是醃藏菜、酢菜、虀菜以及菹菜，並且做了詳細的說明。其中利用魚蝦醬、醬料、生薑、大蒜以及食醋等調味料促進發酵而做成的菹菜，被介紹為是在韓國開發出來的「發酵後可立即食用的泡菜」，這個指的正是我們今日所吃的泡菜。另外十九世紀末期一本作者不詳的烹飪書籍《是議全書》，其中也介紹了多種醃製泡菜的方法，由此可見泡菜從那個時候開始，就以現在我們所熟悉的形態出現了。

另外茶山丁若鏞的二兒子丁學游，於一八四六年憲宗時期所創作的「農家月令歌」中，在「十月」

裡將醃製泡菜的場面生動地描繪了出來。

> ……挖好白蘿蔔和白菜，準備醃製泡菜，
> 在前方的小溪裡洗乾淨，灑上鹽巴調鹹淡，
> 再加上辣椒、大蒜、生薑、蔥和醬菜，
> 大缸旁邊的小缸，再加上罈子，
> 在向陽地上蓋個棚屋，用稻草包起來深深埋在地底。

透過這首詩可以得知，醃製泡菜固然重要，但是為了保持味道不變，泡菜的保存也不可輕忽。光是要做一個泡菜缸，也不是隨便就能做出來的，必須要等春天之際凍住的土地開始融化，取得鬆軟的泥土之後，在早春時節開始燒製成缸，如此一來才能夠去除缸裡的雜味。將泡菜缸埋在地底下之後，就像「農家月令歌」裡所提到一樣，要先用稻草把泡菜缸包覆起來，然後為了防止泡菜腐壞，要用石頭或鮑魚殼將泡菜壓住，然後再蓋上老菜葉，預防泡菜接觸到空氣。

但是朝鮮時代的白菜葉片稀疏，葉片的組織蔫然無力，而且不太結實，並不適合長期保存。諸如開城地區醃製的越冬泡菜與包卷泡菜，或是首爾醃製的整顆白菜泡菜，像這種內部結實的結球白

菜是在一八五〇至一八六〇年左右才從中國引進的改良品種。

成為夏季代表泡菜的小黃瓜泡菜

用小黃瓜做的小黃瓜泡菜也是具代表性的泡菜之一，而小黃瓜泡菜和白菜泡菜一樣，都是到了十九世紀才登場的。小黃瓜雖然早在三千多年前就已經出現在中國史的史料當中，但是大部分都是以鹽巴醃製的醃小黃瓜形態出現。韓國在高麗時代也有利用小黃瓜和鹽巴製作成發酵食品的紀錄，最具代表性的內容有兩則，一是前面所提過，由李奎報著述的《東國李相國集》裡的「家圃六詠」，另外一個則是在高宗二十三年（一二三六）出版，作者不詳的《鄉藥救急方》之中。

一直到朝鮮時代後期，現今我們所熟悉的這種小黃瓜泡菜才終於面世。將小黃瓜切開，然後在小黃瓜中間加入用辣椒粉以及各種調味料調製而成的餡料，這種形態的小黃瓜泡菜是祖先特有的創意作品。就目前為止所知的烹飪書籍中，最先出現介紹這種在小黃瓜中放入餡料的小黃瓜泡菜的書是十八世紀一本作者不詳的韓文手抄本《酒方文》。從這本書中我們可以得知當時的小黃瓜泡菜並非是像現在這樣加入各種調味料的形態，而是只用大蒜作為主要的餡料。然而更進一步的介紹出現在徐有榘的《林園經濟志》裡，其做法稱之為「黃瓜淡菹法」。書裡描述的做法是在小黃瓜中間切

三刀口，然後將辣椒粉和大蒜放入使其入味，由此終於可以確認小黃瓜泡菜即是中間放入辣椒粉等餡料做成的泡菜。此外依據十九世紀末期的烹飪書籍《是議全書》內容來看，裡頭也介紹了和現今做法相同的小黃瓜泡菜，書中提到的製作方法是這樣的，在生的小黃瓜裡放入由辣椒粉和各種食材調製而成的餡料。隨著這種製作方法的廣泛流傳，小黃瓜泡菜便成了最具代表性的夏季泡菜。特別是宗家在盛夏時節，會將這道代表性泡菜呈到家中長輩的餐桌上，因此小黃瓜泡菜的做法也跟著代代相傳到現在。另外朝鮮時代在製作小黃瓜泡菜時，並不是像現在一樣把小黃瓜切成塊狀，而是從外側劃出長長的刀口，再把餡料放進去。而且由於是夏季的料理，為了防止食物腐壞，所以一次只會做出當天要吃的分量。再加上由於當時沒有冰箱，因此也會把裝著小黃瓜泡菜的缸子浸泡在放了冷水的寬大瓦盆裡。

綜合上述內容我們可以得知，雖然辣椒在壬辰倭亂之後就已經引進韓國，但是像現在一樣用紅色辣椒醃製的泡菜或是小黃瓜泡菜則是在十九世紀時期才出現的。而用各種辛香料完整地醃製的整顆白菜泡菜，首度問世也不過是距今一百多年前的事情而已。

如果三國時代也能吃到泡菜的話？

有關韓國泡菜的最古老紀錄可以在《三國志・魏書・東夷傳》裡的高句麗傳中找到。紀錄中提及：「高句麗人食菜蔬，下戶遠擔米糧魚鹽供給之，禽獸草木略與中國同，善藏釀（指鹽藏一事）。」透過這個紀錄可以確認三國時代已經將儲存發酵食品這件事情融入了生活之中。不過當時的泡菜還只是單純用鹽巴醃製的形態。在西元六〇〇年左右建造的百濟彌勒寺址上發現了高度一公尺以上的大型陶器，根據專家們的推測，在僧侶們住處發現的這些陶器，可能是他們為了過冬所準備的泡菜缸。

另外從深受三國文化影響的日本文獻《正倉院文書》等資料來看，其中也記載著一種叫做「須須保利漬」的泡菜。這是一種利用鹽和米粉將蔬菜醃製而成的泡菜，據說是一位名叫「須須保利」的百濟人將此方法傳入日本的，因此可以推定百濟時代已經開發了鹽藏法或是發酵食品，並且將其作為日常飲食。承襲悠久傳統的泡菜有各式各樣的種類，依照地區別而有所不同，總共超過二百種。

◆咸鏡道：鰈魚食醢、水蘿蔔泡菜、白泡菜、黃豆芽泡菜、雉雞泡菜、蘿蔔葉泡菜。

◆平安道：茄子夾餡泡菜、白泡菜、水蘿蔔泡菜、油漬白菜蘿蔔泡菜。

◆黃海道：白菜蘿蔔泡菜、南瓜泡菜、香菜蘿蔔泡菜、水蘿蔔泡菜、南瓜泡菜、包卷泡菜。

◆京畿道（包含首爾）：包卷泡菜、水蔘蘿蔔塊泡菜、嫩蘿蔔葉泡菜、醬泡菜、小黃瓜泡菜、蘿蔔塊泡菜、小蘿蔔泡菜、蘿蔔片水泡菜、牡蠣蘿蔔塊泡菜、整顆白菜泡菜。

◆江原道：海鮮泡菜、冬耕蘿蔔泡菜、蘿蔔乾泡菜、魷魚絲泡菜。

◆忠清道：牡蠣蘿蔔塊泡菜、小蘿蔔泡菜、垂盆草泡菜、小黃瓜水泡菜、蘿蔔片水泡菜、嫩蘿蔔葉泡菜。

◆全羅道：芥菜泡菜、苦菜泡菜、小苦蕒泡菜、韭菜泡菜、水芹菜泡菜、牛蒡泡菜、黃豆芽泡菜、茄子夾餡泡菜、小黃瓜泡菜、整顆白菜泡菜、葱泡菜、芝麻葉泡菜。

◆慶尚道：整顆白菜泡菜、豆葉泡菜、葱泡菜、小苦蕒泡菜、苦菜泡菜、垂盆草水泡菜、水芹菜泡菜。

◆濟州道：鮑魚水泡菜、濟州島白菜泡菜、油菜泡菜、海鮮泡菜。

老闆娘，
肚子好餓啊，
請給我來碗湯飯吧。

這該如何是好？
湯飯剛好都賣完了。

我已經餓到前胸貼後背了，
有沒有什麼可以先讓我填飽肚子呢？

這麼一來只剩地瓜了，
要不要蒸個地瓜給您吃呢？

當然好囉。
說到填飽肚子，
地瓜是最好的食物了。

也是，平時也經常
把地瓜當做正餐來吃呢。

突然想起了將地瓜引進我國的人，
真是感謝他啊，
那麼就來說說這位先生的故事吧。

菜單 2-3

地瓜

藉由日本通信使引進的救荒作物

為了解決饑荒而引進的救荒作物——地瓜

深受全世界人們喜愛的地瓜，原產地位於美洲。由於哥倫布的關係，這塊歐洲人原先未知的新大陸開始展現在世人眼前。歐洲人在往返美洲的過程中，美洲的植物也因此傳入了歐洲。最具代表性的作物有香菸、地瓜、可可豆、玉米以及鳳梨等。地瓜和這些作物在十六世紀以前一起傳入中國，並且開始在當地栽種。一五九〇年明朝李時珍所編纂的醫學百科全書《本草綱目》中記載了多項品種的地瓜，足以證明前述事實為真。雖然朝鮮自建國以來就與明朝互有往來，但是到了此時仍然未將地瓜的品種引進國內。不，當時幾乎可以說是不知道有這種作物的存在。相反地，由於日本在很早以前就已經與葡萄牙或荷蘭商人有所交流，因此在往來的過程中他們自然而然地得知地瓜的栽培方法，在十七世紀就已經開始種植地瓜來吃了。朝鮮經歷了壬辰倭亂與丙子胡亂，許多新的物產藉由戰爭大量湧入朝鮮，不過到目前為止，地瓜仍然還沒有進入朝鮮。

後來在十八世紀中葉，地瓜才終於傳入了韓國。雖然現今地瓜被當作是一種健康食品或點心，但是在地瓜進入朝鮮的時候，國家正處於情況危急的狀態。在無法與天災地變抗衡的朝鮮時代，乾旱持續了好幾年，全國各地作物欠收，人們正在極度的飢餓中煎熬著。在持續幾個月的饑荒之後，為了解決食物不足的問題，地瓜作為救荒作物而被引進韓國。在朝鮮時代，由於饑荒的情況過於嚴

重，經常發生因為飢餓難耐而拋棄孩子的事情，對於朝廷而言，這是最棘手的一大難題。只要看了這篇實錄記事就可以得知當時的情況。

全羅監司吳始壽馳啓曰：

「饑饉之慘，未有甚於今年，南土之寒，亦莫甚於今冬。飢寒切身，相聚為盜。家有擔石者，輒遭刦掠之患，身著一褐者，亦被鋒刃之禍，甚至發塚剖棺，掘出藁葬，偷取斂衣。丐乞之徒，皆以編藁，掩其腹背，縷命雖存，鬼形已具，在在皆然，慘不忍見。近營之邑，凍死之數，至於一百九十名之多，而赤子之棄溝投水，無處無之。有罪者，不以凶年而廢囚，一入囹圄，罪無大小，相繼凍死，其數無算，而癘疫又熾，死者已至六百七十餘人云。」

～～顯宗十九卷，十二年（一六七一辛亥／清康熙十年）
一月十一日（癸亥）第一篇紀錄

大饑荒接連不斷，百姓們為了覓食而不惜犯下偷竊的罪行，甚至挖掘墳墓偷取壽衣，因為糧食不足而將年幼的孩子扔到溝渠或河裡也已經是屢見不鮮的事情。但令人吃驚的事還不只如此，竟然還發生過飢餓難耐的母親把自己孩子吃掉的人間慘事。

> 忠清監司李弘淵馳啓曰：
>
> 「連山私婢順禮居在深谷中，殺食其五歲女三歲子，同里人，聞其傳說之言，往問眞僞，則答以：『子女因病而死，大病飢餒中，果為烹食，而非殺食』云……」
>
> ——顯宗改修實錄二十三卷，十二年（一六七一辛亥／清康熙十年）三月二十一日（壬申）第三篇紀錄

雖然並不是像對待牛豬似的宰殺後食用，但是飢不擇食的人們，確實有將自己孩子吃掉的例子發生。以朝鮮後期來看，像這樣的大饑荒接連來臨，朝廷為此感到焦頭爛額，荒年期間從仁祖、顯宗、肅宗、英祖一直延續到純祖時期。統治國家的君王以及輔佐君王的大臣們心裡都充滿了煩惱和擔憂，絞盡腦汁想要找出可以拯救飢餓百姓的方法。

就在這個時候，被賦予日本通信使任務的趙曮，從日本返國的時候，帶回了讓百姓們擺脫饑荒的方法。答案正是引進地瓜。因為帶回地瓜解決饑荒問題而立下汗馬功勞的趙曮，他是曾經擔任過

趙曮墓碑：這是朝鮮後期文臣文翼公趙曮（1719-1777）的墓碑。趙曮在英祖時期曾經擔任通信使出使日本，帶回了地瓜解除饑荒，為國家立下不少功績勛勞。———資料來源：韓國文化財廳

各種要職的權貴顯要。趙曮在擔任慶尚道觀察使的期間，功績卓越表現出色，獲得了百姓們的盛讚。舉例來說，他免除了慶尚道管轄境內一萬多名寺奴婢的稅金，對於遭受旱災的農田也給予稅金減免。由於他善治善能，處理業務明快俐落且卓然有成，深受當地百姓的信賴，因此英祖便將趙曮召回朝廷，並且賦予他重要的官職。其後，在一七六三年趙曮被任命為通信使，奉命出使日本。

在同年八月，趙曮身為四百四十七名通信使使節團的首長，在前往日本之前拜見了英祖並且向他辭行。英祖親自在綢緞上給趙曮寫了「好往好

來」的四字御筆，祝福他出使日本一路平安。雖然現在從韓國坐飛機到日本不用一個小時，但是在朝鮮時代，經由釜山前往日本卻需要花上幾個月的時間。趙曮的使節團也是如此，他們於一七六三年十月六日從釜山出發前往日本，隔年一七六四年六月再次返回釜山。和之前擔任日本通信使的官員一樣，趙曮也同樣每天都會寫下紀錄，並且以這些日記為基礎，再加上他在旅行途中所寫的詩句、到訪日本各處所看到的見聞、上呈給英祖的報告書、帶去日本的禮物和答謝品、以及與日本文人們的交流等內容，集結起來完成了一本名為《海槎日記》的著作。這本《海槎日記》詳細記錄了趙曮抵達對馬島的時候，對於初次見到的作物所做的記載，而那種作物正是地瓜。趙曮一行人於一七六三年十月訪問了對馬島的佐須浦，趙曮在這裡看到了一種神奇的作物，並且把他當時的所見所聞記錄下來。他寫道：「這座島上有一種可以食用的根莖類植物，叫做『甘藷』或是『孝子麻』。日文發音為『古貴為麻』，形狀不一，或似山藥，或似菁根，或似瓜，或似芋。」另外趙曮針對吃地瓜的方法還做了詳細的紀錄。「……可生食，也可用烤或煮。和米作粥，或作餅，或和飯，無一不可，是救荒最好的糧食。」

想必趙曮在寫這篇文章的時候，臉上一定充滿了喜悅和希望。身為代表朝鮮的官吏，在遠赴他國執行任務的過程當中，竟然發現了可以救濟祖國飢餓百姓的食物，他當下的心情該有多高興！趙曮當即購買了數斗的地瓜種子，並立即派人送回釜山鎮，並且勸說他們嘗試種植。當他時隔九個月

再次回到釜山之後，他把當初擔任東萊府使時期一起吃同一鍋飯的衙役們召集起來，並且把地瓜的種子分發給他們，囑咐他們要好好地栽培。趙曮把他在對馬島上詳細記錄的地瓜種植方法、栽培方法以及儲藏方法全部教予東萊府的人們。另外他還把地瓜的種子送到與對馬島有著相似土壤和氣候的濟州島進行培育。關於地瓜的名稱來源有幾種說法：首先，由於地瓜是一種味道甘甜的根莖類植物，所以用代表甜味的「甘」字取名為「甘藷」；而島上的人們則因為地瓜是由趙曮帶來的，因此稱它為「趙藷」；另外也因為這是由南方引進的作物，所以也叫做「南藷」。

起初趙曮剛將地瓜帶回來的時候，採用的方式是直接將地瓜種植在土地上。但是以這種方式種植的話，地瓜很容易在發芽之前就腐爛，因為對百姓而言這是一種全新的作物，因此需要有一本書來教導他們簡單栽培的方法。雖然將地瓜引進朝鮮的人是趙曮，但是將栽培地瓜的方法、收穫季節以及種子的保存方法等詳細寫下來，編撰為《甘藷譜》的人則是姜必履。姜必履於一七六四年八月首次赴任東萊，當他看到前任府使、現任日本通信使趙曮從日本帶回來的根莖類植物時，他覺得十分神奇，於是開始觀察這種作物。待作物收成後一看，果真如趙曮所說的一樣，地瓜不僅吃起來口感甘甜，營養豐富，而且還是一種能夠替代糧食，拯救百姓們免於飢餓的優秀救荒作物。姜必履一喜之下啪地拍了一下膝蓋，認為這正是上天為了救濟飽受饑荒之苦的百姓而賜予的禮物，於是他開始把如何成功栽培地瓜到收穫方法等內容用系統性的方式記述下來，完成了《甘藷譜》這本著作。

令人感到遺憾的是，《甘藷譜》這本書並沒有流傳下來，其中的詳細內容只能通過外頁脫落且作者不詳的《甘藷種植法》來加以推測。這本書中介紹了「朱藷」、「番藷」、「紅山藥」等名稱，雖然同為地瓜，但是卻有不同的叫法，內容非常地有趣。

《甘藷種植法》中還記載了與一般植物相比之下，地瓜確實有其特殊優異之處，例如：地瓜的單位面積產量高，口感佳，對人體健康有益，而且莖葉覆蓋著土地，根莖往下扎根，因此在風雨來臨時可以防止土壤流失，在荒年欠收之際可以取代稻米成為救荒作物。另外地瓜還可以用來釀酒，且耐蟲害，不需要經常除草，生吃或熟食皆可，吃了之後很容易產生飽足感。除此之外，書中還詳細介紹了在沒有冰箱的當時，能夠讓地瓜保鮮不腐壞的儲藏方式。書裡寫道，最好的方式是埋在地底保存，或者是將地瓜用稻草包起來安置在溫暖的房間裡。書的最後還介紹了「救荒植物利用方法」，在饑荒來襲的時候，跟地瓜一樣可以作為代替稻米的植物種類如下：松樹的樹皮、松脂、芋頭、蘿蔔、大棗、松子、榛子、小麥、千金草以及青粱米等。由此內容可以得知，朝鮮時代因為乾旱問題十分嚴重，為了讓飢腸轆轆的肚子得到緩解，人們會將松樹的外皮剝下來吃，也會把松脂粉末加水泡來果腹。在趙曮將地瓜引進朝鮮十四年之後，在北學派巨匠的燕巖朴趾源撰寫的《北學議》中，也記載了與地瓜有關的內容，因此備受人們的關注。書中提及朝廷鼓勵百姓在首爾箭串與栗島大量種植地瓜的內容，由此可以推測出僅僅十數年的時間，地瓜就傳播到了中部地區。

淪落為貪官汙吏的經濟作物

但是在地瓜引進三十年後的正祖時期，根據曾經擔任過湖南慰諭使的徐榮輔觀察結果所示，發現百姓們對於種植地瓜有排斥的現象。徐榮輔在上呈的報告中寫道，這是由於官僚橫徵暴斂之故。一開始在推廣地瓜的時候，百姓們爭相種植且受益匪淺，但是過沒多久，貪官汙吏與衙役們在得知地瓜的好處之後，紛紛要求百姓繳納數量龐大的地瓜，更甚者直接將收成的地瓜洗劫一空。他的報告中也寫道，就算辛勤地耕耘，收成的地瓜卻大部分都被官吏奪走，所以農民們不願意繼續種植，因此即使乾旱再度來臨，也找不到可以當作救荒作物的地瓜。朝鮮後期的正祖被後世譽為聖君，若是連在正祖時期的報告都已經如此嚴重的話，那麼在對人民掠奪剝削達到極點的勢道政治時期，情況會惡劣到什麼程度大概就可想而知了。

但是仍然有一部分的人為了鼓勵栽種地瓜而努力不懈。進入十九世紀之後，為了更廣泛且普及地推廣地瓜栽培方法，《甘藷新譜》和《種藷譜》等農學書籍相繼出版。在《增補山林經濟》卷二當中，將與地瓜相關的知識書籍做了一個全盤的統整。若是仔細閱讀其中的地瓜種子保存方法的話，可以得知在冷藏設備不發達的時代，我們的祖先集結了眾人的智慧開發出各種保存方法，其內容相當有趣。依據《增補山林經濟》的地瓜儲藏法，也就是藏種法所示，用來當作種子的地瓜必須在十月二十三日的霜降之前採收。選擇地瓜中形狀較為完整的作為種子之用，仔細洗淨晾乾後，放入地窖、網袋、缸或者是盆子中保存。製作儲藏地瓜用的地窖時，不是只有單純挖個坑洞而已，必須在向陽的地方先挖個坑洞，然後將晾乾的稻草和蕎麥放進去，接著再把剩餘的乾草枯枝放入。將黃土用粗篩子（篩籮）篩過，鋪在最上面，最後將地瓜深藏在其中好好保存。書中還寫道，此時不可以讓地瓜互相碰觸；另外為了防止下雨的時候雨水滲入，還必須要在上面建造一個厚實的屋頂才行。放入用乾稻草編織而成的網袋中保存的時候，要先將乾草切碎放入，然後才可以將地瓜放進去，網袋要掛在溫房，亦即溫暖房間裡的牆壁上。若要放在缸裡或是盛滿水的盆子保管時，必須將開口的部分緊緊蓋上。也有一種作法

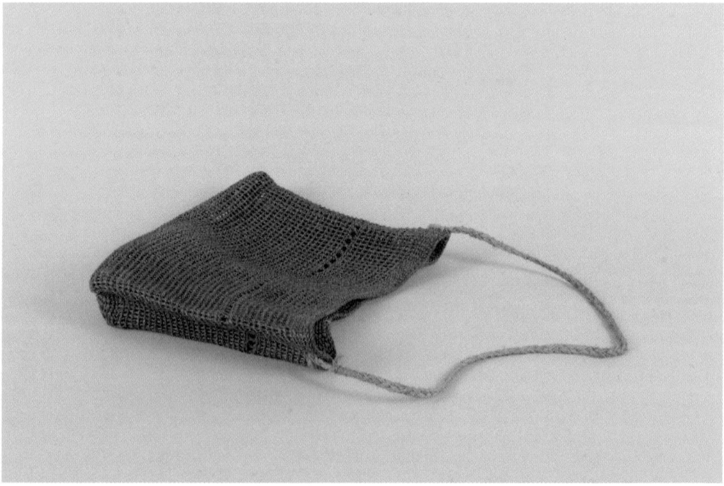

網袋：這是用草（莞草）編織而成的袋子，主要用來裝物品或是便於扛在肩膀上搬運東西。大部分是用來放置與農事相關的物品。———資料來源：韓國國立中央博物館

是將泥土放入盆子裡，然後再把地瓜放進去，最後同樣要放到暖房裡安置。偶爾打開查看一下，若是泥土過於乾燥的話，就得更換新的泥土才行。

不過地瓜最後沒能發揮救荒作物的作用，反而被當成特殊作物來栽培，成了比一般糧食收益多十倍的經濟作物。成為經濟作物，就意味著只有富者才有能力購買。雖然有很多人想要讓地瓜成為救荒作物，大力地推動普及化，朝廷也出面促使百姓在全國各地進行栽種，但是最後並沒有取得太大的成效。十九世紀最具代表性的百科全書，也就是李圭景在一八三七年撰寫的《五洲衍文長箋散稿》中關於地瓜的記載就提到，雖然地瓜從初次引進至今已經過了八十多年，但是仍然未能完全地推廣到畿湖地方，無法發揮救荒作物的作用。越是深入探討朝鮮歷史，就越能一窺貪官汙吏層出不窮的野蠻行徑，想到百姓們難以承受而灰心失落的模樣，不免讓人感到一陣心痛。

朝鮮的文化使節團——通信使

壬辰倭亂結束之後，朝鮮與日本斷絕了邦交關係。但是新建立江戶幕府的德川家康積極地希望重新建交，他表示願意送還在壬辰倭亂當時抓獲的數千名俘虜，以表現他的誠意，於是光海君在一六〇九年與日本簽定了《己酉覺書》，再度締結了邦交。從簽定《己酉覺書》的前二年開始到一八一一年為止，朝鮮總共派遣了十二次的通信使使節團前往日本。一八一一年之後隨著幕府鎖國政策的強化，通信使的派遣也就因此而中斷。在這裡需要留意的一點是，第一次到第三次的使團名稱並不是通信使，而是叫做「回答兼刷還使」。由於是日本向朝鮮要求恢復邦交，朝鮮才會予以回答，因此議和的先決條件是刷還在壬辰倭亂時被抓走的俘虜，所以才會有這樣的稱號。從第四次開始，使團的名稱改為通信使，派遣的目的是「將軍襲職使節團」，為了祝賀江戶幕府的新任將軍繼承大位，因此派遣使團攜帶國書和禮單謁見幕府將軍。在這樣的過程中，朝鮮向日本傳遞了各種不同的文化，也從日本帶回了全新的文化。日本對朝鮮通信使主動釋出了相當大的善意，從一六〇七年（宣祖四十年）初次出使日本即可看出，使團人員有正使呂祐吉、副使慶暹、從事官丁好寬加上同行的人員總共五百零四名，聽說當時留下了一段幕府將軍曾經親自用筷子替他們夾菜的軼事。通信使團在抵達日本之後受到隆重的接待和敬意，因此在踏上歸國之路前，同行的文人必須馬不停蹄地書寫文章，而圖畫署出身的畫家們則是必須畫圖畫到不支倒地為止。而其中圖畫署的畫家之中也包括金弘道在內。

迎接通信使一行人的這件事情，對日本來說無異於舉行一場盛大的慶典。這是因為身為一個島國，對於外來新文化有很大的期待。為了通信使團而編排的傳統民俗舞蹈「唐人謡」，至今仍然在日本傳承著，現在也還看得到實際的演出，透過這些事情，我們可以得知通信使對日本造成了很大的影響。

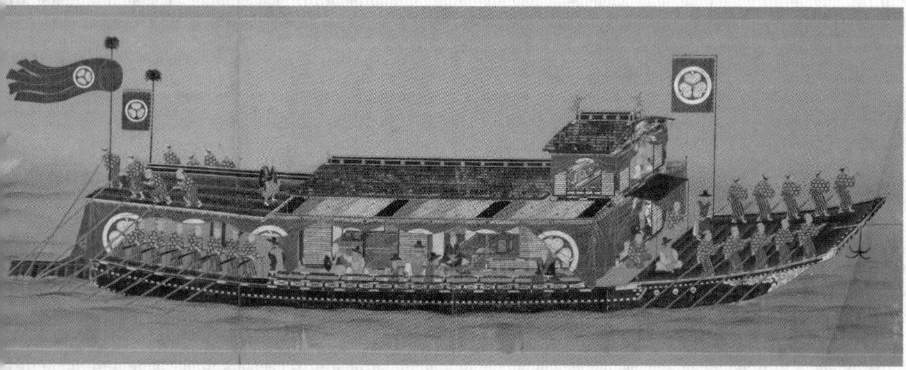

裝載著朝鮮國書越過日本江河的船隻：雖然無法明確地得知這是在描繪第幾次派遣的通信使，但是可以看到通信使一行人搭乘的船上，眾人恭敬地端著朝鮮君王的國書越過大阪淀川的風貌。———資料來源：國立中央博物館

老闆娘，
是不是因為我酒錢不夠，
所以只給我燉馬鈴薯當下酒菜呀？

這位沒錢的大爺啊，
有燉馬鈴薯吃，
就已經要偷笑啦。

馬鈴薯這種食材，
應該不是拿來做下酒菜的吧？

幸虧你還知道這一點，
用馬鈴薯來填飽肚子的人，
還多的是呢。

這句話正好是我想說的，
曾經有人因為馬鈴薯而擺脫了
難纏的小偷，
我來說說他們的故事吧。

至少先付個酒錢吧，
別妄想用故事來抵債，
嘖嘖。

菜單 2-4

馬鈴薯

搭乘西方遠洋船隻而來的大眾食物

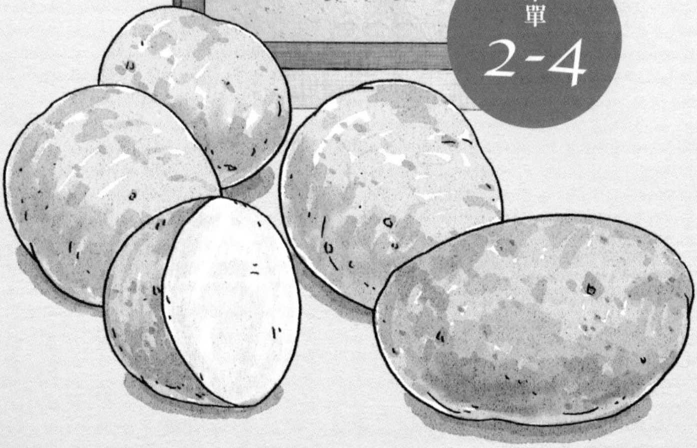

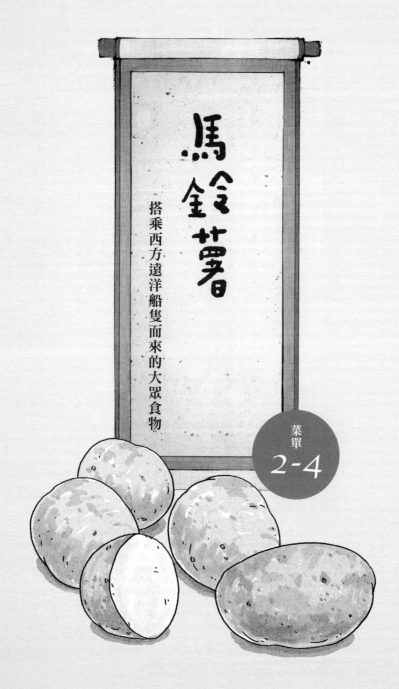

透過陌生人引進的救荒作物——馬鈴薯

馬鈴薯和地瓜的原產地一樣都是美洲。南美洲的安地斯山脈地區從七千年前就已經開始耕種這種作物。十六世紀之後，歐洲人入侵美洲大陸並且建立殖民地，他們在當地看到原住民吃馬鈴薯，才知道原來這是一種可食用的作物。但是馬鈴薯的外形長得凹凸不平，看起來不怎麼吸引人，所以並沒有受到歐洲人的關注。甚至在法國還下達了法令，明文寫著因為吃馬鈴薯會得到痲瘋病，禁止人們食用。後來英國將愛爾蘭變成他們的殖民地之後，強行掠奪了小麥等大部分主要糧食，因此愛爾蘭人唯一剩下的食物就只有馬鈴薯了。但之後馬鈴薯得到一種叫做枯萎病的傳染病，在一八四五到一八五二這七年之間，俗稱「馬鈴薯饑荒」的災害襲捲了整個愛爾蘭。而英國的維多利亞女王為了報復愛爾蘭的反擊抗爭，不僅沒有給予幫助，甚至還阻止了從他國進口替代食品到愛爾蘭。在這段期間內有百分之二十五的愛爾蘭人死於飢餓，並且迫使一百多萬愛爾蘭人離鄉背井，登上前往美洲避難的移民船，但是大部分的人還是無法熬過飢餓和病痛的折磨，最終仍然避免不了死亡。目前在愛爾蘭首都都柏林港的入口處矗立著雕塑家羅雲・格里斯佩創作的雕塑作品〈饑荒〉。作品中骨瘦如柴的一家人為了搭乘移民船，一步一步艱難地挪動著腳步。除了愛爾蘭以外，對歐洲的很多國家來說，馬鈴薯都是重要的糧食。在英國工業革命時期，為了讓工人減少伙食費的支出，因此政府

鼓勵勞動者用馬鈴薯來取代其他食物，因此在以文森・梵谷為首的印象派畫家的作品當中，經常可以看到一家人聚在一起吃馬鈴薯的情景。

這裡之所以會提及關於馬鈴薯辛酸的世界歷史，是因為這樣的悲哀故事無論東西方皆是相同的。在日本帝國主義強占時期，韓國也因為稻米增殖計畫而遭到日本大量掠奪糧食，百姓們為了活命只好以雜糧維生。因應計畫必須開墾新的土地，於是人們前往間島，在這塊不毛之地為了求生苦苦掙扎，當時也只能用馬鈴薯來填飽飢腸轆轆的胃袋。在一九二〇年末到一九二一年初，日帝為了展開對「青山里抗日大捷」的報復，因此發動了屠殺行動，史稱「間島慘變」，住在當

〈饑荒（Famine）〉：1997 年雕塑家羅雲・格里斯佩（Rowan Gillespie）完成的青銅雕塑作品，描述愛爾蘭馬鈴薯饑荒當時的情況。

地的居民慘遭日本軍方殘酷而無情的殺戮。

那麼曾經是庶民食物的馬鈴薯究竟是在什麼時候傳入朝鮮的呢？關於這個問題的答案，目前有各式各樣的說法。首先是自稱為「看書癡（只會讀書的傻子）」的李德懋孫子李圭景，他所編著的一本十九世紀最具代表性的百科全書《五洲衍文長箋散稿》中曾經論及此事，據說馬鈴薯是在憲宗時期的一八二四年至一八二五年間首次進入朝鮮。傳說從前清朝人因為要挖掘人蔘而偷偷地進入朝鮮，在深山中徘徊，為了解決在山裡吃飯的問題，他們曾經種植馬鈴薯作為主食。李圭景將這些人稱之為「採蔘者」。他們越過國境回到清朝之後，本地的農民無意之間在田壟裡發現了剩餘的馬鈴薯，農民把這些長得像芋頭似的作物移到田裡種植，發現即使沒有特別花心思照顧，這些作物也能夠好好地繁殖，自然而然地他們就開始種起了馬鈴薯。而且馬鈴薯煮熟之後吃起來味道也不錯，又能填飽肚子，拿來取代正餐也沒有問題。把幾個馬鈴薯蒸熟之後放在口袋裡，在田裡幹活時若是感到飢餓，就可以從口袋裡拿出來吃，消除飢餓的滿足感就像是擁有了全世界似的。蒸熟的時候熱氣騰騰的，看起來美味誘人，而且吃的時候不需要筷子和湯匙，直接拿在手上吃就可以了。朝鮮人們向清朝商人詢問該作物的名字，後來才知道原來這是北方的甘藷，此後便以北藷來稱呼它，並且廣泛地被用來當作替代用的糧食。李圭景在寫《五洲衍文長箋散稿》的時候，馬鈴薯才剛傳入朝鮮二十多年，它與地瓜不一樣，馬鈴薯的繁殖力非常強盛，只要把根莖部分移植到田裡，很容易就可

以種植，因此在韓半島的北部全境擴大栽培。在符合馬鈴薯生長條件的江原道更是特地廣泛栽培，當荒年來臨之際，多虧在揚州、原州以及鐵原地區貯存的這些馬鈴薯，才能夠使百姓免於飢餓之苦。

李圭景在書中對於馬鈴薯的由來也有不同的說法。住在咸鏡道明川府的觀相士金某在前往燕京的時候，取得了馬鈴薯的種子並把它帶回來。就像印證李圭景的紀錄似的，這裡提及的馬鈴薯也被稱為「北藷」或是「北甘藷」。因為地瓜是從日本進口的，所以叫做「南藷」；而馬鈴薯是從北方傳入的，因此才會有這樣的名稱。不過就像地瓜有各式各樣的名字一樣，馬鈴薯的名稱也不是只有這些而已。由於它是從土地上出來的，因此也叫做「地藷」；乍看起來也很像掛在馬匹上的鈴鐺，所以又被叫做「馬鈴薯」；就清朝人吳其濬在一八四八年發行的藥用植物書籍《植物名實圖考》中標記的名稱來看，則是被稱為「陽芋」。另外馬鈴薯還有一個名稱叫做「洋藷」，因為有人認為它不是從北方傳入，而是由搭著遠洋船隻的西方人帶來的，為了因應其說法而取了這樣的名字。該內容記載於一八六二年金昌漢著述的《圓藷譜》當中。金昌漢跟著他的父親，從小居住在西海岸的全羅北道沿岸一帶，一八三二年（純祖三十二年）由英吉利國（也就是現今的英國）來的外國船隻出現，要求與朝鮮進行通商，並且在海邊靠岸停泊了一個月左右。一八三二年的時候，馬鈴薯已經傳入朝鮮大約七到八年的時間。不過由於當時的通訊不發達，即便咸鏡道地區已經開始生產馬鈴薯，但是南部地區也有可能還不知道這種作物的存在。金昌漢的父親在這一個月之間與搭著外國船隻來的西方傳教士頻繁地接觸，西方傳教士為了抓住居民們的心，不但將馬鈴薯的種子分送給他們，而且還教導他們栽種的方法。金昌漢的父親將馬鈴薯栽種法向周遭的人廣為宣傳，因此馬鈴薯很快地蔓延到各地，金昌漢將父親成功的馬鈴薯栽種法做了系統性的整理，編寫成《圓藷譜》一書。

專家們認為該船即是一八三二年首次在朝鮮露臉的英國船隻阿美士德勛爵號（Lord Amherst），將馬鈴薯栽種法介紹給金昌漢父親的傳教士是隸屬於荷蘭教會的卡爾・弗里德里希・奧古斯特・居茨拉夫（Karl Friedrick August Gutzlaff, 1803～1851）。他的中國名字叫做郭士立，是第一位來到朝鮮的傳教士。這麼看來，對於馬鈴薯傳入朝鮮的「北方說」和「南方說」，兩者似乎都是很有說服力的論述。

卡爾・居茨拉夫：他是德國出身，在東亞地區活動的傳教士。著作有《1831-1833年在中國沿海三次航行記－暹羅、朝鮮、琉球群島之考察（1834）》等書籍。

正式開始占據一席之地的庶民作物

馬鈴薯和地瓜一樣都是很好的救荒作物，但是它也同樣地步上了地瓜的後塵，在朝鮮官員的干預之下，阻礙了其栽培與發展。官員們明明知道馬鈴薯的優點，不過他們卻擔心農民們只栽種馬鈴薯，而不願意種植其他穀物，因此下達了禁止種植馬鈴薯的命令。在這樣的情況之下，在咸鏡道茂山擔任首領的李亨在卻認為，若是好好地栽種馬鈴薯，那麼在饑荒來臨之際，它就可以成為一種很好的救荒作物，因此他向農民們討取馬鈴薯種子，可是卻沒有人願意提供。因為農民們擔心如果交出馬鈴薯種子，他們就會違反禁止種植馬鈴薯的法令，所以不敢把種子交給他。無可奈何，首領李亨在只好用當時價格昂貴的鹽來向農民換取，最後總算取得了馬鈴薯種子。在他的努力之下，包含咸鏡道在內的韓半島北部才得以擴大種植馬鈴薯的範圍。

另外根據一九一二年發行的《朝鮮農會報》七月號所示，馬鈴薯是在一八七九年由傳教士傳入首爾，並且從一八八三年開始栽種。馬鈴薯比地瓜的擴散速度更快，種植方法也更加簡便，因此在日帝強占時期是總督府作為重點推廣的農產品。第一次世界大戰之後，日本因為稻米價格上漲而發生了暴動，於是日本強制要求身為殖民地的朝鮮增加稻米的產量，然後將這些稻米全數運回本國。朝鮮人因為稻米不足而飽受飢餓之苦，所以除了從間島進口雜糧之外，同時也在政策上鼓勵人民種植馬鈴薯。此時日帝大力推廣的是一種叫做「男爵」品種的馬鈴薯。原先是美國品種的馬鈴薯，後來進口到了英國，日本一位名叫川田的男爵首次將它從英國引進到日本的北海道，因此這種馬鈴薯被命名為「男爵」。男爵馬鈴薯是一種粉質馬鈴薯，煮過之後外皮會脫落，吃起來口感鬆軟而味美。但是在解放之後，另外一種叫做「秀味」的美國品種馬鈴薯取代了粉質馬鈴薯，開始在韓國土地上大量種植，這是一種具有黏稠口感的蠟質馬鈴薯。年長的人多認為比起這種蠟質馬鈴薯，從前的粉質馬鈴薯更加美味，他們經常會想念日帝強占時期曾經種植過的那種馬鈴薯。不過其實那種馬鈴薯只是日帝為了施行政策而推廣的品種，並不是從朝鮮時代就開始栽培的品種。

從另外一方面來看，由於馬鈴薯適合在陰涼之處生長，長出來的個頭也會更加壯實，因此是以在江原道高寒地區栽培的馬鈴薯作為種子，再普及推廣到全國各地，而江原道當地生產的馬鈴薯更是全國首選的特產品。江原道地區之所以會開始種植馬鈴薯，是因為原先人們為了對抗饑荒而採用刀耕火種法，以砍伐及焚燒林地上的植物來獲得耕地，或是在深山中尋找可以耕種的地方，但是他們仍然無法取得足夠的糧食，因此才開始以馬鈴薯來取代其他作物，成為他們主要的食物來源。現在全韓國馬鈴薯的生產量當中，江原道就占了百分之三十三，是全國生產量最高的地區，排名第二的則是占據百分之二十二的濟州島。濟州島當地所產的馬鈴薯被當作特產提送到漢陽。而馬鈴薯在濟州島則是被稱為「地實」。鬱陵島因為地形的關係，島上不易種植稻米，因此從人們開始集中搬遷到島上的一八八〇年代起，島民就以玉米或馬鈴薯為主食，而鬱陵島著名的鬱陵紅馬鈴薯也就此誕生。目前野生品種的鬱陵紅馬鈴薯產量不多，只有少數幾個地方還在勉強地種植著而已。

首次向朝鮮要求通商的外國船隻——阿美士德勛爵號

從《朝鮮王朝實錄》中可以看出，十九世紀之前朝鮮曾經出現過多次被描述著有奇異外型的外國船隻。這些船隻並不是把朝鮮當作中途停靠的港口，而是因為遇到暴風雨才漂流過來的。但是一八三二年（純祖三十二年）出現的英國商船「阿美士德勛爵號（Lord Amherst）」卻是為了與朝鮮正式進行通商而遠道而來的船隻，是目前文獻記載中「朝鮮歷史上最初要求通商的西洋船隻」。六十七名人員搭乘了這艘五百噸級英國東印度公司所屬的商船，船艙達三層之高，而且配有四艘小艇。阿美士德勛爵號在農曆六月二十一日到達黃海道夢金浦，與衙役們進行筆談之後再度南下，於農曆六月二十六日抵達忠清道洪州古代島的安港（現在的忠清南道保寧市鰲川面）。這趟航海的領導人胡夏米（Hugh Hamilton Lindsay）將望遠鏡、金鈕扣、毛織品、書籍等禮物送給洪州的牧師李敏會，同時也將信函呈交給朝鮮君王，請求開放門戶締結並且簽訂貿易協定。他們要求將自己帶來的西洋布、西洋織物、琉璃器皿以及月曆等物品，與朝鮮的礦物和大黃等藥材進行貿易。但是朝鮮政府表示自己是清朝的藩國，所以在未得到中國皇帝的允許下，無法與他國進行交易，因此拒絕了他們的要求。然而實際上是因為朝鮮政府覺得沒有必要與航程相距數萬里以外的英國做交易，所以才會予以拒絕。不過他們還是把書籍等物品送給泰安舟師倉里的居民，試圖與他們進行對話，因此也有人認為馬鈴薯是在此時傳入的。最後交涉失敗的阿美士德勛爵號在農曆七月二十日離開了朝鮮，而他們原先準備要呈給朝鮮君王的奏文和禮物，就這樣原封不動地帶了回去。今日崇實大學附屬的韓國基督教博物館裡還收藏著阿美士德勛爵號的翻譯官——同時也是朝鮮最早的傳教士郭士立所記錄的《阿美士德勛爵號航海記》。

老闆娘，
那個烏漆墨黑的東西是什麼？

這是一種中國人製作的醬料，
名字叫做春醬。

原來是中國人做的醬料啊，
還滿符合我們胃口的嘛，
請問你有吃過炸醬麵嗎？

炸醬麵？是中國料理嗎？
我還是第一次聽說呢。

口味甜滋滋的相當美味，
那個本來是中國人為了賣給我們
所做出來的料理。

不是中國人自己
本來就有的食物嗎？

什麼中國料理，
我來跟你說一段
關於炸醬麵誕生的祕密吧。

菜單 2-5

炸醬麵

承載著朝鮮近代傷痛歷史而誕生的食物

只有韓國才有的中國料理——炸醬麵

炸醬麵這個名字是從中國原有的料理名稱而來的。也就是「把醬炒（炸）過後淋在麵上面一起吃」的意思。但是中國的炸醬麵和韓國的炸醬麵在味道上確實有明顯的差異。在中國山東地區吃的炸醬麵做法是麵煮好之後先用冷水沖洗一下，然後再淋上中國式的醬料一起拌著吃。與此相較之下，韓國的炸醬麵是把帶有甜味且濃稠的醬汁淋在剛煮好的熱騰騰麵條上，然後一起拌著吃。正確要說的話只有一句話，那就是「中國並沒這樣的炸醬麵」。炸醬麵是用依據韓國人口味特別開發的春醬製作而成的，春醬之所以會帶著光澤和甜味，這是因為它將中國醬料甜麵醬的焦糖醬汁與水分混合得恰到好處之故。炸醬麵的歷史並不是很長，一直到一九七〇年左右，炸醬麵都還只是在入學典禮、畢業典禮或生日時偶爾才會吃的食物。但是炸醬麵誕生的故事背景之中，卻包含著令韓國人惆悵的近代化歷史。現在開始就讓我們來了解一下，炸醬麵登場的時候，究竟有著什麼樣的時代背景。

十九世紀在歷經勢道政治的期間，在腐化墮落的政治當中，朝鮮逐漸地失去了自生的能力，後來在興宣大院君掌權後似乎稍微恢復了王權，也填補了原先已經見底的國家財政。然而西方的帝國主義正在一步步地侵襲亞洲，可是當朝卻沒有正確地解讀當時的情勢。在興宣大院君執政的十年之間，一直堅持奉行著鎖國政策，牢牢地關上國家大門，拒絕與其他國家通商往來。在丙寅洋擾中，

加德島斥和碑：興宣大院君為了提高百姓對西方勢力的警戒心，下令在全國各地建造了斥和碑，這是其中一個位於釜山加德島的斥和碑。———資料來源：韓國文化財廳

法國軍隊登陸江華島擊敗朝鮮軍隊，其後美國與朝鮮發生衝突並且派軍登陸引發了辛未洋擾。在這兩個事件之後，更進一步地加強警戒，在全國各地豎立了「斥和碑」，上面刻著：「洋夷侵犯，非戰則和，主和賣國，戒我萬年子孫。」過去把興宣大院君的外交政策稱為「鎖國政策」，但是為了反映最新的研究，近來的韓國教科書以「通商修交拒否政策」來取代完全封閉意味較為強烈的「鎖國政策」。在朝鮮緊閉國門的十年裡，世界發生了日新月異的變化，可是朝鮮卻依舊沉浸在民族自豪感之中。在這種情況之下，興宣大院君退位，由王妃閔氏（死後追封為明成皇后）的外戚驪興閔氏掌權執政，此時日本挑起了「雲揚號事件」，事後兩國

簽訂了「江華島條約」，從此朝鮮被迫開啟了國家大門。雖然「江華島條約」是朝鮮與外國最早簽訂的近代條約，可是對於國際形勢堪虞的朝鮮而言，是受到日本脅迫而簽下的不平等條約，其內容都是單方面有利於日本的條款。在丙子胡亂之後，清兵擊敗朝鮮，因此朝鮮開始以清朝的藩屬自居，並且自稱為「藩國」，熟知此事的日本在江華島條約的第一款即表明：「朝鮮國自主之邦，保有與日本國平等之權。」由此顯露出其侵占朝鮮的野心。日本在簽訂江華島條約時，已經失去了最起碼的良心底線，在通商章程中採取了零關稅主義，並且要求朝鮮同意日本船舶自由進出朝鮮海域，擁有隨時審其位置深淺的海岸測量權。另外還要求開放三個在政治軍事上最重要的要塞，居住朝鮮的日本人即使犯罪也依然可以適用日本法律，等於要求朝鮮承認其領事裁判權。

利用壬午軍亂讓朝鮮歸屬於已的清朝

朝鮮和日本簽訂近代條約之後打開了朝鮮的門戶，而清朝在歷經了鴉片戰爭（一八四〇）後被西方帝國主義勢力奪走各種權利和租借權，清朝擔心就連自己的附屬國朝鮮也會被日本奪走，因此產生了危機意識。清朝在摸索各種方法的同時，虎視眈眈地等待著時機到來，試圖一舉奪回被日本搶走的先機。此時讓清朝重新坐上宗主國寶座的事件正是在一八八二年發生於朝鮮的壬午軍亂。由

於舊式軍人認為朝廷對新式軍隊別技軍特別重視和優待，因此他們對於這樣的差別待遇感到不滿，進而引發了壬午軍亂。當時朝廷已經拖欠舊式軍人足足十三個月的軍餉。前述提到興宣大院君力行勤儉節約，強力施行各項開源節流的政策，好不容易才得以確保國家財政富足；但是在興宣大院君下臺之後，由閔氏政權執政不過十年的時間，國家財政又再度面臨枯竭的狀態。究竟造成財政危機的原因是什麼呢？這是因為高宗和王妃閔氏的驕奢淫逸，以及閔氏政權政治腐敗，出賣官職爵位以聚斂錢財之故。依據黃玹所著的《梅泉野錄》記載，喜愛玩樂的高宗在攝政王興宣大院君退位之後，宣告今後他將事事親政，此後「每夜曲宴淫戲，倡優、巫祝、工瞽歌吹媟嫚，殿庭燈燭如晝，達曙不休。」另外王妃閔氏為了替身體孱弱的嫡子祈求健康，要求全國八道的名山準備祭品並舉辦法會。高宗和王妃每天奢侈度日，揮金如土，內需司提供的物資已經不足以應付，因此他們公然地挪用戶曹和宣惠廳的公款，用於自身的享樂上。另外黃玹在《梅泉野錄》中也曾提到：「明成后，患用絀，遂賣守令，使奎鎬。」意指王妃閔氏因財政不足而命令閔奎鎬賣掉首領位置以換取錢財。據說閔奎鎬認為出賣官職會使當地百姓受到更加沉重的盤剝，因此特意抬高了價格，將首領位置由一萬緡調高到二萬緡，不過首領的位置仍然被搶購一空，買了首領官職的人開始殘酷地苛求百姓，閔奎鎬得知此事之後捶胸頓足，後悔不已。壬午軍亂是在這個事件經過八年之後才發生的動亂，朝鮮的財政連年赤字，所以當時更不可能有多餘的經費去支付給舊式軍人。但是由兩班貴族子弟組成的新式軍人別技軍，不但發放了新式軍服和配備先進武器，而且還享有豐厚的軍餉，因此舊式軍人的心中積怨不斷。

就在這個時候，終於從全羅道來了一艘稅穀船，朝廷決定給已經連續十三個月沒有領到餉米的舊式軍人發放一個月的軍餉。舊式軍人帶著喜悅的心情前往領取，但是作為分發餉米的宣惠廳堂上官閔謙浩貪汙腐敗，不但指示下屬在糧食中摻雜糟糠和砂石，而且分量也不過只有原先的一半。對於此事，炮兵金春永以及柳卜萬等人向庫吏理論並且發生衝突，可是後來朝廷卻將出來抗議的舊式軍人關進監獄，下令處決他們，於是舊式軍人們積怨爆發，引發了暴動。擔心無法收拾殘局的舊式軍人前往興宣大院君住處請求協助，而試圖干預政事的興宣大院君則準備利用士兵們的反抗情緒奪回政權。舊式軍人依照興宣大院君的指示殺死了閔謙浩和日本教官堀本禮造，為了追究這一切的責任，景福宮內亂成一團，舊式軍人四處搜尋王妃閔氏的蹤影，但是王妃閔氏早已換上宮女的衣服逃到了宮外。在事態擴大之後，高宗接受了舊式軍人的強硬要求，宣布由興宣大院君重新攝政，在他執政之後的第一件事，就是全面廢除先前實行的開放政策，再度為國門上了一道鎖。然而他並沒有找到下落不明的王妃閔氏，在不得已之下，他只好宣布閔妃已經死於動亂之中，用空空如也的棺材發布了國喪。逃到忠州長湖院的王妃閔氏聽到這個消息之後，非常憎恨她的公公，但是只能壓抑著憤怒的情緒。興宣大院君因壬午軍亂而取得政權，但是也只維持三十三天而已，因為清朝派遣多達三千人的大軍遠赴朝鮮平定動亂。自從簽訂江華島條約之後，清朝就一直關注著朝鮮的動態，因此從發生壬午軍亂開始，他們便開始多方地了解事件的背景，最後決定派兵平亂。另外由於日軍為了抗議壬午軍亂，逼迫朝鮮賠償損失，因此帶來了一千五百名軍力並且在濟物浦登陸，於是興宣大院君致函清朝，請求儘快派遣軍隊前來協助。兩廣總督張樹聲得知情況危急，於是在一八八二年七月十日讓馬建忠先率領二百名清軍趕赴朝鮮，七月十二日所有清軍皆已抵達漢城。第二天中午，清軍代表丁汝昌提督、吳長慶提督以及道員馬建忠前往雲峴宮，告訴興宣大院君清朝不會逮捕他，並邀請他回訪，先讓他先卸下心防。於是根據禮法在當天下午四時左右，大院君為了答禮而來到了清軍的陣營，此時清軍強行將大院君擡上轎子，連夜送往南陽灣的馬山浦，然後直接從當地搭乘清軍的軍艦前往天津。此後清朝開始公然地干預朝鮮的內政，任命清朝推薦的人選作為朝鮮政府的顧問，並且強制朝鮮按照顧問的決定來施行政策。接著清朝對朝鮮施加壓力，在一八八二年農曆八月二十八日，以直隸總督李鴻章和朝鮮奏正使趙寧夏為代表，迫使朝鮮簽定全文八條的「朝中商民水陸貿易章程」。該條約的內容單方面地侵害了朝鮮的主權和利益，無視於國際常識，並且大多是允許清朝在朝鮮享有各種特權的條文。特別是在前文部分稱朝鮮為清國之「屬邦」，明確地表示清國是朝鮮的宗主國。自從與日本簽訂了不平等條約之後，這次又再度與清朝簽署了帶有從屬性質的條款，朝鮮的近代史從此時開始發出了悲鳴，也正式地走上了萬劫不復的深淵。

與華僑足跡一同展開的炸醬麵歷史

另外一方面，在壬午軍亂當時，清朝的吳長慶提督進入朝鮮之時，軍艦上還有四十多名清國商人。當他們在朝鮮登陸之後，韓國華僑的歷史也隨即展開。清朝在干預朝鮮內政的同時，也把他們在西方列強侵略之下遭受的一切依樣畫葫蘆地應用在朝鮮身上，要求將濟物浦的五千坪土地劃為清朝的租借地。之後清朝的人民如潮水般湧入此地，且取得了商業主導權，並與日本商人展開了激烈的競爭。然後他們在韓國最早的西方現代公園，也就是自由公園這裡打造了一座中國城。從清朝來的中國人都是原先住在濟物浦對面山東半島的居民。他們漂洋過海遠道而來，在濟物浦地區開設商店的同時，也會按照中國本土的口味製作炸醬麵，除了自己吃之外，有的人也會拿來當做小吃生意。在口耳相傳之下，在碼頭工作的中國工人每當想吃中國本土的食物時，他們就會去中國人群居地區的飯館打牙祭。

其中一家叫做「共和春（仁川廣域市中區善隣洞三八•一）」的中華料理店，首度開發出一種與至今吃過的口味截然不同的炸醬麵。中國炸醬麵裡放的春醬，也就是甜麵醬，是一種在麵粉中加入鹽巴發酵而成的甜味醬料。一九四八年，華僑廚師王松山在共和春的廚房裡把焦糖醬放入甜麵醬當中，開發出一種符合韓國人口味的春醬。再加上這裡並不是使用冰冷的麵條，而是採用現製的手

工麵條，剛起鍋的麵條不僅彈性十足，而且熱氣騰騰，淋上醬汁後即可送上桌。共和春是一九〇八年從山東地區移居來的二十二歲年輕青年于希光所創立的中式餐館，本來的名字叫做「山東會館」，它被公認為是第一家推出炸醬麵的餐廳。後來在一九一一年一月十五日，由於辛亥革命成功，清朝退出了歷史的舞臺，中華民國就此誕生，因此于希光也懷著喜悅的心情，將原先的山東會館更名為如今的「共和春」。春天是一年的開始，也是新的生命和希望萌芽的季節，所以為了祈願中華民國的永續發展，他才帶著祈願的心情更改了餐廳的名字。特別聘請山東地區的建築師和工匠打造而成的共和春，是一棟典型的中國式中庭型（建築物中間設有庭院）建築。在外部的紅色磚牆上刻有象徵中式餐館的多彩圖案，使用紅磚建造出兩層式的結構，這是一棟外型相當引人注目的建築物。

讓中國的炸醬麵更上一層樓，重新誕生為符合韓國人口味的炸醬麵，隨著口耳相傳廣為人知，很快地炸醬麵就成為了家喻戶曉的一道美食。特別是在政府從一九六〇到一九七〇年代推行麵食獎勵運動後，隨著炸醬麵的普及，其後更成為最受韓國人歡迎的食物之一。而炸醬麵的元祖餐廳共和春也隨之聲名遠播，找上門的遊客絡繹不絕，成為了仁川具代表性的知名景點。但是共和春在進入一九八〇年代之後，政府為限制華僑經濟的過度發展而限制華僑的財產權，在這個政策的影響之下，共和春的經營開始走下坡，最後在一九八三年面臨倒閉的局面。不過共和春的建築在生活史及近代建築史方面的價值得到了認可，因此在二〇〇六年被指定為近代建築文化遺產第二四六號。另外仁

川廣域市中區廳於二〇一〇年購入該建築，並且將其打造成一座韓國最初，而且是其他地區前所未見的「炸醬麵博物館」，該博物館每年大約會吸引二十萬名遊客前來參觀。雖然促使炸醬麵誕生的共和春餐廳已經消失，不過在博物館裡還是可以看到從前製作炸醬麵的廚房，經過修復後如今已原封不動地重現舊時模樣。

如今炸醬麵已經成為每天可以銷售七百萬碗的國民料理。但是我們應該要記住炸醬麵誕生背後那段以近代化為名，實則無情地剝奪了韓國權益的侵略歷史。

共和春：1908 年建造的中國式建築。現在已經被指定為登記文化遺產第 246 號，2012 年改建為「炸醬麵博物館」並且正式開館。———資料來源：大韓民國歷史博物館

外國人眼中所記錄下來的明成皇后

一八九五年，日本為了找回他們在朝鮮的影響力，派遣浪人集團殺害了明成皇后。後來在日本統治朝鮮的那段時間裡，他們將明成皇后的封號降格，僅以閔妃來稱呼她，並且替她打上了危害國家的女性之烙印。但是在從日本的殖民地中解放了七十多年後的現在，我們對於明成皇后的一切，必須要擺脫原先既定的刻板印象才行。對於明成皇后所犯的錯誤必須澈底批判，但是她為了拯救國家所做的努力也應該要得到正確的評價。為了幫助大家打破對她的既有觀念，讓大家知道她並不是一位奢侈且野心勃勃的皇后，而是一位擁有溫暖人品的女性，所以我們藉由外國人的視角來介紹明成皇后真正的模樣。

「我從一八八八年三月開始擔任女官，我的本職是醫生，能夠為皇后的玉體盡一份心力，無論當時還是現在，對我來說這都是一種無上的光榮。明成皇后有著凌駕於男人之上的氣概，英姿颯爽可謂女中豪傑。另一方面，她就像白薔薇那樣高尚，對待下面的人溫柔至極，雖然這麼說似乎有些冒犯，不過她對待我的態度溫暖慈祥，就像我的親生母親一樣。她是一位感情豐富的人，每當與我說話的時候，都會親切地撫摸我……當我們夫妻結婚的時候，她親手把一個純金手環送給了我。這個手環四十年來我一直戴在左手手腕上從未離手，因為這是她賜予我的禮物。即使到死我也會一直戴著……」

——〈白民〉一九二六年六月號特輯「純宗實紀」，房巨夫人（Annie Ellers Bunker），「閔妃與西醫」

「當然我也被王妃深深地吸引了。她看起來既蒼白又纖細，擁有一張輪廓鮮明的臉龐和一雙聰慧且敏銳的眼睛，雖然乍看之下並不是那麼地美豔不可方物，但是任誰都可以從她的臉上看出她那充滿力量、理智以及堅毅的性格。當她開始說話的時候，她的爽朗、單純以及機智，在在都為她的容顏添上一層迷人的色彩，比單純的美麗外貌，反而更讓人感到一種震懾人心的動人魅力。我在朝鮮王妃最美麗的時候遇見了她……。

在她問了我很多關於美國的事情幾天之後，她帶著悲傷的語氣說道：『希望朝鮮也能像美國一樣自由、充滿力量而且幸福……。』

聖誕節的時候，王妃殿下送了我一頂美麗的轎子。這頂轎子原先是屬於王妃的，上面用藍色天鵝絨蓋著，裡面鋪著上頭繡有清朝美麗花紋的綢緞，轎子裡有屏障、座席、布料和長袍，還有朝鮮製作的各種新奇小東西，再加上雞蛋、雛雞、魚、核桃以及大棗等各種物品。還有在大年初一時，她又給我送來了五百元，讓我用來購買珍珠，也給我的小兒子準備了一些禮物。」

——《Fifteen years among the top-knots of Life in Korea》，American Tract Society，一九〇四

3-1

雪濃湯

3-2

狗肉湯（補身湯）

3-3

歲時料理——元宵節五穀飯、花煎餅、松糕、煎藥

3-4

蔘雞湯（清燉雞）

3-5

豆沙糯米糕、紅豆粥

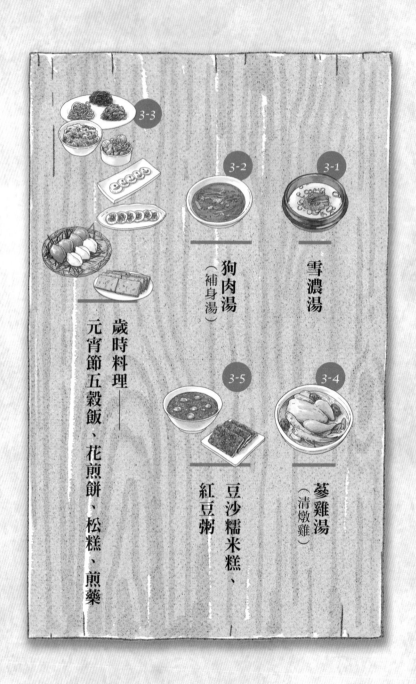

第三章

融合了生活史的飲食

忙於生計的朝鮮百姓日常生活
隨著朝鮮四季更迭而吃的食物

老闆娘，
天氣好冷啊。
請給我來碗湯飯。

該怎麼辦才好呢？
湯剛好都賣光了。

這樣啊，在這麼寒冷的天氣裡，
來碗雪濃湯是最棒的享受，
老闆娘，你這裡也有賣雪濃湯嗎？

雪濃湯？
瞧你說這什麼無稽之談呢。

說的也是，
如果想要做雪濃湯的話，
好像要花不少成本呢。

不過話說回來，
雪濃湯是什麼時候開始出現的呢？

既然看你這麼好奇雪濃湯的故事，
我就打開話匣子，
為您好好解答一番吧。

菜單 3-1

雪濃湯

讓老百姓們更方便、普遍都能吃得到的溫暖料理

雪濃湯的名字是否來自先農祭？

自古以來，韓國人都知道雪濃湯是最適合寒冬時節品嚐的料理。把米飯浸泡在用大骨熬煮出來的熱騰騰白湯裡，放上蘿蔔塊泡菜一起吃下肚，如此一來，侵襲身體的寒氣在一瞬間就會一掃而空。使用牛骨熬湯做成的料理有牛骨湯和雪濃湯。雪濃湯是用牛腿骨、牛膝蓋骨、牛胸骨、牛腱、牛舌、牛肺和雜骨熬煮出來的湯品；牛骨湯則是放入牛胸骨、牛腱、牛腸以及牛胃等，再加上白蘿蔔或海帶一起燉煮而成的料理。牛骨湯和雪濃湯在吃的方法上也有些許差異，雪濃湯裡並沒有放入醬油，吃的時候每個人再依照自己的口味加入鹽巴做調味。另外雪濃湯裡也沒有放大蒜，與把蔥放入高湯裡一起熬煮的牛骨湯做法不一樣，雪濃湯是在吃的時候才把切碎的蔥花灑上。

那麼雪濃湯是從什麼時候開始出現的呢？又為何要取名為雪濃湯呢？關於雪濃湯的由來有各式各樣的說法。其中有一派人馬認為雪濃湯是一種從朝鮮時代就開始食用的傳統料理，起源於朝鮮的君王在先農壇舉行祭祀典禮時，為了賜宴予百姓而創造出來的食物。因此首爾特別市東大門區廳以先農壇設於東大門祭基洞為依據，在二〇一五年設立了先農壇歷史文化館，並且在第二展示廳詳細地介紹了雪濃湯的由來。依據他們的介紹，雪濃湯的原意為「在先農壇賜予的湯飯」，因此最早的名稱是「先農湯」，後來由於發音演變的關係，才成為現今的「雪濃湯」。在舉行先農大祭的時候，

君王會在壇前的籍田♣裡親自示範耕田，行親耕勸農之禮，祭祀結束之後，文武百官和百姓們會把當作祭品的食物烹調之後一同分享，因此故事就這樣流傳下來了。朝鮮的君王們為了帶領百姓作為從事農業的模範，並且了解民間的疾苦，所以會親自拿著農具下田耕種，進行親耕儀式。親耕儀式結束之後，從朝廷大臣到庶民們會一起享用雪濃湯，因此這道料理不但有慰勞百姓的作用，而且可以表達出君王想要親近民眾的愛民之心。

♣籍田，亦稱「藉田」。古代天子、諸侯征用民力耕種的田。相傳天子籍田千畝，諸侯百畝。每逢春耕前，由天子、諸侯執耒耜在籍田上三推或一撥，稱為「籍禮」，以示對農業的重視。亦指天子示範性的耕作。

先農壇全景：傳說古代中國帝王神農氏和后稷氏教導百姓開墾土地與種植五穀，這裡是以祂們為主神進行祭祀的地方。———資料來源：韓國文化財廳

那麼每次談到雪濃湯時就一定會提及的先農祭，究竟是從什麼時候開始的儀式呢？先農祭是指為了向中國神話中教導百姓耕種的神農氏和后稷祈求五穀豐收而舉行的祭祀儀式。依據《三國史記》♦的記載，朴赫居世♠十七年（西元前四十一年）時，「勸督農桑以盡地利」，意思是鼓勵百姓努力耕種養蠶，並且充分地利用土地獲得益處。另外從《三國史記》雜志中有關新羅宗廟的記載來看，其中寫道：「豐年用大牢（牛、羊、豬），凶年用小牢（羊、豬）」，並提及：「立春後亥日，明活城南熊殺谷祭先農，立夏後亥日，新城北門祭中農，立秋後亥日，蒜園祭後農。」由此可以得知，先農祭是一種從三國時代就開始舉行的年度例行活動。先農祭在高麗時代是由皇室主辦的儀式，而最早舉行先農祭的君主是高麗國的第六代國王成宗。不過在高麗時代並不是所有的君王都會舉行先農祭。顯宗在一〇三一年舉行先農祭，文宗在一〇四八年舉辦後農祭，而仁宗則是在一一三四年和一一四四年主持了親耕勸農之禮的祭祀儀式。後來到了高麗末期，新進士大夫們強烈提出要求，認為君主應該要舉行親耕之禮，才能藉此給百姓們樹立從事農業活動的典範。而其中的代表性人物就是在建立朝鮮王朝之時立下功勳的三峰鄭道傳，他認為若是想要帶領朝鮮變成以農業為中心的社會，那麼君王就扮演著相當重要的角色。話雖如此，但是在開創朝鮮的太祖時期，即使已經設有掌管籍田糧食和祭祀用酒等的官署司農寺，卻未曾出現由太祖親自舉行親耕之禮或舉辦先農祭的紀錄。

朝鮮最早的親耕儀式舉行於一四七五年成宗六年一月二十五日。親耕儀式的過程究竟是怎麼樣的呢？首先成宗先鼓勵農民的辛勞，然後親自下田耕作作為表率，並且發表具有意義的詔書。然後到東郊的祭壇先行祭拜先農，等到日出之時，成宗到籍田裡親自執犁，完成五推五返的耕作之禮後暫先退下，接著再登上觀耕臺。從觀耕臺上放眼望去，整個籍田盡收眼底。成宗站在這裡看過去，可以看到宗親月山大君李婷與宰相申叔舟行七推七返之禮，相當於現在部長職位的判書李克培、鄭孝常與大司憲李恕長、大司諫鄭佸行九推九返的親耕儀式。接著再由一百多名庶人將一百畝的田地全部耕完。在親耕之禮結束之後，成宗還會舉辦盛大的活動，讓老人家、儒生和妓生們一起唱歌作樂，連同參加親耕的庶民們全部聚在一起喝酒，這個活動又稱之為「勞酒宴（勞酒演）」。實錄上記載著，君王在當天展現了扶犁親耕的模樣，而臣僚、軍校、長者以及站在路邊觀看到這一幕的人們都深受感動，就連士大夫家的女人們、還有眾多的百姓全都額首稱讚，甚至還有人流下了眼淚。世宗時期編纂的《國朝續五禮儀》中記載著在進行勞酒宴的時候，會把酒與食物分送給參與親耕儀

◆《三國史記》是高麗宰相金富軾奉高麗仁宗之命所編撰的高麗官修正史，是朝鮮半島現存最早的完整史書。《三國史記》共五十卷，約二十七萬字，以中國正史的體例記述了新羅、高句麗、百濟三國的歷史。

♠是朝鮮半島三國時期新羅的始祖。

《國朝續五禮儀》：這是以成宗時期發行的《國朝五禮儀》為基礎，加以補充後在英祖時期重新編纂的書籍。記錄了關於朝鮮時代五禮的禮法和程序。———資料來源：韓國國立中央博物館

式的人，此時分送給大家的食物應該就是指雪濃湯。但是在相當重視牛的朝鮮農業社會，竟把原先用來耕田的牛宰殺後熬湯給百姓們食用，可見這個儀式非同小可，至關重要。照理說這樣的儀式不可能沒有在實錄上留下記載，但是卻完全找不到與此相關的任何文獻，因此不得不令人懷疑在舉行親耕禮時分發雪濃湯的說法是否可信。

另一方面，在把農業視為天下之本的朝鮮時代，也跟高麗時代一樣，並未能時常舉行親耕禮。理由是因為程序十分複雜，而且親耕禮之後舉行的宴會過於

盛大，不僅浪費公帑，而且也給百姓造成很大的負擔。在成宗之後數度告吹的親耕禮，終於在英祖時期華麗地復活。身為朝鮮後期行事作風最為強勢的君王，英祖壓下了所有反對的意見，分別在一七三九、一七六四以及一七六七年舉行了三次親耕儀式。但是就當時實錄中所記載的報導看來，似乎也未曾出現食用雪濃湯的相關內容。

「……上命藏耒耟牛衣於太常，又命御耕牛喂養於太僕，限其沒齒。先是，淳奏若還牛於民，恐有宰殺之慮，上以見其生，不忍見其死之意，有是命……」

～～英祖實錄四十八卷，英祖十五年一月二十八日乙亥第一篇紀錄

透過這篇紀錄可以得知，朝鮮時代將親耕禮上犁田的牛隻宰殺掉做成雪濃湯的傳說應非屬實。特別是朝鮮時代非常重視農耕時不可或缺的牛隻，牛肉是一種相當珍貴的食物，一般老百姓很少有機會可以吃到牛肉。當然王室在舉行祭祀或大型宴會時還是會使用牛肉，但是從來沒有大量製作成湯品並分送給一百多人食用的紀錄，更何況當時在律法上還有嚴禁屠宰牛隻的法令。依據實錄的內容所示，牛隻不僅對於農耕有其重要性，在陸地上運送物品時，也只能依賴牛車來運輸，因此屠宰

牛隻的話就會失去重要的運輸工具，後果相當嚴重。

用便宜價格填飽庶民肚子的白色高湯

那麼「雪濃」一名到底是源自於何處呢？關於此事，有多位專家主張是起源於中世紀的蒙古語「syuru（슈루）」或是「syulru（슐루）」。由於蒙古人過著游牧生活，住在方便移動的蒙古包裡，他們吃的食物中有一道叫做「空湯」，據說是將整塊牛肉、羊肉或山羊肉放入巨大的鐵鍋裡，倒入水一起澈底煮熟之後，再把煮好的肉塊切成小塊狀，用鹽巴調味後吃的一種食物。這裡的「syuru（슈루）」或是「syulru（슐루）」指的是煮肉的肉湯，也就是高湯的意思。據聞蒙古騎兵們平時會把餐具掛在馬匹上，就連行軍時也一樣，為了讓所有的士兵們都可以簡單地飽餐一頓，於是軍隊想出了一種簡便料理，以大量熬煮的肉湯來供應士兵們的需求。在十三世紀時，高麗成為元朝的附庸國並且受其統治，因此這些帶有特殊習性和風格的元朝食物也傳入了高麗。於是專家們認為在這樣的過程之中，「syuru（슈루）」或是「syulru（슐루）」因為發音的變化成為「雪濃（seolreogn）」，然後再加上一個「湯」字，因此才成為「雪濃湯」。關於這個說法的證據出現在一七九〇年正祖時期方孝彥編纂的《蒙語類解》當中，內容記載了「空湯」一詞，其後還加上註釋「煮肉的湯汁」，也

提及蒙古語的說法為「syuru（슈루）」。像排骨湯、泥鰍湯這樣帶有湯字的料理，一般都是把食材的名稱放在湯字前面，所以即使雪濃湯起源自先農祭，但把神祇神農氏的名字放在前方，似乎還是不太符合語法的構成。但是也有人認為，假設這道料理是源自於蒙古的話，雪濃湯的「雪濃」是指把肉放在水裡熬煮，如此一來就不會違背食材放在湯字前方的語法。另外，還有一種在民間流傳的說法：由於雪濃湯的顏色看起來就像白雪一樣雪白，湯頭又很濃郁，因此才會被取名為「雪濃湯」。不過這種說法被認為是雪濃湯的各種由來之中，最缺乏可信度的主張。

從以前的報章雜誌中可以看到一些與雪濃湯有關的趣味報導。一九二四年七月十三日東亞日報的報導中提到，聽說大家都認為京城人十分喜愛長橋町的雪濃湯，因此後來雪濃湯就變成京城的名產之一。一九二六年八月十一日東亞日報的專欄報導中提到，雪濃湯是首爾的名產，首爾的大街小巷到處都有賣雪濃湯的店鋪，只是店鋪裡用的砂鍋看起來十分不乾淨，所以希望不要再用砂鍋來盛裝雪濃湯。當時一盒香菸的價格是十錢，而雪濃湯一碗則是要價十五錢，相較之下雪濃湯的價格也不算太貴。話說雪濃湯之所以可以賣得比較便宜，是因為身為賤民中的賤民、處於社會地位最底層的屠夫，主要以經營肉鋪維生，其中有人想到可以把賣剩的食材直接煮成雪濃湯，因此才能用比較便宜的價格販賣雪濃湯。但是這些店問題出在衛生不佳，甚至還發生過在雪濃湯中出現蛆蟲的狀況。在冷藏設施不發達的年代，就是因為店家把未能妥善保存的肉拿來煮成雪濃湯，才會有蛆蟲漂浮在

湯裡的情形。當時去餐廳吃雪濃湯的時候，並沒有另外附加白飯。主要的做法是先把冷飯放在砂鍋中備用，等客人一來就把熱騰騰的高湯倒入，然後再依客人的喜好把不同部位的肉放進去。在雪濃湯裡加入麵條的做法是現代才有的產物，韓國在六・二五戰爭（即韓戰）後開始從美國進口麵粉，加上政府在一九六〇到一九七〇年代推動麵食獎勵運動，因此才衍生出這樣的做法。

V
밀가루

朝鮮一等開國功臣鄭道傳的下場

曾經向朝鮮君王進言，力陳農業的重要性，三峰鄭道傳是新進士大夫當中最具備激進改革思想的人。正是在鄭道傳的推動之下，才成功地建立了朝鮮王朝。在朝鮮建國之後，比起王權，他更重視以神權的力量來統治國家，由於他在朝廷的勢力龐大，因此他無視李成桂還有多位更為年長的兒子，反而跟李成桂還有他心愛的神德王后康氏聯手，將年僅十二歲的幼子李芳碩冊封為世子。但是同樣身為朝鮮開國一等功臣，又是李成桂第五個兒子的李芳遠卻無法接受這件事情。不滿於棄長立幼的李芳遠，最終在一三九八年引發了第一次王子之亂，並且在此次政變中殘酷地殺害了鄭道傳。

在第一次王子之亂當時，李芳遠集結士兵親自帶隊，首先直奔鄭道傳府上，將鄭道傳與和他一起主導政局的開國功臣南誾當場殺死。後來李芳遠繼位成為朝鮮太宗之後，在他所編纂的太祖實錄中記載著，鄭道傳逃到前判事閔富的家中，躲在床鋪的下面，當他吃力地從床底下爬出來的時候，曾經向李芳遠哀求討饒，不過李芳遠仍然命令部下將鄭道傳就地誅殺。但是在《三峰集》中卻流傳著他在死前吟誦的一首詩，詩名為「自嘲（意思為自我嘲笑）」：

操存省察兩加功，
不負聖賢黃卷中。
三十年來勤苦業，
松亭一醉竟成空。

這裡提到的「松亭」是指李芳遠為了逮捕鄭道傳，親自率兵追殺而來之時，鄭道傳正與另一位朝鮮開國功臣南誾一起喝酒的那個涼亭。這首詩與實錄中所記載的內容截然不同，讓我們可以用不同的面向來認識鄭道傳這個人物，或許他在面對死亡的那一瞬間，也並沒有失去他原有的超然灑脫。

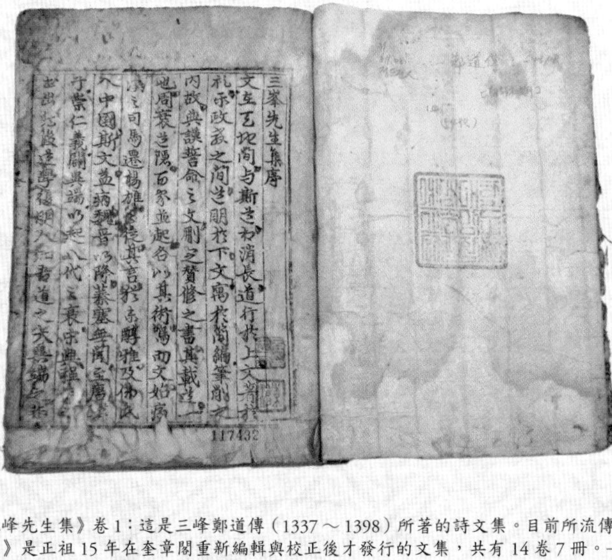

《三峰先生集》卷 1：這是三峰鄭道傳（1337～1398）所著的詩文集。目前所流傳的《三峰集》是正祖 15 年在奎章閣重新編輯與校正後才發行的文集，共有 14 卷 7 冊。——資料來源：韓國文化財廳

老闆娘，那隻黃狗呀，
看起來真美味呢。

唉唷，這位書生，
你說這是什麼古怪的話呀？

呵呵，你不知道這麼炎熱的天氣，
全身汗流浹背的時候，
正是吃補身湯最好的時機嗎？

補身湯嗎？
那隻黃狗就像我的孩子一樣。
請您別再說這種話了。

那麼雖然有點可惜，
不過請你給我來碗香辣牛肉湯吧。

牛肉湯當然沒問題囉。
吃點辣乎乎的東西來以熱治熱，
全身的熱氣很快就會消除。

看在老闆娘這麼有誠意的分上，
我就把關於補身湯和牛肉湯的故事
通通告訴你吧。

菜單 3-2

狗肉湯

從宮廷到酒館，廣受朝鮮人喜愛的進補食品

狗肉湯的其他名稱——補身湯和辣牛肉湯（肉狗醬）

補身湯這個名字是現代才出現的產物。朝鮮時代所使用的名稱是狗肉湯（개장국），因為是使用狗肉熬成的湯，故而得名。用漢字來表示的話，第一個字「개」指的是「狗」，所以寫為「狗醬（개장）」。這裡提到的狗醬湯和辣牛肉湯（肉狗醬）是指同一種食物，這話又是什麼意思呢？

狗肉湯的主要材料是狗肉，但是有些不吃狗肉的家庭則是用牛肉來取代這項食材，因此才會出現「辣牛肉湯」這個料理名稱。若說狗肉湯是朝鮮時代以後一般家庭最喜歡吃的食物，那麼到了十九世紀，在可以盡情享用牛肉的大地主家廚房裡，由狗肉湯華麗變身的全新料理就是辣牛肉湯了。與此相關的記載出現在一八三〇年由崔漢綺所著的《農政會要》中，他把狗肉湯和辣牛肉湯寫在同一個頁面，並且還記錄了詳細的料理方法來說明。舉例來說，狗肉湯的做法是將煮熟的狗肉用手撕開後放入湯裡，而辣牛肉湯則是以牛肉來取代狗肉，同樣也要用手撕開牛肉再放入，而且兩者在烹調時都必須使用芹菜。筆者身為一個土生土長的首爾人，小時候母親所煮的辣牛肉湯裡，並不像現在是放蕨菜或黃豆芽，而是放了滿滿的芹菜，就像《農政會要》裡所提到的做法一樣。狗肉湯和辣牛肉湯是同一種類型的食物，這點在一九四六年崔南善撰寫的《朝鮮常識問答》中也可以看得出來。文中提到：「在三伏天烹煮狗肉，搭配具有刺激性的調味料，也就是所謂的『狗醬』，在鄉間夏日

享用實為一大樂事。若是食性不吃狗肉的人，可以用牛肉來取代，將其做成辣牛肉湯，同樣可以品嚐到美食的滋味。」

雖然辣牛肉湯可以說是首爾的代表性食物，但是對於屬於盆地地形，比任何地方都更加炎熱的大邱來說，辣牛肉湯也是當地夏季非常受歡迎的一道料理。但是在大邱地區，辣牛肉湯被稱為「大狗湯」。它並不是以海鮮鱈魚（又名大口魚）作為食材，也不是源自於城市的名字「大邱」，而是因為這是用大狗熬煮而成的湯，所以才會取名為大狗湯。因此同理可證，辣牛肉湯確實是起源於狗肉湯的一道料理。有些人把「辣牛肉湯（肉狗醬）」寫成「肉雞醬」，這是因為進入現代社會之後，某些擅長烹飪的人用雞肉代替牛肉，將其加以變化，因此才會放上代表雞肉的「雞」字，取名為肉雞醬。

但是，除了包括法國女演員碧姬・芭杜在內的眾多動物愛好者外，就連部分的韓國人也提出質疑和強烈的抗議，他們認為狗是伴侶犬，也是人類最忠實的朋友，所以不應該食用牠們的肉。在對伴侶動物的意識日益提高的今天，這樣的爭議也越演越烈。但是把傳統的飲食習慣視為是一種野蠻且未開化的行為，這樣的態度是不正確的。事實上不僅在韓國，據說羅馬人同樣也會吃狗肉。狗肉是祖先們為了戰勝酷暑，彙集智慧而創造出來的滋補料理，因為對人類的身體有所助益，所以才會一直傳承下來。許浚所著的《東醫寶鑑》被聯合國教科文組織列入世界記憶遺產名錄，書裡也提及：

「狗肉性溫，味鹹酸而無毒，有安五臟、補血脈、厚腸胃、填精髓、暖腰膝、溫腎助陽以及益氣力之效。」除了《東醫寶鑑》之外，民間流傳下來的說法也有很多，像是吃狗肉可以替男性促進體內的陽氣運行，達到進補之效用，還可以治療瘡痂；女性生完孩子之後若是奶水不足，把狗的腳踝部分煮來食用的話，則可以達到催乳的作用。所以當時的人會把狗肉和中藥材放在一起釀造成狗燒酒並且每天飲用，其做法是把狗肉和中藥材一起放入鐵鍋裡蒸熟，熬煮成像墨汁一樣濃稠的汁液，再加入鹽和胡椒後趁熱飲用，他們相信身體虛弱的人喝了這個就會變得身強體壯。對於罹患重病，正處於恢復期的患者來說，這也是最佳的進補食品。另外患有肺結核、肋膜炎或是產後恢復期的婦人等，也會特意去找這道料理來食用。

站在文化相對主義的立場上，雖然有必要尊重吃狗肉的風俗習慣，但是隨著歲月的流逝，狗肉湯在許多方面都面臨了困境。信奉基督教的李承晚前總統認為「狗肉湯」這個名稱與他的宗教觀不符合，因此將其改名為「補身湯」，意思是這是一道可以滋補身體的湯。不過在這之前，人們對於補身湯的看法，普遍認為指的就是單純滋補身體的湯品，並沒有特別針對狗肉湯的意思。但是在李承晚政府的這個指示之下，讓人民都開始認同「狗肉湯＝補身湯」。後來在一九八八年舉辦八八漢城奧運會的時候，考慮到前來漢城的西歐人士眼光，所以政府下令禁止販售狗肉湯，因此在舉行奧運的期間，狗肉湯的名字甚至被改為「四季湯」或是「營養湯」。

取代珍貴的牛肉成為補品，深受百姓喜愛的狗肉湯

那麼在韓國歷史上關於狗肉湯的記載是從何時開始出現的呢？由於高麗時代是篤信佛教的社會，所以人們並不喜歡殺生吃肉。如同前面的內容所述，後來受到元朝的統治之後，人們才開始喜歡食用肉湯。但是即便進入了高麗末期，三伏酷暑中的飲食最多也只有吃紅豆粥的紀錄，因此專家認為應該是進入朝鮮時代之後，人們才開始享用狗肉湯這道料理。依據專家的推測，由於朝鮮時代的律法明文規定禁止屠宰牛隻，人們為了製作進補料理，因此才會改用任何時候都可以輕易取得的狗來做成狗肉湯。最先講述狗肉相關料理方法的書籍出現在一四八七年，也就是成宗十八年，由醫員全循義編纂、孫舜孝出版，之後呈送給成宗的《食療纂要》。不過這本書並不是料理書，而是一本醫書，書中提及治療肛門周邊的漏瘡時，建議可以用煮熟的狗肉蘸濃藍汁♣，連續服用七日即可。透過這樣的記載我們可以得知，朝鮮時代已經有食用狗肉的事例。之後隨著歲月的流逝，朝鮮時代以後的人們就開始自然而然地吃狗肉。據聞中國宮廷裡設有專門料理狗的廚師，被稱之為「犬人」，另外在朝鮮時代，一般人家也是大大方方地把狗抓來煮成狗肉湯。宮廷裡雖然不吃狗肉湯，不過也

♣蓼藍（植物名）的汁液。

是以狗肉為食材，將其做成燉肉之後端上宴會的餐桌。由正祖親自記錄的《日省錄》，在一七九六年六月十八日的記事中提及獻給母親惠慶宮洪氏的進饌菜色中有一道料理叫做「狗蒸」，「狗蒸」即是指用狗肉燉煮而成的料理。透過這項記載我們可以得知，十八世紀的宮廷料理已經開始使用狗肉。

《中宗實錄》中有一篇記事提到，因為身為戚臣的金安老喜歡吃狗肉，想討好金安老的嫡子們買了又大又肥的狗準備送給他，此時是中宗二十九年，也就是一五三四年。所以，早在十六世紀時，兩班貴族家料理狗肉已經是家常便飯的事情了。另外也有孔子吃狗肉的紀錄，因此成均館儒生們也很喜歡吃狗肉。

那麼朝鮮人喜歡吃用什麼方式烹調出來的狗肉呢？在十七世紀時出版的各式各樣的烹調書籍中，可以看到五花八門的狗肉烹調方法，其中有一本書裡記載了六種烹調狗肉的方法，那就是玄宗十一年（一六七〇）由石溪李時明的夫人安東張氏張桂香用韓文著述的料理書籍《閨壺是議方》。該書中介紹了包括狗肉湯在內的烤狗肉串、狗肉湯烤肉串、燉狗肉、黃狗烹調法以及灌製犬腸的方法。其中「犬腸」是指將放了各種調味料拌勻後的狗肉剁碎，然後灌入狗的腸子中蒸製成血腸；「烤狗肉串」則是指將處理好的狗肉切成肉片，然後將其串成肉串，加上調味醬料之後烤熟，最後再淋上濃郁的醬汁即可完成。另外「狗肉湯烤肉串」則是在烤肉串上面淋上狗肉湯一起吃的料理。

這本書中最特別的部分是烹調黃狗的方法。中國人在烹調狗肉的專門料理書籍《三六經》一書中，介紹了狗肉中味道最好的是黃狗。而《閨壺是議方》裡也介紹了黃狗的烹調方法，可見黃狗在韓國也被認為是最美味的狗肉。《閨壺是議方》中的黃狗烹調法非常獨特，在把黃狗抓來吃之前，先餵牠吃擁有金黃色羽毛的黃雞，過了五、六天之後，再把黃狗抓來宰殺。首先將黃狗去骨，把牠的肉洗乾淨，和清酒和芝麻油一起放入甕中，利用隔水加熱的方法將其煮熟。這讓人聯想到在做魯城醬油螃蟹時會給螃蟹餵食牛肉的做法，兩者有異曲同工之妙。

自此之後從十八世紀到十九世紀，在市場上就可以輕鬆買到狗肉，也可以在酒館買狗肉湯來吃。記載著這個時期狗肉烹調方法的代表性料理書籍有很多，包括一八三五年由徐有榘編纂的《林園十六志》，以及他的嫂子，也就是被評價為唯一女性實學家的憑虛閣李氏在一八〇九年編寫的《閨閤叢書》，還有一八一九年金邁淳記錄漢陽年例活動而寫成的《洌陽歲時記》，以及洪錫謨所作的《東國歲時記》。其中在《閨閤叢書》這本書中記載了所有對女性有所幫助的資訊，書裡介紹了利用「蒸狗法」做成的狗肉料理，還有其他相關的重要資料。比《閨閤叢書》晚了十年才出版的《洌陽歲時記》裡也記載著狗肉湯是季節料理，書裡在三伏天的章節說到：「烹狗為羹，以助陽。」另外一方面，在談及狗肉湯時經常會引用的《東國歲時記》，其內容來自於《林園十六志》，引述書中內容如下：「狗肉和葱白（葱段白色的部分）爛蒸，入雞筍更佳，號狗醬，或作羹，調以番椒屑，澆白飯食之，

發汗可以祛暑補虛，按『史記』秦德公二年初，作伏祠，磔狗四門，以禦蟲災（因害蟲而造成農作物受到損害），磔狗即伏日故事，而今俗遂食之。」《東國歲時記》以上述文章內容為基礎，增加了其為三伏天的時節佳饌等文記，補充的部分寫道：「……發汗可以祛暑補虛，市上亦多賣之……」這個內容對我們來說非常重要，因為這裡所指的「市上」就是市集，由此可知在洪錫謨生活的十九世紀中葉，當時的人們是經常食用狗肉的。茶山丁若鏞的次子丁學游所著《農家月令歌》裡的《八月調》有這樣一段內容，提到媳婦回娘家探望父母的時候，會帶著狗肉當作伴手禮，由此可見狗肉是一種很有價值的食物。

「……媳婦得空回娘家探望父母時，
帶著煮好的狗肉、年糕和酒上路。
穿上綠衣藍裙裝束打扮，
因夏耕而疲憊的臉上是否恢復（蘇復）了元氣……」

在韓國具有如此重要地位的美味佳餚，進入十九世紀以後，在前來朝鮮的西方傳教士眼中，狗肉湯又在他們眼中留下了什麼樣的印象呢？關於這件事，隸屬於法國巴黎外邦傳教會，出版了《朝鮮天主教會史》的神父達雷（Dallet, Claude Charles）如此說道：「豬和狗的數量非常多，不過由於

狗過於膽小謹慎，所以幾乎只能跟肉鋪購買。據說狗肉的味道極其美味，總之，這是朝鮮最優秀的菜餚之一。」從上述內容來看，他們也認為狗肉湯是深受朝鮮人喜愛的優秀飲食，並且認同其存在價值。然而在日本帝國主義強占時期，在日本人的眼裡卻認為是朝鮮人不文明的野蠻飲食習慣。後來在第一共和國時期，受到李承晚政權的影響，狗肉湯變成了一道他們想要隱藏起來的食物，因此才會被改名為補身湯。從世界史的角度來看，包括前文提及的古羅馬人在內，北非人、甚至連法國人也因為從一六九二年開始連續三年的氣候異常而開始吃狗肉，還有以著名的旅遊區琉森（Luzern）為首，有百分之三左右的瑞士人也喜歡吃狗肉和貓肉。因此韓國人吃狗肉的習慣依循傳統飲食的脈絡來看，或許也應該有得到認同的必要。

《農家月令歌》：將農家舉辦的活動、歲時風俗以及勸農等按照月分編寫成月令體長篇敘事詩，以便民眾傳唱。———資料來源：國立中央博物館

因為過度喜愛吃肉而得病的世宗大王

大家都知道，世宗大王是朝鮮歷代君王中最愛書成癡的一位。他不僅不喜歡運動，也很討厭騎馬打獵。而且因為世宗大王非常喜歡吃肉，蔬菜攝取的很少，所以這讓世宗大王的身形較為肥胖。世宗大王平時喜歡吃肉的事情，在實錄中也清楚地呈現出來。在他的父親太宗去世後，至孝的世宗一直到三個月後行卒哭之祭時，也堅持不吃肉或魚，遵守服喪禮法只吃素膳（在朝鮮時代，父母去世之後，兒女在服孝期間不食魚肉，以示兒女願一同承受父母死亡的苦痛），包括星山府院君李稷在內的臣子們擔心他會因此體力不支，於是上書請求世宗改吃肉膳。

「……且殿下平昔非肉未能進膳，今素膳已久，恐生疾病……」。

～～世宗實錄十七卷，世宗四年（一四二二）九月二十一日乙亥 第四篇紀錄

由此可知世宗大王從世子時期就開始有偏食的習慣，沒有肉就吃不下飯。再加上他不僅鎮日忙於政務，而且還要研究各項政策，致力於創造韓文，還有關心民生問題等，經常一坐下來就是一整

天的時間。根據記載的資料來看，在過了三十五歲之後，他每天都會喝一大桶的水，因此專家推測世宗可能患有當時被稱為「消渴症」的糖尿病。另外世宗也患有眼疾，這很有可能是因為糖尿病而引發的併發症，也就是現在所說的糖尿網膜病症。除此之外，世宗還出現了多達五十多種的異常症狀〔頭痛、痢疾、浮腫、風邪、背瘡（膿瘡）、手顫症、腿麻等〕。這些疾病大多都是來自於吃肉過多，血管堵塞造成的血液循環障礙，還有工作壓力也有影響。其實會得到這些疾病，也是因為世宗大王自己逃避運動，過度勤於政事所招來的後果。但是從另外一個角度來看，也是由於世宗大王熱衷於學術研究，才會創造出足以永載史冊的訓民正音，並且得到了後世人民的愛戴。

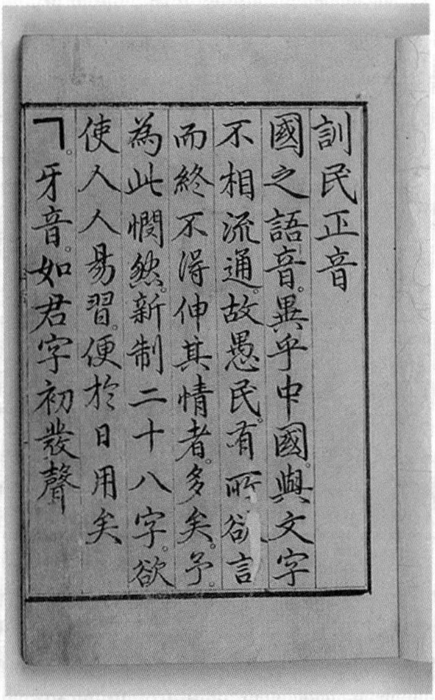

訓民正音
國之語音異乎中國與文字
不相流通故愚民有所欲言
而終不得伸其情者多矣予
為此憫然新制二十八字欲
使人人易習便於日用矣
ㄱ牙音如君字初發聲

世宗大王的序文：《訓民正音解例本》是用漢語來解釋訓民正音創造的目的和原理的書籍。訓民正音是世宗 28 年集賢殿學士們在世宗大王的召集之下創造出來的文字，已被列入世界記憶遺產。照片中這本書上寫的是世宗著述的序文，也描述了關於他創制訓民正音的動機。
——資料來源：韓國文化財廳

老闆娘，
天上的月亮如此明亮，
看來元宵節快到了吧？

何止是快到了，
不就是明天了嗎？

啊，所以你今天
才會做五穀飯啊。

這是當然的，
野菜料理也是我精心製作的，
請您慢慢享用。

沒有元宵節吃的堅果嗎？

酒館裡只有賣酒，
沒有堅果這些東西。
不過元宵節的時候，
為什麼一定要吃堅果呢？

你想知道吃堅果的由來嗎？
那麼從現在開始，我就給您說說
節慶料理的相關故事吧。

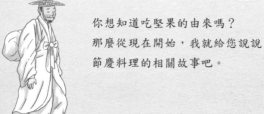

菜單 3-3

歲時料理

元宵節五穀飯、花煎餅、松糕、煎藥

描繪農耕社會的朝鮮生活面貌時，
必定會提及的菜餚

為了讓新的一年健康地開始的營養餐——元宵節五穀飯

「歲時」一詞也可用「歲事、月令、時令」來取代。歲時飲食是指像韓國這樣的農耕社會，以農曆為基準，每當到了某個月或某個節日的時候，就會準備傳統的飲食來應景。最近也被稱為是「節慶料理」或是「應時料理」。由於這是根據各個時期的農耕活動和氣候而做的料理，因此比起其他的食物，更能夠密切地反映祖先們的生活狀態。

雖然從農曆正月開始一直到十二月分都有各行各業的歲時料理，不過在這裡只介紹具有代表性的四種食物。第一項料理出現在農曆正月初一的春節與十五日的元宵節。那麼接下來就讓我們來看一下元宵節期間必須要吃的食物吧。

當明亮皎潔的月亮升起時，一家人會圍坐在一起吃元宵節料理，這樣的習俗一直延續到今天。農曆正月十五一般稱為「上元」，上元比起「中元（七月十五日）」或「下元（十月十五日）」來說，是一個具有更重要意義的日子。在元宵節前一天或是元宵節當天早上，人們會做五穀飯，然後用陳年野菜等做成菜包飯來吃。陳年野菜包括了農家在一年前收穫的各種蔬菜，有南瓜、蘿蔔葉、地瓜葉莖幹、晒乾的馬蹄菜以及蕨菜等，把這些蔬菜用熱水煮熟，然後與各種調味料拌勻一起吃。寒冷還沒有退去的元宵節，正是需要補充熱量的時候，而我們的祖先就是靠著晒了一整個冬天的野

菜來補充熱量。用紫菜或葉菜類將五穀飯包在裡面吃，象徵將新年的福氣滿滿地包在裡面，因此又稱為「福包」。和這些蔬菜一起吃的五穀飯裡，包括了糯米、高粱米、紅豆、黃米以及豆子等，藉由吃下多種穀物來表示祈禱來年所有糧食都能茁壯成長的心情。昔日當長輩們在做五穀飯的時候，為了不使其沾上晦氣，都會先沐浴淨身，然後守在爐灶邊全心全意地烹煮五穀飯。因為孩子們已經好久沒有好好地吃上一頓飯了，母親們心中企盼今年是個糧食豐收的好年，好讓大家都能填飽肚子，因此在每個孩子的碗裡都裝滿了熱騰騰的五穀飯。然後口中叨唸著一定要把福氣包起來吃，藉此祈禱子女們可以把新年的福氣都緊緊地包起來吃下肚，不必再忍饑挨餓。

關於五穀飯第一個文獻紀錄是在《東國歲時記》裡，以「五穀雜飯」的名字登場。書裡寫道：「今俗移於上元，而抑亦邶風御冬之旨畜也。作五穀雜飯食之亦以相遺，嶺南俗亦然，終日食之蓋襲社飯相饋之古風也。」另外也記載著把五穀飯分給營養不良且乾瘦的孩子們，因此而救了那些孩子一命的故事。五穀飯的另外一個名稱是「百家飯」，也就是家家戶戶鄰里之間應該要互相分享五穀飯吃的意思。帶著笊籬或竹籃穿梭在各個人家討取糯米飯，然後坐在碓♣上吃的話，臉上就不會長癬。另外還有一種說法，傳說在正月十五吃紅色食物的話，就不會被蟲子咬傷，夏天的時候也不會

♣音ㄉㄨㄟˋ，舂米的用具。

起疹子。所以正月十四日晚上，孩子們就會悄悄地到鄰近人家的廚房裡去討一勺五穀飯，而主人們明明知道卻也只是睜一隻眼閉一隻眼。因為他們認為必須吃三戶以上不同姓氏人家的五穀飯，當年才會有好運降臨，很多人都相信吃五穀飯，家中才會多一些人手來幫忙農事，也才會有豐收的一年。朝鮮時代乾旱連年，挨餓受凍可以說是家常便飯的事情，所以在元宵節吃五穀飯，不僅代表著大家都能夠健康地度過新的一年，同時也是一種能夠讓大家獲得力量和營養的最佳健康食品。

在元宵節這天，包括兩班貴族之家在內，家境稍微寬裕的人家都會做八寶飯來吃。八寶飯又叫做「藥食」，這是一種在糯米裡放了很多蜂蜜、芝麻油、栗子、大棗以及松子等各種珍貴的食材做成的料理，因此一般貧困的老百姓根本連做夢也不敢奢望。不過根據另外一種說法來看的話，傳說是因為百姓們很羨慕兩班貴族家的八寶飯，所以才開始模仿它的做法，這樣做出來的料理即稱為藥食。另外一方面，傳說五穀飯以一天吃九次為最佳，這代表多食多勞，在新的一年裡將會勤勤懇懇地工作一整年。五穀飯也會根據地區的不同，而賦予更為深刻的意義。全羅南道的人把五穀飯稱為「三姓飯」或「笊籬飯」，也有人用五穀飯來預測當年的農作物收成情況。另外，根據地區的不同，有的地方會把五穀飯或糯米飯少量地放在醬缸臺或門前等家裡的各個角落裡，藉此向家中的諸位家神祈求新的一年收成豐碩，闔家健康平安。

除了五穀飯之外，韓國人還會在元宵節早上吃各種堅果，包括栗子、核桃、銀杏以及松子等，將堅果咬碎吃下，象徵破除各種瘡疾，祈求來年健康平安。關於咬堅果的習俗，《京都雜志》上寫道：「清晨嚼栗或蘿菖，祝曰一年十二朔無事太平，謂之嚼癤。」而在《洌陽歲時記》中則是記載著：「清晨飲酒一盞曰明耳酒，嚼栗三箇曰咬瘡果。」《東國歲時記》中說明了元宵節吃堅果的由來，和咬堅果這項習俗的相關名稱，以及義州地方風俗等內容，書中提到：「（元宵節當日）清晨嚼生栗、胡桃、銀杏、皮栢子、蔓菁根之屬，祝曰：『一年十二朔無事太平不生癰癤』，謂之嚼癤。或云固齒之方，義州俗年少男女清晨嚼飴糖謂之齒較。」這裡所謂的齒較，照字面上來解釋就是「牙齒的較量」，比較看看誰的牙齒比較健壯的意思。除此之外，在皇室宮廷裡也有每逢元宵節就會食用堅果的習俗。

在元宵節吃的食物還不止這樣，例如耳明酒，依據《東國歲時記》的記載，若是在元宵節早上喝一杯冰涼清酒的話，聽力會變得很清晰，一年到頭都可以聽到好消息，所以無論男女老少都會喝一杯耳明酒。另外的說法出自於性理學的道學中所述，在這繁雜的世間中，必須要有聆聽正道的意志，因此出現了「治聾」一說，在民間流傳下來之後，最後成了耳明酒。在喝耳明酒時，長輩們會說這樣的吉祥話：「讓耳朵更靈，讓眼睛更亮吧。」孩子們也會喝，不過只是象徵性的在嘴唇上沾點酒就算是喝過了。在全羅北道地區還會把耳明酒倒在煙囪裡，這是因為他們認為即使長了膿瘡，也希望能讓它像從煙囪裡的煙霧一樣迅速地消失無蹤。在江原道平昌地區，他們特別喜歡去別人的

家裡討耳明酒來喝，因為當地的民眾相信這樣可以耳聽八方，將別人家的事情也聽得一清二楚。另外一般喝清酒的時候，都會先把酒加熱之後再喝，但是耳明酒卻是未經加熱直接涼飲，因為據說喝冷的耳明酒才有驅邪避災的作用。

從嘴裡感受春天，踏青節的杜鵑花煎餅

請大家移步前往三月吧。三月享用歲時料理的日子是踏青節。踏青節是農曆的三月三日，亦稱三巳日。每年到了這天就會百花盛開，田野裡四處瀰漫著花香。如此一來，那些一年到頭都被關在家裡的婦女們就會懷抱著興奮的心情，帶著煎餅時用的煎鍋，走向山林享受自由。婦女們用糯米粉和水揉製成煎餅之後，在上面放了杜鵑花做成花煎餅，然後塗抹上蜂蜜後食用，這種煎餅就叫做「杜鵑花煎餅」。三巳日在宮廷裡也是一個深受大家喜歡的日子，透過《朝鮮王朝實錄》中《成宗實錄》和《世祖實錄》的紀錄就可以得知這件事情。在大臣提出請願，希望禁止三月三日和九月九日的享樂時，不僅在朝廷上引發了不小的騷動，就連成宗也表示反對。世祖時期，在杜鵑花盛開的時候，貴婦們紛紛搭起帳篷擺酒設宴，把兒子媳婦都叫來跟前，極盡可能地鋪張奢侈，這樣的宴席又被稱之為「煎花飲」。特別是擁有美麗後苑的昌德宮，一直以來都是歷代朝鮮君王最愛的宮殿，

每當春天來臨之際，他們就會在後苑裡一邊享受著春天的氣息，一邊吃著花煎餅。在各種書籍中，分別以不同的名字記載了花煎餅，一六一一年由許筠著作的《屠門大爵》裡，將花煎餅叫做「煎花法」以及「油煎餅」；另外《閨壺是議方》也是將其稱之為「煎花法」。關於製作花煎餅的食材，《增補山林經濟》上寫著只用糯米粉製作；《東國歲時記》則是記錄著用綠豆粉來製作花煎餅。花煎餅的主要食材杜鵑花有治療春困症，增加體力的效用，因此在做花菜（甜茶）的時候也經常會使用。一八九六年出版，作者不詳的《閨壺要覽》裡，介紹了杜鵑花菜是春天最具代表性的花菜。此外，在《東國歲時記》中還寫道：「農曆三月三日，在三巳日這天，

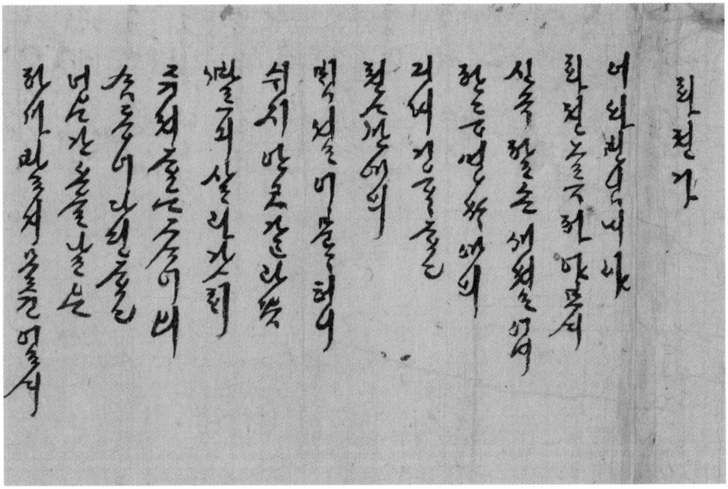

《花煎歌》（韓文歌詞）：嶺南地區的女性之間口頭流傳的歌曲，歌詞是用韓文書寫的，編製的年代推測是在1814年。在春暖花開時，婦女們一邊做著花煎餅，還會一邊唱著這首歌曲。———資料來源：韓國國立中央博物館

大家都會到山坡或溪邊賞花，採摘盛開的杜鵑花，將花瓣與糯米粉拌勻煎成花煎餅，也會製作杜鵑花酒或是花菜，一邊品嚐一邊享受風流情趣。」杜鵑花菜的做法是：在酸酸甜甜的五味子水裡，加入杜鵑花和松子一起飲用的甜品。杜鵑花和松子漂浮在清雅且散發紅色光澤的美麗五味子水中，在品嚐這道甜品的同時，還可以盡情地感受春天的氣息。

從中秋節的松糕中享受秋日的豐饒

接下來要介紹的歲時料理是松糕，在韓國最重要的節日，也就是農曆八月十五日中秋節或秋夕會吃的一種年糕。如同大家所熟知的風俗一樣，韓國人會在中秋節這天用當年收成的穀物做成松糕，並且準備新鮮水果舉行祭祀。此時吃的歲時料理除了松糕之外，還有芋頭湯、華陽串、煎肉串和燉雞等菜餚。但是在花好月圓的中秋佳節，為什麼松糕要做成半月形呢？這是因為他們認為半月是由虧轉盈的象徵，蘊藏著進步和發展的含意。在中秋節製作的松糕還有另外一個名字，叫做「早稻松糕」，這裡的「早稻」是指今年剛收成的新米，也就是用新米製作成的松糕之意。將鮮嫩的松葉摘下來鋪在蒸籠裡，蒸出來的松糕就會帶有松香氣息，也意味著從中獲取松樹的精華。

那麼人們是從什麼時候開始製作松糕的呢？雖然無法明確地知道是從何時開始，但是從高麗

末期「麗末三隱」之一的李穡所寫的《牧隱集》裡可以得知，製作松糕在高麗時代已經是一件很普遍的事情了。進入朝鮮時代之後，最早留有松糕紀錄的書籍是一六八〇左右出版，作者不詳的《要錄》，書裡留下了這樣的紀錄：「用白米粉做成年糕，放在鋪著層層松葉的籠子裡蒸熟，最後再用水洗淨。」由於加了松葉的關係，因此才會取名為松糕。另外在星湖李瀷所著的《星湖僿說》卷四「萬物門」記載著：「又既餅而豆屑為餡，間鋪松葉爛蒸者謂松餅。」在前文所提到的憑虛閣李氏所著的《閨閤叢書》裡，從書中對松糕的記載可以得知，十九世紀當時製作松糕的食材，基本上與我們現在所使用的材料幾乎無異。「把稻米磨成細緻的米粉，蒸成比粳米糕還鬆軟的白糕，不要用粗大的工具來敲打麵糰，用手揉搓之後放入碗裡，把和好的麵糰切成小塊狀，在中間加入餡料後包成松糕。將紅豆煮爛加入蜂蜜拌勻，再放入肉桂、胡椒以及薑粉做豆沙餡。麵糰若是捏的太小太圓的話，餡料會不太容易包進去，所以依照適當的大小捏成柳葉狀，在蒸籠裡鋪上一層松葉再將其蒸熟，味道會更好。」除此之外，在二十世紀初編寫的《婦人必知》或《是議全書》中也有相關記載，裡頭介紹放了不同餡料的松糕，口味包括了紅豆粉、綠豆粉、大棗、蜂蜜、紅豆、肉桂、栗子、核桃以及松子等。

不過並不是只有在中秋節才吃松糕喔，就連二月初一的中和節也會吃。為了要與中秋節吃的松糕做出區別，此時吃的松糕叫做「朔日松糕」或是「朔日松餅」。這種松糕的尺寸特別大，按照各

人的年紀數字分給奴婢們吃，寓意在於吃了松糕才會有力氣，眾人齊心協力耕種以求歲豐年稔。也可以說是鼓勵奴婢們的另外一種方法。有一個與這種松糕相關的俗語——「大口碗裡的松糕比不上碗蓋裡的松糕」，意思是說食物中最重要的是製作者的真誠和溫暖的愛，若是沒有誠意與愛心，再珍貴的食物也會失去價值。這裡的大口碗指的是寬口的瓷碗。這句俗語出自肅宗時期的一段軼事。某天肅宗到貧寒書生們的聚居地南山谷微服出巡。夜已經很深了，某間破舊的茅草屋裡散發出幽暗的煤油燈光，並且從裡頭傳出了朗朗的讀書聲。朗讀詩文的聲音十分清亮，於是肅宗帶著欣慰的心情從窗外往屋裡悄悄地窺探，看到了正在讀書的丈夫，以及他身邊正在做針線活的年輕妻子。讀了大半天書的丈夫對妻子說自己肚子餓了，於是妻子輕輕地露出微笑站了起來，從壁櫥裡拿出了兩塊松糕，放在碗蓋上端了出來。書生高興的不得了，趕緊拿起一個往嘴裡塞，然後把剩下的那一個送到心愛妻子的嘴巴裡。看到這一幕的肅宗露出了心滿意足的笑容，然後返回了宮殿。第二天，他把自己想吃松糕的念頭派人傳話告知皇后。於是皇后立刻命令宮女在巨大的大口碗裡堆了滿滿的松糕呈送過去。看到堆積如山的松糕之後，肅宗反而認為皇后把自己當成一頭豬來看待，因此一怒之下把裝著松糕的碗打翻在地。此後，「大口碗裡的松糕比不上碗蓋裡的松糕」這句俗語就在民間流傳開來。

入冬後調補身體的養生食品——煎藥

最後要介紹的歲時料理出現在被稱為冬至月的農曆十二月。「冬至月」自古以來在民間有小年之意，因此又稱為「亞歲」，意思是指這一天的重要程度並不亞於新年，而且冬至一到，新年就近在眼前了。關於冬至最具代表性的料理——冬至紅豆粥，在後面菜單會有詳細的說明，我們先介紹冬至月最佳的養生食品——煎藥。對大家而言，或許煎藥聽起來有點陌生，不過它可是冬至月中最好的進補聖品。煎藥是將牛皮熬煮成濃膠狀之後，加入大棗膏、蜂蜜、乾薑，以及被稱為官桂的厚實月桂樹皮、丁香和胡椒等，再經過長時間的熬製，煮好之後將其冷卻結凍，吃起來的口感就像現今所吃的果凍一樣。《東國歲時記》中寫道：「內醫院以桂椒糖蜜用牛皮煮成凝膏，名曰煎藥以進，各司亦有造出分供者。」昌德宮裡至今還留有從前熬煮煎藥用的銀鍋，在青銅火盆裡用木炭點燃大火作準備，然後再把銀鍋放上去，為了防止食材長時間浸泡在水裡，必須先把一個叫做箅子◆的炊具架在鍋裡，接著花時間慢慢熬煮煎藥即可。

◆箅音ㄅㄧˊ，原指平面而有空隙的竹器，今泛稱一般有空隙及用以隔物間隔作用的器物。

關於煎藥所需的材料，在《東醫寶鑑》裡有詳細的記載，需要準備白清一斗、阿膠一斗三升、優質肉桂（官桂）六包、乾薑一兩四錢、胡椒五錢、丁香三錢，大棗去籽後留下的大棗肉八合。製作方法如下：第一步先熬製出膠質，把牛皮、牛頭以及牛足等膠原蛋白成分較為豐富的部位熬煮至濃稠狀。接著將大棗肉放在洞孔粗大的篩子過篩，熬製成大棗膏之後，再與阿膠混合在一起。將阿膠均勻攪拌，加入蜂蜜、乾薑、官桂、丁香以及胡椒等，經過長時間的熬煮過程即可完成。

另一方面，在《是議全書》中並未

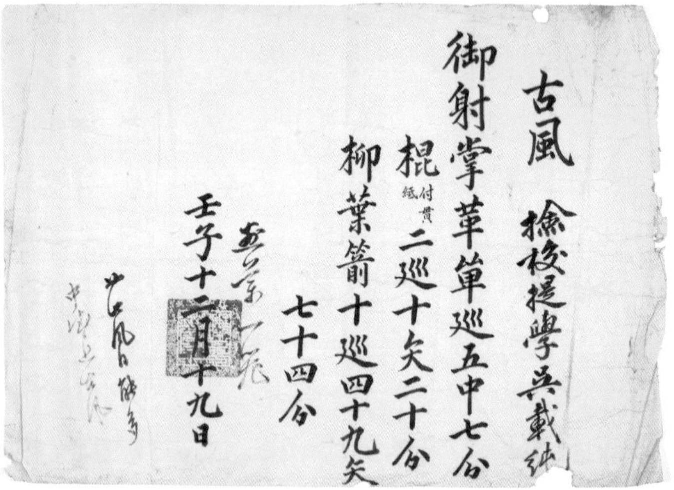

正祖賜給吳載純的煎藥相關古風文書：這是 1792 年（正祖 16 年）12 月 19 日，正祖賜予當時和他一同射箭的檢校提學吳載純，內容關於冬至食用的煎藥做法的古風文書。這裡的古風是指君王在射箭的時候，賜給隨行大臣們的物品。———資料來源：國立中央博物館

使用牛，而是採用鹿角熬煮而成的鹿角膠；在申叔舟的文集《保閑齋集》裡，則是把牛奶或馬奶拿來當作煎藥的材料。煎藥像牛蹄片（足片）一樣軟綿綿的，卻又比涼粉更有嚼勁，因為它有讓人們在冬天能戰勝嚴寒的效果，因此在宮裡被拿來當作暖身補虛的食品。不僅如此，孕婦若是吃了煎藥，還可以安撫肚子裡的寶寶，有安胎之效。最後還有一個很有趣的說法，站在巫術的角度來看，據說煎藥被認為有驅除惡鬼的功效。

肅宗心愛的貓——金貓的故事

十八世紀，為朝鮮中興奠定基礎的君王正是肅宗。肅宗是一個只要一生氣就會按照自己的心意更換大臣，或是果斷地改變局面的君主，仁顯王后和禧嬪張氏也都曾經被他無情無義地拋棄，可以說是一位性格冷酷無情的人物。不過這樣的肅宗也有過一顆慈悲溫暖的心。肅宗曾經把一隻失去母親而哭泣的幼貓收留在宮廷之中，讓宮女們去照顧牠。而且他只要一有空就會去探視那隻貓，對牠傾注了大量的關愛和真心，將那隻貓養得非常漂亮。與此相關的紀錄，在肅宗時期的文人李夏坤所著的《頭陀草》與金時敏《東圃集》等作品中都可以看得到。接下來讓我們看一下金時敏所編寫的《金貓歌》裡的部分片段：

宮中有貓黃金色，
至尊愛之嘉名錫。
呼以金貓貓輒至，
金貓獨近侍玉食，
御手撫摩偏恩澤。

但是後來發生了一件不幸的事，這隻金貓偷吃了呈送給肅宗的珍饈美饌，於是被判了罪並流放到外地。但之後卻發生了一件神奇的事。一七二〇年肅宗駕崩的時候，金貓竟然三天三夜不吃不喝，只是悲傷地哀鳴著。聽到這個消息之後，肅宗的繼妃仁元王后命人再度把金貓帶回了宮殿。回到宮廷中的金貓做出了什麼樣的舉動呢？據說金貓一抵達宮殿，就立刻跑到供奉肅宗的殯殿裡，低著頭表示哀悼之意，在牠傷心了二十天之後，生命也走到了盡頭。仁元王后認為金貓的行為十分難能可貴，因此用綢緞包裹著牠，將牠埋葬在明陵的一隅。肅宗時代發生了無數次的血腥政治鬥爭和宮廷嬪妃的明爭暗鬥，然而金貓的故事卻給人們帶來一種平靜的感動。

老闆娘，我在這炎熱的三伏天裡遠道而來，
全身疲軟無力，好像快要不支倒地了。

我的老天爺，看看你這身汗，
這身長衫溼得也不成樣子了，
好像一隻掉進水裡的小老鼠似的。

呵呵，怎麼這麼說我呢。
我只要吃了清燉雞，馬上就會恢復活力的，
快點去捉隻幼雞來吧。

哎呀，該怎麼辦才好？
因為今天是伏天，每個來的客人都點清燉雞，
所以雞肉全部都賣完了。

怎麼會發生這麼悽慘的事情呢？
我可是一心想著清燉雞，
三步併二步地趕過來的呢。

不過為什麼要在伏天吃清燉雞呢？

請您先做碗醬湯給我吃吧，
趁您做飯的時間，
我來給您說個清燉雞的故事。

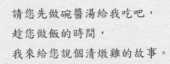

菜單 3-4

蔘鷄湯

為了以熱治熱而吃的養生料理

為了戰勝酷暑而食用的清燉幼雞

自古以來朝鮮人們在三伏天食用的代表性歲時料理正是清燉幼雞。依據《日省錄》正祖時期的記事來看，生長多年的雞稱為「陳雞」，孵化不久的雞叫做「幼雞（軟雞）」，不屬於陳雞也不算是幼雞的則稱之為「活雞」。一般我們提到清燉幼雞時，這裡的幼雞指的是出生不久的小雞，韓文原來的說法是軟雞，顧名思義也就是很柔軟的意思。在三伏日，我們通常會吃蔘雞湯，但是由於朝鮮時代人蔘還不普遍，所以當時是把幼雞的肚子剖開，放入糯米，然後用線縫起來之後和整顆大蒜一起燉煮。這一道清燉幼雞也是高尚的兩班貴族家經常享用的料理之一。

關於雞的特性，《本草綱目》中記載著：「雞性甘溫，補虛溫中，滋陰補陽。」另外在《東醫寶鑑》中也有這樣一段話：「黃雌雞肉性平，主消渴，裨益五臟，添髓補精，助陽氣，暖小腸。」正祖選在農曆六月為年屆花甲的惠慶宮洪氏舉辦行進饌宴，因此時也正好是進貢幼雞的時節。人蔘是代表性的滋補食品，體弱氣虛的人吃了可以補強元氣，在安定精神方面也有卓越的效果，因此在中國和日本早就是一種廣為人知的朝鮮高級藥材。但在朝鮮時代具代表性的烹飪書籍：《閨壺是議方》、《山林經濟》、《閨閤叢書》、《是議全書》以及《婦人必知》裡，卻找不到把人蔘加進雞湯做成「雞蔘湯」（一開始是稱為「雞蔘湯」）的任何紀錄。不過卻有一道將雞肉加上調味料蒸煮而成的燉幼

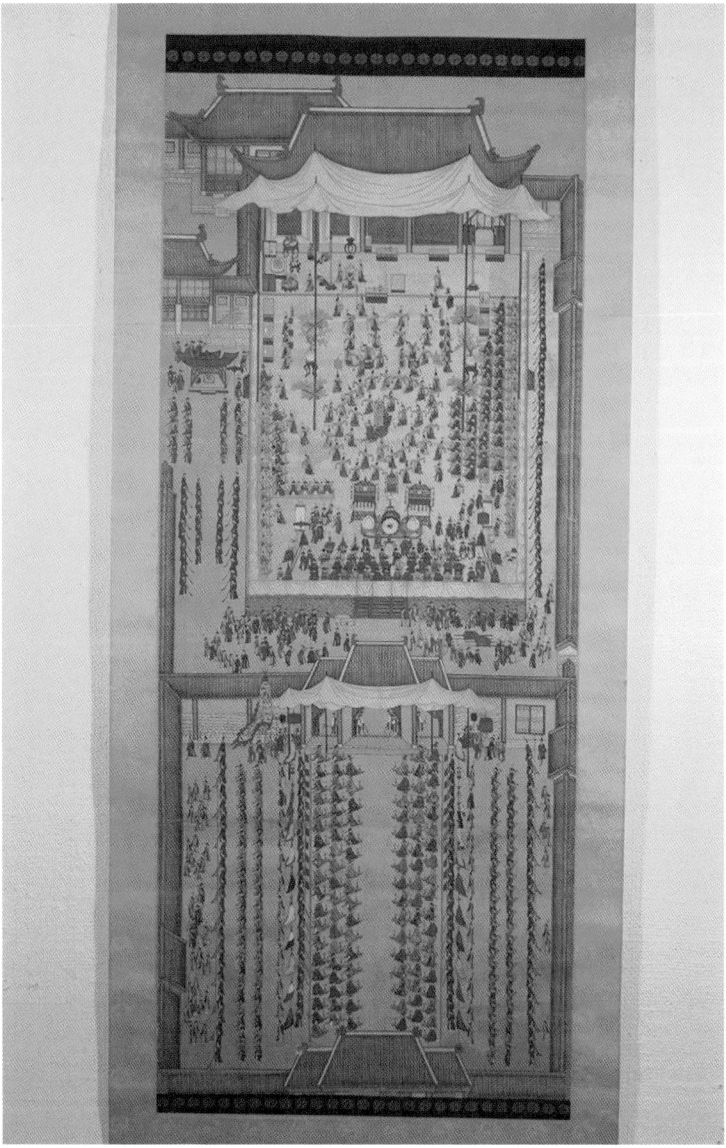

奉壽堂進饌圖：該作品描繪了正祖出巡顯隆園之行中最重要的活動，為年屆花甲的母親惠慶宮洪氏舉行進饌宴的場面。———資料來源：韓國文化財廳

雞（軟雞蒸）。

只有在十九世紀末出版的烹飪書籍《是議全書》中有提到：「將肉質鮮美的幼雞蒸熟撈起，將骨頭全部剔除後撕成肉絲，就像在做辣牛肉湯似的……」等關於清燉幼雞的料理方法。若是在這道清燉幼雞中放入人蔘的話，那麼一道雞蔘湯就完成了。雞蔘湯裡包含著陰陽五行的概念，雞肉是性平的食物，而人蔘則屬於溫性的藥材，把雞肉和人蔘組合起來就變成了屬性為火的料理。根據陰陽五行之說的相剋法則來看，有「火剋金」之說，也就是烈火可以熔金之意。古話說金氣伏藏之日，故三伏天屬金，所以人們才會在三伏天吃雞蔘湯。此外用「以熱治熱」的原理來推展的飲食療法，更進一步將清燉幼雞發展為後來的雞蔘湯。每到夏日炎炎的季節，人體在大量排汗的同時，也會讓血液循環加快，導致能量和營養一同流失。而體內血液流量減少，會致使胃部變涼，讓胃部功能減弱。所以此時若是吃冰涼食物的話，可能會引起腹痛或腹瀉。祖先們為了調理因盛夏而變得虛弱的腸胃，因此才開發出像清燉幼雞和雞蔘湯這樣的料理。將性質溫和的雞肉、可以提供熱量的人蔘、能溫中健胃的大蒜與黃耆等一起燉煮，就是一道可以補充元氣又能促進食慾的養生料理。在汗流浹背的夏季，若是能夠吃一碗雞蔘湯，感覺就可以重新獲得元氣，古人說的以熱治熱就是這個道理。

專為君王打造的清燉烏骨雞，以及蔘雞湯的誕生

另外，宮廷裡有進貢而來的烏骨雞，御膳廚房把牠做成清燉烏骨雞端上了御膳桌。烏骨雞在中國唐朝時期傳入韓國，是朝鮮時代最具代表性的進貢物品之一。《東醫寶鑑》中也記載烏骨雞的特色與效用，對受驚者、孕婦、中風者、神經痛或是跌打損傷的人有卓越的療效。將烏骨雞和糯米、大蒜、黃耆、刺楸、大棗以及栗子一起燉煮，一道清燉烏骨雞料理就完成了。在朝鮮時期還曾出現過清燉鴨或清燉雉雞的料理，不過以雉雞或鴨的情況來看，由於肉的腥味比較重，所以比起做清燉雞，必須放更多的中藥材才行。

在朝鮮時代，人蔘並不是一般家庭能夠吃得起的常見之物，而是一種十分珍貴的藥材。所以只有兩班貴族在溽暑盛夏之際，為了增加進補強身的效果，才會特意在清燉雞裡放入人蔘，做成「雞蔘湯」來食用。但是在十九世紀之後，隨著人蔘的療效在中國和日本等海外傳播開來，人蔘的重要性開始日益凸顯。再加上後來的農家也將人蔘視為商業作物的一環，廣泛地栽植人蔘，因此在市面上才開始很容易可以買到人蔘。而原先被稱為「雞蔘湯」的料理，後來就在不知不覺之間把蔘字擺在前面，改名為「蔘雞湯」了。

聽說有人在研究性理學的書院裡吃清燉雞與飲酒作樂？

朝鮮時代是以性理學為主流的國家。作為朝鮮統治階層的兩班儒生們，一生都在探究儒學的深刻意義，為了成為儒教中的飽學之士而努力不懈。而那些儒生們虔誠沐浴淨身，祭祀先賢並且研究學問的地方就是書院。首度將書院提升為國家正式地方教育機構的人就是被尊稱為「東方朱子」的退溪李滉（一五〇一～一五七〇）。一五四八年，他開始出任丹陽郡守，後來因為其兄長被命為李瀣忠清道觀察使，基於相避制度——親兄弟不能在相同的行政區域工作，因此他轉任慶尚北道豐基郡守。他在豐基本地發掘出可以同時承擔教育與祭祀先賢雙重功能的白雲洞書院，並且將其發展為朝鮮最核心的地方教育機構。退溪李滉積極地向當時的君王明宗推薦書院的好處，因此明宗親書匾額並賞賜予白雲洞書院，除此之外還賜予免稅免役的優待，同時還有土地和書籍的支援。在退溪李滉的極力推廣之下，白雲洞書院成了朝鮮史上第一家私設書院（後來改名為紹修書院）。隨著歲月的流轉，在全國各地好山好水的地方紛紛設立了傳承儒生學問的書院。之後，辭官隱居於陶山書堂的李滉致力於培養後進學子，在他去世之後，陶山書堂的原址在一五七四年改名為陶山書院。宣祖特意找了有「朝鮮書法第一人」之稱的石峰韓濩為陶山書院寫了一塊新的匾額，由此可見陶山書院的地位，以及備受敬重的程度。

但是在《朝鮮王朝實錄》中的英祖實錄裡記載了由御史朴文秀揭露的陶山書院貪腐敗壞之上訴內容。據說當時發生了儒生在陶山書院吃清燉雞的事件，其內容如下所述：

兵曹判書朴文秀因安東毀院事上疏……仍盛陳書院之弊曰：

「位至卿相（包括判書等在內，等同於現在長官以上的官職），有子顯揚，則富豪避役（身役）之輩，乃倡建祠之議，本家子弟，干求於營閫（監營，現在的道廳所在地）守宰（州郡的守令），大創書院，丹碧煥然，奸民之恐罥軍役者，一院投屬，多至數百，徵錢聚米，便同稅斂之官，烹雞殺狗，作一醉飽之場。為守令者，畏忌牽顧，白骨（死亡之人）隣族（關係相近的親族）之弊，皆由於此。先正臣金尚憲後孫昌翕，近代高士也。嘗有詩曰：「退陶初肇白雲祠，活國新民謂在斯。酒肉淋漓絃誦絕，滔滔百弊後人知。」……而臣力言不止者，豈無以哉？

～～英祖實錄四十七卷，英祖十四年（一七三八）八月九日己丑透過這篇記載可以發現一件令人驚訝的事，用來紀念退溪李滉的朝鮮學問殿堂，也就是陶山學院裡，竟然會有兩班貴族們在這裡擺設酒席，甚至還煮清燉雞或狗肉湯來吃，這就莫怪後來為何興宣大院君會將全國六百多家書院減少到只剩四十七家，他之所以會進行變革的原因也完全可以理解了。

哎呀，
你來得正好。

老闆娘，
發生什麼好事了嗎？

昨天舉行了祭祀，
所以做了祭祀糕呢。

呵呵，
那真是太感謝您了。
不過您這裡不知道是否有
冬至吃的紅豆粥呢？

怎麼可能會沒有呢，
要不要給您來一碗？

感謝您。
果然在冬至啊，
來碗紅豆粥是最棒的。
為了感謝您的紅豆粥，
我來告訴您
為何要煮紅豆粥的故事吧。

菜單 3-5

豆沙糯米糕、紅豆粥

為了驅趕家中妖魔鬼怪而熬煮的紅色食物

為了祭祀家裡的家神而準備的豆沙糯米糕

祭祀糕是指為了祭祀而製作的糯米糕。至於祭祀（告祀）的語源來自何處，目前已經無法得知。不過依據六堂崔南善的分析，他認為應該類似於「敬神（고시레）」或是「跳神（굿）」，而且並不是找巫師來跳大神的那種，而是中型規模的儀式才叫做祭祀（告祀）。

韓國在傳統上，祖先們一般在十月上旬的時候，會一邊對當年的收成心懷感激，一邊將糯米糕、新鮮水果以及酒等食物擺在供桌上，真心誠意地進行祭祀。特別是被稱為「安宅」的祭拜儀式中，百姓會更虔誠地向家中的家神祈求家人的平安和健康。在《東國歲時記》裡也寫道：「邀巫迎成造之神，設餅果祈禱以安宅兆。」筆者小的時候媽媽也會把蒸好的祭祀糕放在家中的每個角落裡，然後不停地搓著合掌的雙手，向神明祈求家人長命百歲和福氣連年，這樣的畫面至今依然歷歷在目。家裡的家神各自有其領域範圍，分布於不同的位置，而家神中最具代表性的神是「成造神」。成造神是家中地位最重要的神，他負責建造並守護著房子，掌管著家中大小事務，保佑家裡一切順利。另外還有竈王神、地主神和廁神。竈王神又稱灶神，祂是掌管廚房的神。地主神通常也被稱地基主，大多位於醬缸臺附近，祂是守護家宅基地並且為人們帶來財運的神。廁神則是位於成造神之下的女神。筆者的舅媽曾經想把百年韓屋改建為現代式的住宅，可是外婆卻堅持不肯讓她變動原有的廁所。

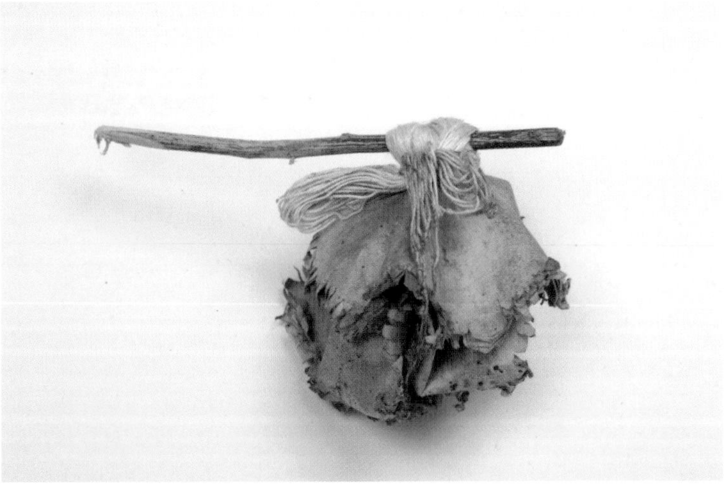

成造（成造神）：家神之中負責守護房屋的是成造神，這是象徵成造神的聖物。用韓紙、米粒、樹枝以及棉線等物品製作而成。———資料來源：國立中央博物館

舅媽拿她沒有辦法，只好把傳統的廁所保留下來，另外再建一間現代化的廁所。也許是因為外婆認為廁神是家庭的守護神，而且也是成造神支配的重要神明之故。所以老一輩的人在進廁所時一定會乾咳一聲，藉此來提醒廁神，讓祂知道有人要進去方便。舉行祭祀的時候，家裡會將做好的豆沙糯米糕放在各個角落，用意即是祭拜這些神明。祭祀時用的糯米糕蘊含有驅鬼避邪（辟邪）之意，所以製作時一定會加入帶有紅色的紅豆，因為據說鬼怪害怕紅色，一看到紅色會逃走。放置祭祀糕的地方除了成造神居住的房梁、地主神居住的醬缸臺和院子、竈王神居住的廚房以及廁神所在的廁所之外，還包括了三神婆居住的臥室、豬圈牛棚、大門客廳、廁

所以及水井等地。另外負責主持祭祀的主婦還會不停地搓著合十的雙手，誠心誠意地祈求闔家平安、健康無病、福運連連。祭祀結束之後，婦人們就會讓孩子們把這些豆沙糯米糕拿去分給左鄰右舍們一起享用。

如同祈禱的虔誠心意，舉行祭祀所供奉的食物也是精心製作的。製作祭祀糕的時候一定要用剛收成的新米。先把大米放在石臼中磨碎，在還可以看到繁星點點的凌晨就得起床，誠心誠意地把糯米糕放入蒸籠中蒸熟。除了製作豆沙糯米糕之外，另外也會準備明太魚乾、三色線、明太魚、野菜、燒烤以及湯品等其他祭品。湯要按照祭祀時的方式來準備，將牛胸肉骨熬成高湯，放入蘿蔔和豆腐一起熬煮；燒烤則是準備白菜煎或蘿蔔煎即可。食物全部都準備好之後，舉行祭祀時要先行沐浴齋戒，為了避免沾上晦氣，所有行為舉止都必須要小心謹慎。若是家中有懷孕的婦女，也會讓她先到其他地方迴避一下。從前的人認為若是犯了忌諱的話，糯米糕就無法蒸熟，紫菜也會發出撲撲的聲音，變成半生不熟的狀態。為了避免沾染晦氣，人們會帶著虔敬的心在灶裡點火，舀起清水往蒸籠的方向揮灑出去，然後用松葉沾水灑在灶口的周圍。

為了驅鬼而在冬至這天喝紅豆粥

說到這項食物，每到冬至時家家戶戶都會吃它，而且它的重要性不亞於豆沙糯米糕，答案正是紅豆粥，它同樣也有驅逐百鬼的避邪作用。用紅豆粥來舉行祭祀時，首先要把紅豆粥端到祠堂的供桌上，然後再把用碗盛裝的紅豆粥放在家中的各個角落，甚至還要把紅豆粥灑在牆壁上，因為古人認為這麼做可以把想進家裡來的惡鬼趕出去。

其實用紅豆粥驅趕鬼怪的風俗源自於中國。在中國南北朝的六世紀時期，梁國的宗懍將荊楚地方的年中每月行事記錄下來編寫成《荊楚歲時記》，書中記載內容如下：「共工氏有不才之子，以冬至死，為疫鬼，畏赤小豆，故冬至日作赤豆粥以禳之。」由於冬至這天死去的疫鬼害怕帶有鮮紅色澤的紅豆，因此後來才會演變成在冬至熬煮紅豆粥來驅魔避邪的風俗。這樣的內容也被《東國歲時記》拿來引用。不過由於英祖認為這個說法是毫無根據的內容，並不足以採信，因此下令禁止百姓將紅豆粥灑在牆上的行為，這是一個相當具有科學邏輯的思維。

「……而至日豆粥，雖曰為陽生之義，至於灑門共工氏之說，不經甚矣，亦命置之，今聞內贍尚進排云，此後灑門豆粥其除之，以示予正謬俗之意。」

——英祖實錄一一五卷，英祖四十六年（一七七〇）十月八日庚辰

第一篇紀錄

根據時期的不同，冬至也有不同的名稱，倘若冬至出現在上旬，那就叫做「兒冬至」；出現在中旬的話是「中冬至」；在下旬則稱為「老冬至」。中冬至和老冬至時會熬煮紅豆粥，兒冬至則不煮紅豆粥。因為古人認為兒冬至熬紅豆粥的話，會對那個家庭的孩子帶來不好的影響。雖然無法熬煮紅豆粥，不過還是會做豆沙糯米糕來吃。紅豆粥雖然是一種歲時料理，但是不僅冬至，在其他月分也會吃，但是冬至那天吃的紅豆粥有增加年歲的意義，所以人人都非吃不可，而且還會在紅豆粥裡加入與自己年齡數字相應的鳥蛋。古時候的人認為冬至這天不吃紅豆粥的話會容易生病，會有惡鬼給家裡招來壞運；不僅如此，還會加速人們衰老的速度。至於熬煮紅豆粥的方法，在徐有榘所著的《林園經濟志•鼎俎志》中有記載：「蒸熟紅豆，與碾成粉的粳米一起熬成粥，把糯米粉做成鳥蛋形狀，再放入紅豆粥裡煮過，煮好後與蜂蜜一起吃。當天將紅豆粥灑在門板上可以避邪。」關於將紅豆粥灑在門板上的理由，即是以《荊楚歲時記》的記載作為依據。

英祖在某年的冬至去祭拜過世的母親，回程的路上把紅豆粥分給街上的老人家們，在《朝鮮王朝實錄》的英祖實錄中留下了這件事情的紀錄。內容描述得相當生動，在寒冷的冬天裡吃到宮女們分發的熱騰騰紅豆粥，乞討者們激動的身影彷彿就在眼前似的。

「毓祥宮展拜，回駕歷餘慶坊，命召本坊民年六十以上者，於路上賜米。又命宣傳官，率來鍾街乞人，饋豆粥，以是日冬至也。」

——英祖實錄一一五卷，英祖四十六年十一月六日戊申第一篇紀錄

這裡所指的「毓祥宮」，就是指供奉英祖生母淑嬪崔氏牌位的地方。後來將七位生下朝鮮君王的後宮嬪妃牌位一同安置於此地，因此也被稱為「七宮」。英祖對淑嬪崔氏懷抱著至高無上的孝心，所以經常到毓祥宮上香祭拜，也正因為如此，冬至那天他從毓祥宮參拜回來的路上，才會對百姓施行了這樣的仁政。韓國人每次到了冬至總是會想到紅豆粥，它已經成為人們心裡對故鄉思念之情的一種寄託，也引發了詩人創作的靈感。下面介紹的詩是朝鮮後期的文臣谿谷張維在自己的文集中寫下的詩句，他是如何以冬至和紅豆粥為主題，進而創作出一首詩的呢？讓我們一起來欣賞一下。

……煮豆清晨粥，
吹葭玉管灰，
鵷班阻朝賀，
衰疾自生哀。

——谿谷集第二十九卷陽生（一陽始生）日漫吟

詩名中出現的「一陽始生」指的就是冬至。此時是陽氣初次出現在天地之間的時刻，因此又叫做一陽始生。詩文的大意如下，張維在冬至的早晨煮紅豆粥來吃的時候，忽然感悟到自己的年歲已高，春節馬上就要來臨了，當大臣們列隊向皇帝行朝賀禮之際，自己卻因年老病殘而不能參與其中。從詩的內容可以感受到他的感慨之情。

懷抱著英祖對母親至誠孝心的昭寧園

英祖的母親淑嬪崔氏出身於宮女中身分最低的水賜伊，也就是必須服侍嬪妃們洗漱或是做洗衣打掃等雜役的內人。英祖為了將母親的墳墓升格為陵墓，不惜與大臣們發生口角衝突。在他登基二十九年之後，才終於讓原來的墓字升格為只有世子和後宮專用的「園」。她的陵墓正是現今的史蹟第三五八號，位於坡州市廣灘面靈場里的昭寧園。

在朝鮮時代，君王和王妃的墳墓上會加上一個「陵」字；世子和其後宮的墳墓則稱之為「園」；大君、公主、翁主、後宮以及貴人的墳墓則是和一般百姓同樣叫做「墓」。在英祖還是延礽君的時候，淑嬪崔氏非常地疼愛他，後來她在一七一八年三月十九日逝世，享年四十九歲，也就是她在英祖即位的六年前就過世了，因此她埋葬的地方僅稱為「墓」而已。英祖無論如何都想將母親的墳墓升格為「陵」，但是卻遭到朝廷大臣們強烈的反對，因此屢次提案都未能如願。

昭寧園裡也配置有代代守護王陵的官吏陵參奉（守陵官），關於這裡的陵參奉有一個故事流傳至今。有一天，英祖在慕華館的附近遇見一位賣樹的樵夫，他詢問樵夫這些樹是從哪裡來的，樵夫就像平時回答客人說的一樣，說是從「昭寧陵」來的。英祖一聽之下，立刻把這位樵夫叫到諸位大臣的面前，並且詢問他相同的問題，樵夫也回覆了同樣的答案。接著英祖馬上大聲呵斥大臣們，怒氣沖沖地罵道：「百姓們都已經稱之為昭寧陵了，為什麼只有朝廷的大臣們還堅持說那是昭寧園呢？」

英祖賜予這位樵夫通訓大夫的官職之後，讓他留在陵園裡負責照顧樹木。此後昭寧園裡就出現了代代相傳的陵參奉、負責巡視陵園的陵巡員以及守衛並管理陵墓的陵守僕等職位。在英祖曾經親自居喪守墓的昭寧園裡，現在還有一座他當時立下的追悼碑，碑文的最後一段寫道：「把筆憶寫涕泗被面」，足見英祖對母親的深情孝心。

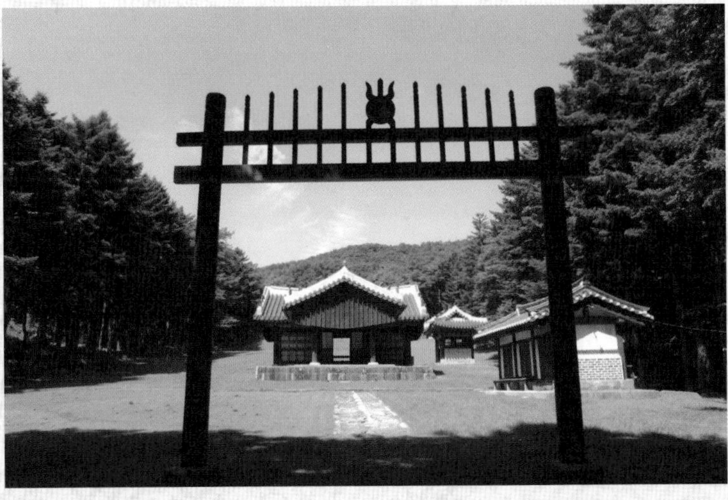

昭寧園：這裡是英祖母親淑嬪崔氏（1670-1718）的墓地。目前此地並未開放給一般人參觀。

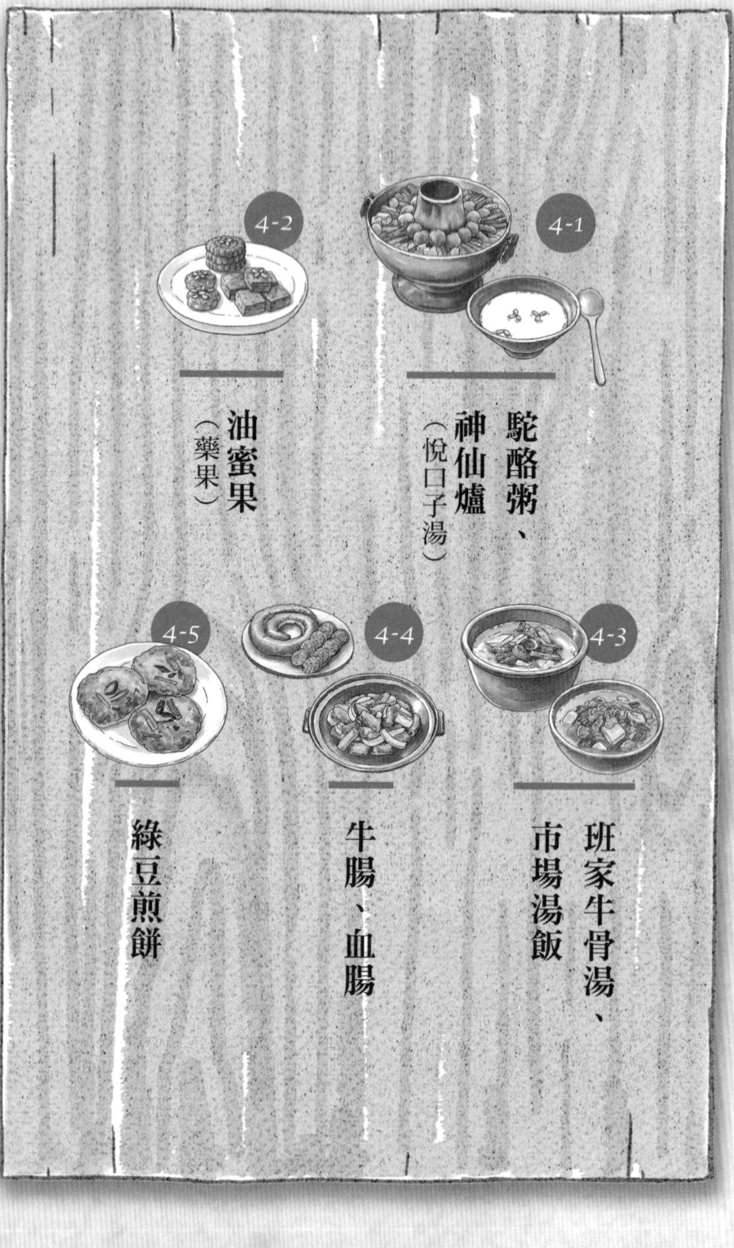
4-1
駝酪粥、神仙爐（悅口子湯）
4-2
油蜜果（藥果）
4-3
班家牛骨湯、市場湯飯
4-4
牛腸、血腸
4-5
綠豆煎餅

第四章

根據身分不同而有所區別的食物

並非人人生而平等的時代

對某人來說是一種奢侈
但有些人卻只是平凡的一餐

這位書生，您有沒有聽到那個消息呢？
聽說君主即將出巡，
途中會到我們這裡的溫泉來呢。

我也聽說了，
老闆娘，不過您看起來
好像對君王出巡一事很關心的樣子呢。

可能因為我是做菜的人吧，
所以對於君主吃的膳食，
總是感到十分好奇。

也許是因為在出巡中的關係，
所以大多是吃進貢的駝酪粥。
若是像平時待在宮裡的話，
或許就可以隨時享用悅口子湯了。

駝酪粥是什麼？
悅口子湯的話，
我倒是有聽過。

這是呈給君王享用的珍貴食物，
關於君王御膳桌上的各種菜餚，
讓我來為您一一介紹吧。

菜單 4-1

駝酪粥、神仙爐

端上朝鮮最高統治者君王御膳桌的料理

曾經擺滿各種珍貴食物的君王餐桌——御膳桌

這次要介紹給大家的是君王餐桌上的料理，駝酪粥和悅口子湯，悅口子湯又叫做神仙爐。不過在這之前，我們先了解一下關於君王御膳桌（水剌床）的大小事。水剌一詞源自於蒙古語，意思是「國王和王妃享用的膳食」，而御膳桌（水剌床）即是供君王用餐的飯桌。烹調膳食的地方則是叫做水剌間。《太祖實錄》中的紀錄曾經提到，在建造景福宮宮殿的時候，君王辦理公務的正殿有五間，而水剌間有四間，完全不亞於正殿的數量。由此可見，水剌間的規模和重要程度都是相當大的。但是在一八二八到一八三〇年所繪製的《東闕圖》中，可以看出宮廷中的廚房不是只有水剌間，還有一個標示為燒廚房的地方。關於如何區分水剌間和燒廚房，雖然目前仍有一些意見分歧，但是大致上可以這樣認為：在燒廚房使用火來烹飪食物，然後送到水剌間之後再呈到餐桌上。燒廚房分為內燒廚房和外燒廚房，內燒廚房是準備王室家族日常飲食的地方；而諸如舉辦進豊呈、進爵、進宴以及受爵等大型宴會，或是在璿源殿等地舉行茶禮、祭祀或是告祀等活動時，所需要的食物則是由外燒廚房負責準備。還有一個叫生果房的地方，除了御膳之外，平時食用的各種粥品、甜米露、茶點、水果、糕點等都是由這裡負責製作。

雖然食物是在燒廚房裡烹調，但是親自端上御膳桌的工作則是由內侍府與內命婦負責。內侍

府的宦官管理並且監督呈到御膳桌上的料理；被稱為「水刺間次知尚宮」的廚師尚宮則是負責製作君王御膳桌上的菜餚。那麼御膳桌要在何時擺放，一天又要呈上幾次呢？御膳桌一天要端上五次，除了一大清早的「初早飯」、早餐的「朝水刺」以及晚餐的「夕水刺」之外，中午呈上的點心叫做「晝茶小盤果」或是「午膳」，深夜裡準備的點心則是叫做「夜茶小盤果」或是「夜餐」。一大清早會端上粥或米湯等初早飯，過了十點之後就會準備朝水刺。午膳的晝茶小盤果會準備茶點，下午五點左右就會提早將晚膳

御膳桌：早晨和晚上呈給君王的餐食，御膳桌所呈現出來的樣子。總共有十二碟套餐，分別以大圓盤桌（元盤）、小圓盤桌（挾盤）和火鍋（煎骨床）來盛裝。———資料來源：韓國文化財廳

的夕水刺先端上來。然後深夜裡則是呈上名為夜茶小盤果的宵夜，餐點的內容通常是八寶飯（藥食）、甜米露或是麵點類的食物。但是像英祖一樣力行節約儉樸的君王，在乾旱的時候不僅減少了菜餚的數量，平時也沒有按照規矩準備五次御膳桌，而是減少到只有三次而已。

端上御膳桌的食物是以十二種菜餚為基準。為了伺候君王用膳，擺放了基本菜餚的大圓盤桌、被稱為挾盤的小圓盤桌以及冊床盤（方桌）都會一起端出來。敬獻給君王的米飯有兩種，「白飯」指的是白米飯，「紅飯」則是加入紅豆做成的米飯；湯也有兩種，有被稱為「藿湯」的海帶湯，另外一種則是牛骨湯。當然大圓盤桌上的食物擺放方式也都有制式的規定。前排左側放的是米飯，右邊是湯，然後旁邊再放兩套銀製的匙筷。後排放吐魚刺或骨頭的吐具（吐口），還有清醬、醋醬、醋辣椒醬、魚露以及芥末醬等各種醬料。大圓盤桌的中央擺放著燒烤、白切肉片（片肉）、魚蝦醬、蔬菜以及醬菜等食物。中央往下一排放了乾貨菜餚、燉菜、煎油魚和蔬菜等，最後一排則是擺放了當時被稱為「沈菜」的各種泡菜、水蘿蔔泡菜以及醬汁泡菜等。被稱為挾盤的小圓盤桌擺放著火鍋、紅豆飯，一套銀製匙筷、西式湯匙以及象牙湯匙。後排放了屬於風味飲食的生拌牛肉（肉膾）的水蒸蛋（水卵），另外還有三個銀碗。最後一排用可以加熱的器具盛裝鍋巴水和茶，以及三個瓷碗。冊床盤（方桌）上的前排左起放置了牛骨湯、燉物以及燒烤，後排則是放了火鍋、辣椒醬燉菜以及魚露燉菜等菜餚。

在如此精心擺設的各式餐桌前，尚宮們會隨侍在側，侍候君王用膳。特別是坐在冊床盤（方桌）前的水刺尚宮，會把銀製的火鍋放到點燃炭火的風爐上，將火鍋煮熟之後，以即席料理的方式呈到君王的面前。還有我們熟知的氣味尚宮，她會坐在小圓盤桌前方，專門負責檢查食物的好壞，並且確認是否有毒，一般都會由從小服侍君王或王后的人來負責這項工作。

包含珍貴藥材的駝酪粥與給人帶來快樂的神仙爐

駝酪粥是君王御膳桌最早的一餐，也就是初早飯裡會呈上的一道食物。駝酪粥的「駝酪」一詞是指牛奶，來自游牧民族突厥族使用的語言「塔拉克（Tarak）」。從《朝廷王朝實錄‧明宗實錄》的紀錄來看，駝酪粥是宮廷為君王做的滋補飲食。大臣尹元衡任意把擁有擠牛奶技術的酪夫找來，做了駝酪粥之後和子女妻妾一起享用，因而遭到大司憲的舉發。由此可見，朝鮮時代的牛奶是只有君王或王族才能吃的珍貴藥材。《東醫寶鑑》中甚至將牛奶介紹為「櫻桃瘡」的特效藥，櫻桃瘡是指脖子上長出如櫻桃般大小的瘡疱。所以從高麗時代開始就有專門負責管理牛奶的官廳，朝鮮時代也設有一處名為「駝酪色」的專責機構來管理放置在此的牛奶。圍繞漢陽的四座山合稱為內四山，其中之一的駱山又稱為駱駝山，正是因為此地有一座供應王室牛奶的牧場之故。在朝鮮時代，生產

牛奶的牛是現在被我們稱作韓牛的黃牛，而不是近代那種身上有斑點圖樣的乳牛。當時要貢獻給宮廷的牛奶，必須要等母牛產下牛犢的時候才能擠奶進貢，因此更加顯得珍貴。

駝酪粥是內醫院在十月初到正月這段期間去擠母牛的牛奶所製成的。內醫院會先將剛收成的新米磨碎，再加入牛奶製成駝酪粥呈到君主的御膳桌上；君王並不一定會自己享用，有時候會呈送給大王大妃等宮中的長輩，或者是賜予耆老所的大臣們當作賞賜品。有許多關於駝酪粥的文獻，像是李晬光所著的《芝峰類說》、憑虛閣李氏的《閨閤叢書》、一九一〇年代出版的《婦人必知》、以及一九一三年方信榮的著作《朝鮮料理製法》等。

特別是在喜歡駝酪粥的高宗與藥房妓生之間，還流傳著一段膾炙人口的小故事。隸屬於內醫院的醫女也被稱為藥房妓生，這是因為自從燕山君強迫醫女充當妓生之後，醫女便被冠上了這個稱號。王宮裡的藥房妓生每個月總有一兩次以照顧高宗健康為由進入高宗的寢殿。藥房妓生雖然帶著針灸盒進去，實際上卻是與高宗談情說愛、共度春宵。當晚藥房妓女與高宗共寢之後，第二天早上作為初早飯的駝酪粥就會被送進來。由於高宗會把駝酪粥分給藥房妓生一起享用，因此承受恩寵的藥房妓生又有個稱呼叫做「分酪妓」。呈上駝酪粥的時候，還會有一、二道乾貨菜餚一同送上來，通常菜色是拌明太魚乾、拌乾明太魚鬆、以及將昆布打結後油炸而成的炸昆布等。另外還有以蝦醬調味所煮成的清湯，蘿蔔片水泡菜以及水蘿蔔泡菜等口味清爽的湯汁泡菜。為了方便君王調整口味，也

會把鹽和蜂蜜一起呈上來。

接著讓我們一起來認識這一道宮廷最美味的食物，最多可以加入二十五種食材的悅口子湯。宮廷料理「悅口子湯」，其名稱蘊含著「口感令人愉悅的湯品」之意，另外它還有一個名字叫做「神仙爐」。關於神仙爐的由來和故事，最早記載的文獻是朝鮮末期文臣兼書法家崔永年在一九二五年出版的《海東竹枝》，書中流傳的故事提到，悅口子湯並不是從宮中誕生的食物，而是由為了躲避士禍而遁世為僧的虛庵鄭希良，他在山澗生活時所發明的一道料理。從故事的內容來看，虛庵鄭希良在燕山君時期因戊午士禍而被流放到義州，他不僅擅長寫詩，而且通曉陰陽學，因此有預測自己命運的能力，更推算出今後還會出現規模更大的士禍。而後他遭逢母喪，於是他在前往為母親守喪的途中出家為僧，進入深山修道之後就再也沒有出世。虛庵鄭希良化名為「李千年」，在度過僧侶生活的同時，也到全國各地遊歷。據說有一天退溪李滉在小白山讀《周易》時遇到虛庵鄭希良，雖然李滉極力請求他再度出世，但是他說自己是個不忠不孝之人，因此拒絕了李滉的要求，然後他就忽然地消失了。《海東竹枝》裡講述了這樣的軼事：脫離世俗過著神仙般生活的虛庵鄭希良，依據傳說中神仙的吃法，將各種蔬菜放入火爐裡煮熟後食用；鄭希良仙逝之後，後人便將這道菜稱為「神仙爐」。悅口子湯的火爐中間有一個能燒炭火的圓筒，在相連的鍋中放入食材即可食用，在傳說故事的影響下，悅口子湯後來才會被叫做「神仙爐」。寫這篇文章的時候，筆者也想起了小時候做神

仙爐給我吃的母親。自從母親去世後，這個神仙爐就被筆者占為己有；神仙爐的樣子長得很像祭祀用的祭器，只是中間多了一個放置木炭的地方而已。

有關悅口子湯的記載從十八世紀時期開始登場。一七四〇年英祖時期擔任譯官的李杓在他所著的《謏聞事說》中，曾經這樣介紹過一道叫做「悅口子湯（熱口子湯）」的料理。鍋子的中間立著一個圓筒，圓筒中可燒木炭，接著將豬肉、魚肉、雉雞、紅蛤、海參、牛胃、肝、鱈魚、麵條、肉類以及餃子等食材排列在鍋爐的外圍，然後再把蔥、蒜以及芋頭等均勻地放置在上面，倒入清湯後煮至沸騰。人們圍坐在一起趁熱食用，無論是在戶外聚會或是冬夜裡擺設酒席都很適

神仙爐：這是煮悅口子湯的器皿，半球形的器皿中間附有一個狹窄的圓筒形容器，底部的地方有一個灶口。———資料來源：韓國國立中央博物館

合吃這道料理。書中特別提到煮悅口子湯的器具是韓國人從中國買回來的，內容暗示了悅口子湯原本應該是誕生於中國的食物。

而在一八二九年徐有榘著述的《林園十六志》中，雖然詳細地說明了盛放悅口子湯的器皿，但是卻沒有關於神仙爐的敘述。書中寫道：「用黃銅做成鍋子，中間立了一個鐵製圓筒，形狀像一個寬嘴的缸子，並且附有鍋蓋。放入如同手指長度的木炭，圓筒的四周形成池子狀（池塘模樣），可以倒入七至八碗水。將水注入之後再倒入醬湯，蓋上鍋蓋，在圓筒裡點燃炭火煮至沸騰。待湯煮至滾燙，將食材都煮熟之後，即可用湯匙舀起來吃。」

另外，在十九世紀中葉，趙在三所作的《松南雜識》中，並沒有使用悅口子湯這個名字，而是用了另外一個用語「悅口旨」。悅口子湯又稱為神仙爐，最早出現這句話的文獻是《東國歲時記》。洪錫謨在《東國歲時記》中提到吃悅口子湯是冬季首爾的風俗，文中寫道：「自是月為禦寒之時食……又以牛猪肉雜菁苽葷菜雞卵作醬湯，有悅口子神仙爐之稱。」

透過這些紀錄我們不僅可以確認神仙爐這個名稱出現的時間，還可以得知原先是宮廷料理的悅口子湯，在十八世紀以後以簡化的形式出現在民間，成為一道百姓們在冬季不可或缺的料理。當然宮中製作的悅口子湯層次更為高級，是民間製作的悅口子湯望塵莫及的。用牛肉丸子、牛肝、牛肚、芹菜和魚肉等做成各式煎餅，再把各種蔬菜華麗地擺放上去，最後加入銀杏、核桃以及松子等堅果，光是看著就讓人覺得胃口大開，煮出來的湯頭更是一絕。鍋具也使用了銀製的神仙爐，而不是民間百姓使用的那種黃銅器皿。茶山丁若鏞在昌德宮奎章閣擔任檢書官的時候，曾經回想起正祖賜予他的悅口子湯，因此寫下了一首詩。

奎瀛校字夜迢迢，
學士燃藜對寂寥，
悅口子湯宣賜至，
領來者是柳明杓。

——《茶山詩文集》第六卷，松坡酬酢，先朝紀事

如果現代的男性主廚們出現在宮廷裡的話？

在現代社會被稱為「主廚（Chef）」的頂級料理專家都是以男性居多。在朝鮮時代也是由男性來負責總管宮中飲食，職位稱之為「飯監」。飯監一職雖然屬於「闕內各差備（闕中為了特殊事務而臨時任命的職務）」，但是官階可以升至從六品。在飯監之下，由掌管各司的人以完整的分工體制進行烹飪工作。負責肉類料理的是「別司饔」、煮飯的是「飯工」、燒烤由「炙色」擔任，而準備豆腐的是「泡匠」、備酒的是「酒色」、泡茶的是「茶色」、負責年糕的人叫做「餅工」、專職燉煮的人是「蒸色」等。

舉行宴會的時候，通常會需要大批強而有力的男性廚師，他們正是被叫為「熟手」的人。因為宴會上的食物不僅是盛裝在底部很高的高杯餐具上，而且還會堆疊三十至四十五公分的高度，因此絕對必須借助男性熟手們的力量。依據記錄一八八七年神貞王后趙大妃的萬慶殿八旬壽宴的《進饌儀軌》內容所示，她的八旬壽宴從兩年前就已經開始準備，甚至還進行了預演，據說光是熟設廳（舉辦國宴時的烹飪場所）的規模就高達了一百九十間之多，熟手的人數也超過一百位以上。負責在陣前指揮熟手的領班稱為「待令熟手」，而待令熟手的職位是一份代代世襲的工作。一九〇七年以「海牙特使事件」為契機，高宗被迫讓位，宮廷裡的大批熟手們也受命退居到了宮外。他們為了維持生計而開始經營餐廳，不但向百姓展示了何謂宮廷料理，就連掌握第三共和國權力的政治人物也經常出入他們所經營的大型韓式餐館。

老闆娘，大半夜的，我的肚子有點餓了，
零食之類的也好，請給我一點吃的東西吧。

你以為我這裡是什麼皇宮內院嗎？
在我們這種窮鄉僻壤，
哪裡會有什麼宵夜點心呢？

也是，您就當是我痴人說夢話吧。

有乾的鍋巴，您要不要來一點？

就算只有乾鍋巴，
也足以撫慰我飢腸轆轆的肚子了。
那麼作為食物的代價，
我就把兩班貴族家裡
製作油蜜果的方法告訴您。

這點小事不足掛齒，
而且即使我想做也無能為力，
現在光是養家糊口就很吃力囉。

話雖然是這麼說，
不過到天亮為止還有一段時間，
您就聽聽油蜜果的故事
來打發無聊吧。

油蜜果

雖然是君王的食物，
但同時也是誇耀財富的奢侈茶點

菜單
4-2

君王的茶點菜單中最常出現的油蜜果

雖然「油蜜果」這個詞在現代已經不再使用了，不過藥果和江米塊應該還是很常聽到。油蜜果的做法是先在麵粉中加入芝麻油和蜂蜜混合攪拌，和成麵糰之後用油炸過，炸好之後再裹上蜂蜜食用，是一種高級的點心。江米塊並不算是油蜜果的一種，一般稱其為「油菓」，因為它和用麵粉做成的油蜜果不同，油果是用糯米粉做成的點心。

由於朝鮮時代沒有工廠，是故所有糕點都是自己手工製作的。然而當時的普通百姓連吃一頓飯都有問題了，當然無法製作像油蜜果這樣必須用到蜂蜜、芝麻油以及松子等珍貴食材的點心，所以若不是經濟條件優渥的富裕家庭，一般人家是沒有辦法吃到油蜜果的。油蜜果中最具代表性的種類就是藥果。藥果依其字面上的意思可以解讀為「可以當藥的菓子」，在李睟光的《芝峯類說》提到，藥果是用麵粉、蜂蜜和油一起做成的，對身體健康十分有助益。另外憑虛閣李氏也在《閨閤叢書》說過和李睟光相同的話，書中提到：「蜜是四時精氣，清是百藥之長，油能殺蟲與解毒故也。」這裡提到的「清」即是指蜂蜜，在製作油蜜果的過程中，一定要有在油炸好的菓子上淋上蜂蜜的這道步驟。

油蜜果依據形狀的不同而有各種名字。在宮廷等地用美麗的花型模具做出來的稱為「藥果」，

形狀大的叫做「大藥果」，小一點的就叫做「小藥果」；用茶餐模具（茶食板）壓製出來的叫做「茶食果」，有著稜角分明的四角形狀是「角藥果」，在麵糰上用刀子劃出川字的模樣，然後翻成麻花狀放到油裡炸成的是「梅雀果」，放入大棗內餡做成餃子形狀的則是「餃子果（饅頭菓）」。其中的梅雀果，或是稱為油炸蜜果的這種油蜜果，因為外形呈現麻花狀，讓人聯想到可能會導致婚姻扭曲不順利，因此不會使用於喜事（吉禮），只有在舉行祭祀時才會製作。藥果和茶食等油蜜果是呈給君主的午膳或夜茶小盤果時經常出現的菜單之一。

《園幸乙卯整理儀軌》中詳細地記載了正祖為了呈獻給母親惠慶宮洪氏而準備的食物，在抵達始興行宮後，光是給惠慶宮洪氏準備當點心的夜茶小盤果餐桌上，就已經足足地放了十七碗菜餚。塗著黑漆的小桌子上，僅作為裝飾用的鮮花就有十一種，十七個碗當中有蜂蜜熬煮新鮮水果做成的蜜餞（正果），當然也少不了油蜜果。油蜜果原本是高麗時期佛教的燃燈會和土俗信仰八關會中使用的食物，當然在其他大大小小的宴席上，它也是王族、貴族、寺院和富庶人家中不可或缺的一道點心。高麗時代之所以會大量使用油蜜果，是因為當時的國教是佛教，而佛教禁止殺生，所以不能用肉類或魚來當作祭祀用的貢品，也無法拿來使用在各種宴會料理上，因此取而代之的東西就是油蜜果了。

如果打算做油蜜果的話，不僅需要準備麵粉，還要準備大量的蜂蜜、油、肉桂以及松子等高級

食材，為了做這道點心，家家戶戶可都是累得人仰馬翻。在《閨壺是議方》裡，有一篇關於「藥果烹調方法」的文章。「在麵粉一斗裡加入蜂蜜二升、油五合、酒三合，滾沸的水三合，和成麵糰捏製成形，下鍋油煎，蜂蜜一升加入一合半的水拌勻調成蜜汁，裹在油炸好的麵糰上即可。」後來的製作方法更加日益發展，會在麵糰中加入清酒或燒酒，蜜汁裡也會加入肉桂粉、胡椒粉、生薑粉或生薑汁等調味料，混合拌勻後再灑上松子作為點綴。

就連宮廷裡也覺得過於奢侈而禁用的茶點

正因為製作油蜜果時需要使用如此豪華的食材，因此在物價上升或乾旱來臨的時候，宮廷就會下達禁食油蜜果的命令。與此相關的紀錄出現在《高麗史節要》裡，讓我們來看一下明宗二十二年的這篇報導吧。

「今俗尚浮華，凡公私設宴，競尚誇勝，用穀粟如泥沙，視油蜜如瀋滓，徒為觀美，糜費不貲，自今禁用油蜜果，代以木實，小不過三器，中不過五器，大不過九器，饌亦不過三品，若不得已而加之，則脯醢交進，以為定式，有

不如令，有司劾罪。」

～～《高麗史節要》十三卷明宗二十二年（一五六七）壬子年五月紀錄

忠宣王二年庚戌年一三一〇年七月的文獻中也有相關紀錄，在迎接君王的時候，僅以山臺戲來歡迎他，在公私宴會上呈獻油蜜果，或是用金、綢緞來裝飾等事情一律禁止。不過另外一方面也有記載提到，因為油蜜果用料奢華且滋味絕佳，不僅是在韓國，就連在元朝也是一種大受歡迎的點心。在《高麗史》中有一段忠烈王參加秦王女兒和世子的婚禮時，從高麗帶了油蜜果前往赴宴，並且將其使用於宴會上的內容。

「壬辰日，王（忠烈王）與公主謁帝，遂侍宴于長朝殿。〇世子以白馬八十一匹納幣于帝，尚晉王甘麻剌之女寶塔實憐公主。宴用本國油蜜果，諸王公主及諸大臣皆侍宴。」

～～忠烈王二十二年（一二九六）丙申年十一月壬辰日紀錄

李圭景在十九世紀出版的百科全書《五洲衍文長箋散稿》中也有當時參加宴會的元朝諸位藩王、

公主以及大臣們對油蜜果讚不絕口的紀錄。從此之後，油蜜果即成為高麗糕點的代名詞，被元朝人們稱之為「高麗餅」，在元朝統治期間一直享有很高的人氣。在朝鮮時代，油蜜果也被人們視為一種奢侈品，除了在為了迎接明朝使臣而準備的「宴享」、擺設花甲宴或是舉行婚禮之外，製作油蜜果是被禁止的一件事情。《日省錄》正祖十六年，即一七九二年壬子年的紀錄中，左議政蔡濟恭曾經說道：「陵寢祭享時油蜜果，即四百年已行之例。」另外在同一篇紀錄中也提及：「造果之善不善，專在熟手工拙云者。」透過這些內容，我們可以確認油蜜果是宮廷祭祀中不可或缺的貢品之一，同時也是相當珍貴的傳統糕點。而且因為做油蜜果需要準備很多奢侈的食材，所以宮廷裡也只有特殊場合時才會製作。不僅嚴格地禁止一般百姓使用油蜜果，從《朝鮮王朝實錄》中更可以看出，從太祖、世宗、世祖、成宗、燕山君、中宗、明宗、肅宗到英祖時期皆有禁止使用油蜜果的紀錄反覆出現。更甚者在高宗時期由興宣大院君頒布的朝鮮最高法典《大典會通》中還記載著：「獻壽（在花甲壽宴上擺設酒席以祝壽）、婚姻、祭享外用油蜜果者，笠杖六十。」若是當時的人們會遵守法律的話，這種紀錄就不會反覆出現了。雖然已經在法律上明文規定，不過人們還是持續製作油蜜果，用以炫耀財富並且視為享受，因此讓國家為此傷透了腦筋。特別是在招婿的婚禮後第三天，很多人只用油蜜果來擺設宴席，所以在實錄的報導中記載了嚴格禁止這一件事情的內容。

「……臣下公私筵宴禁用油蜜果，載在六典。先饋壻之從者，第三日，盛設油蜜果幾至方丈，以燕壻婦，將其餕餘，送于舅姑之家。又迎壻翼日賀客，填咽燕樂，一皆禁止……」

——《世宗實錄》四十三卷，世宗十一年（一四二九）二月五日辛巳第七篇紀錄

中宗時期的紀錄中還出現在為父母親服喪之時，在讓人們為其守夜的「靈撤夜」上使用油蜜果來擺設宴席所造成的問題。

「……其父母喪葬，傾家財，多造油密果，高排鍮盆，會客張樂娛尸，名之曰：『靈撤夜』。貧者拘於此風，過期未葬，此非美俗。請下諭觀察使，痛革為當。」

——《中宗實錄》第八卷，中宗四年（一五〇九）六月四日甲子第一篇紀錄

另外一方面，據說本來油蜜果的外形是做成果實或鳥的形狀。《星湖僿說》有這樣的記載：「初以蜜麵造為果品之形，圓不能累高，故方切為之。」為了方便放置在桌上，所以才轉變為扁平的樣子。人們在祭祀時通常會精心準備油蜜果，但是卻也發生了因為有人未能好好地製作油蜜果，因而讓相關人士受到了嚴懲，文獻中也有這樣趣味十足的紀錄。

「教曰：『祭享所重何如，而元陵、綏陵、景陵，餕餘藥果（祭祀之後被退回的藥果），全不成樣，豈有如此道理？當該典祀官，拿問（逮捕犯人後審問）嚴勘（勘罪，審理犯人後將其定罪），奉常寺員役（在官吏之下工作的人）及熟手等，令攸司，照法嚴繩。』」

——《憲宗實錄》十三卷，憲宗十二年十一月七日戊子
第一篇紀錄（一八四六年清道光二十六年）

憲宗為了愛情而打造的空間
——錫福軒與樂善齋

朝鮮第二十四代國王憲宗是個不幸的君主。他的父親孝明世子雖然具備了擊倒勢道政治，讓王權再度起死回生的領導力和頭腦，可是卻在二十二歲的年紀英年早逝，因此憲宗即位時年僅八歲。不過由於他受制於安東金氏和豐壤趙氏之間，在抑鬱不得志的狀態之下，最終在他二十三歲時便也與世長辭。雖然憲宗的生命相當短暫，但是在他生前對祖先懷有至誠之心，據說供奉在陵墓的油蜜果若是製作出來的形狀不夠美觀完整的話，只要一呈放在祭祀的器具上，他就會立刻火冒三丈。

另外由於憲宗繼位時年紀尚幼，於是他的奶奶純元王后身為宮廷中輩分最高的長輩，在憲宗長大成人之前，便以垂簾聽政的方式輔佐他處理政事。憲宗的長相極似他的父親孝明世子，兩人都長

昌德宮樂善齋：憲宗 13 年（1847）建造的建築物，位於昌德宮和昌慶宮的交界之處。主要作為朝鮮君王的寢殿，1884 年甲申政變後，這裡曾經被當作是高宗處理公務的場所。朝鮮最後的王世子英親王李垠曾經在這裡生活，也是李方子♣女士居住過的地方。
———資料來源：韓國文化財廳

得相貌堂堂，而性格風流好色。據說他在宮殿外建造了一座「旗亭」，若要前往時會先換上便裝，然後在那裡與心儀的女子相見。他之所以會在外面遊蕩，是因為他的第一位妻子孝顯王后在十五歲正式行嘉禮後不久的兩年就因病而離開了人世。為了安慰空虛的心靈，並且準備迎接繼妃，因此他在全國下達了禁婚令。皇室在挑選王妃會經過三次審查，又稱為三揀擇，通常是由宮中長輩來主持，也就是說身為當事人的憲宗無法事先看到最終入圍的三位閨秀，可是憲宗卻無視慣例，親自參與了三揀擇。雖然憲宗很喜歡金在清那溫順文靜的女兒，但是純元王后在不知道憲宗心意的情況之下，決定讓洪在龍的女兒成為他的繼妃。心急如焚的憲宗以繼妃孝定王后不能生育為由，將金在清的女兒選為後宮，並且將她冊封為內命婦正一品的嬪妃。她就是憲宗深愛過的女人慶嬪金氏。

憲宗在安東金氏和外戚豐壤趙氏之間隨波浮沉，一八四七年為了謀求政治改革與強化王權，特別在昌德宮後院設立了研究政策的書齋。而這座書齋正是樂善齋，憲宗經常花時間待在樂善齋裡，沉浸在讀書和思考之中。另外為了擺脫孝定王后的監視，他還在樂善齋的旁邊為慶嬪金氏建造了一座錫福軒，以及讓奶奶純元王后居住的壽康齋。這三座建築物之間以迴廊互相連接，所以可以自由地穿梭在其中。也許慶嬪金氏會把油蜜果當做午膳點心送去給樂善齋的憲宗，或者是想念慶嬪金氏的憲宗會穿越迴廊過來找她，於是慶嬪金氏會準備一桌茶點，與憲宗一起品嚐油蜜果也不一定。不過讓人感到惋惜的是，在憲宗為慶嬪金氏修建這座錫福軒作為她的居所後不到一年的時間，他就因病而辭世了。失去丈夫的慶嬪金氏在仁寺洞的宅院裡，一邊緬懷著憲宗，一邊獨自度過漫長的守寡歲月。

♣日本皇族，北朝第三代天皇崇光天皇第十七世孫女，後嫁朝鮮王朝皇太子李垠。

老闆娘，請快點給我來碗
湯飯吧。

看來您已經飢腸轆轆了，
來，快點趁熱吃吧。

吃一口就知道，
老闆娘的手藝果然不同凡響。

哪兒的話，怎麼比得上您家裡的牛骨湯。
聽說兩班家的牛骨湯啊，
裡頭還放了很多肉呢！

呵呵，
所謂飲食啊，也是要講求緣分的，
合自己的胃口是最重要的。
家裡的牛骨湯雖然也很好，
但是說到牛骨湯，
酒館裡的才稱得上是一絕，不是嗎？
這次我們就來聊聊
關於牛骨湯和湯飯的故事吧。

菜單 4-3

班家牛骨湯、市場湯飯

悠閒貴族與忙於營生的百姓們共同享有的湯飯

在兩班貴族家中細火慢燉的班家牛骨湯

您有沒有聽過一句話叫做「班態盡顯♣」呢？雖然在國語字典中並沒有這樣的詞彙，不過「班態盡顯」並沒有負面的意思，而是指彬彬有禮、樣貌端正，看起來像個兩班家的貴族子弟之意。同樣的，所謂的「班家」指的是兩班貴族，班家牛骨湯指的就是兩班貴族家中熬煮得相當入味的精燉牛骨湯。特別是首爾北村兩班家族曾經吃過的精燉牛骨湯更是盛名遠播，因此又被稱為是班家牛骨湯。班家牛骨湯曾經是貧困庶民們日思夜想也求之不得的食物。精燉牛骨湯中的「精燉」二字，意思是經長時間的精心熬煮。不過這又跟使用大骨長時間熬煮而成的雪濃湯不太一樣。精燉牛骨湯的做法是將牛胸肉、牛後肘肉、牛膝骨、牛大腸頭（牛腸和肛門之間帶有油脂的部位）、牛小腸以及牛肥腸等部位，與未切開的整塊白蘿蔔一起燉煮到爛熟的程度，再放入蔥、蒜、醬油以及胡椒粉等煮至沸騰。然後在上桌的時候，才把牛骨湯中的食材切成薄片鋪在上面。關於精燉牛骨湯的由來有兩種說法，一是蒙古地區把肉放入清水中熬煮，稱之為「空湯」；二因為是用小火將肉慢慢地燉至軟爛後所做成的湯品，故稱為精燉牛骨湯。

精燉牛骨湯是宮裡常備的一道菜餚，和紅豆飯一起呈到御膳桌上。在朝鮮時代，牛肉並不是一種常見的食材，因此在煮湯的時候通常都是使用雉雞肉，若是高朋滿座，供不應求的時候，還會改用雞肉來取代。一六七〇年由貞敬夫人安東張氏所寫的《閨壺是議方》中也提及關於「放入湯中的食材」，她說當客人很多的時候，通常會煮幾隻母雞，然後把高湯和雞肉分別拿來做各種食物。不過雖然《閨壺是議方》中詳細介紹了煮牛肉或黃狗的方法等，可是卻沒有關於熬製精燉牛骨湯的介紹。書中各種魚肉料理方法琳琅滿目，但是卻找不到精燉牛骨湯的食譜。據此推測，精燉牛骨湯應該是首爾北村兩班家族特有的傳統飲食。不過在有權有勢的家族裡，還有眾多長久居住在主人家的奴婢與長工，所以雖然兩班貴族家在煮牛骨湯的時候，女主人偶爾還是會洗手做羹湯，以家族傳承下來的方式來熬煮，不過像是起灶點火，或是隨時盯著牛骨湯熬煮狀況等這類雜事，應該還是由家中的奴婢來做，因此精燉牛骨湯的做法也有可能就此流入民間。

為了忙碌的百姓準備的速食——市場湯飯

接著讓我們來了解一下繼牛骨湯之後最具代表性的湯飯。湯飯並不僅僅是老百姓吃的食物，在《承政院日記》中有一段記載，提到英祖因為不喜歡吃白飯，所以將白飯泡在白開水裡吃的故事。

♣반테 난다，意譯。

另外在記錄用膳等過程的宮中儀軌裡也有相關記載，在舉行大型宴會或活動時，樂工、宮女、唱歌的女伶以及軍人們也都曾經吃過湯飯。漢陽有一條賣湯飯的街道，叫做「湯飯街（湯飯家）」，店家會在圓紙桶上貼著白色的穗子，然後掛在竿子的末端。

湯飯街上武橋湯飯家的名聲最響亮，不過手巧湯飯家◆和白木湯飯家也是鼎鼎有名。其中武橋湯飯家或手巧湯飯家經常有官員們在此出入，而白木湯飯家則是富裕的商人或無所事事的遊手好閒之人飽餐一頓的地方。另外據說憲宗也曾經微服出訪，私下到湯飯街來品嚐這裡的湯飯。不管是湯飯街的湯飯、兩班貴族家裡的精燉牛骨湯，或者是宮殿裡熬製的牛骨湯等，全部都是會讓大家乖乖地坐在桌前，吃到碗底朝天的美食佳餚。

但是在市集上煮的市場湯飯可就不同了。如果說兩班貴族家的精燉牛骨湯是用細火慢熬，讓人入席就座後仔細品嚐的料理，那麼市場湯飯就是由手藝精湛的老闆娘在酒館或市集上用一口大鐵鍋豪邁地烹煮，為路過的行人或是揹著包袱四處趕路的貨郎等人準備的街頭小吃。不過嚴格來說，與其說是因為身分不同而有所差別，還不如說市場湯飯是專門為了工作繁忙的人準備的食物反而更為貼切。

接下來讓我們一起來看十八世紀天才畫家檀園金弘道繪製的《金弘道筆風俗圖畫帖》中的這一幅〈酒幕〉。戴著竹編斗笠的旅人似乎非常飢餓的樣子，吃到快見底了還用湯匙把鍋底清得一乾二淨。把竹子劈開裁成細條狀，用竹條編成縫隙稀疏的斗笠，與用馬鬃精心製作的黑笠不同，一般只有庶民或貨郎們才會戴這樣的竹編斗笠。根據實學家李肯翊撰寫的《燃藜室記述》中所記載的內容所示，在壬辰倭亂當時，倭兵們認為頭戴黑笠的人即是貴族，因此見到戴黑

◆音譯，수교 탕반집／백목 탕반집。

《金弘道筆風俗圖畫帖》〈酒幕〉：這幅畫描繪了行人在簡陋的酒棚中充飢解餓的情景。
———資料來源：韓國國立中央博物館

笠的人立即逮捕；而戴竹笠的人則被視為赤貧階級，所以並不予以理會，是故當時的貴族們也會改戴竹笠在外行走，蔚為一時風潮。由於當時的貨郎們還會在竹笠上加上棉花作為裝飾，而畫中旅人的竹笠上卻沒有棉花，據此推測畫中人物應該只是一般庶民。在他傾斜的碗旁邊只有一盤簡單的小菜，所以他手中這碗食物應該就是湯飯。這個酒棚裡連個坐位都沒有，旅人把當作餐桌的小桌子直接放在地上，坐在臨時用石頭堆疊而成的椅子上，就這樣吃起飯來。這名旅人的身後是另外一位剛吃完飯的客人，正在掏腰包準備付酒錢的模樣，身上衣衫不整，肚子都已經凸出來了。

與此形成鮮明對比的是《申潤福筆風俗圖畫帖》裡的〈酒肆舉盃〉，從這幅畫中可以看到衣冠楚楚的兩班貴族們三三兩兩聚在一起喝酒的樣子。這裡所提到的「酒肆」指的正是酒家。這些人並不是為了解決民生問題而來吃湯飯的，而是把這裡當成跟現代社會的無座位小酒館一樣，他們來此地只是想要一邊簡單地喝點小酒，一邊跟人把酒言歡。於是以「站著喝的酒館」為概念的「立飲酒吧」因應而生。請看一下左邊這幅畫裡站在最右邊的人，他的模樣十分有意思。他是一般人稱為「邏卒」的羅將，負責押送罪人或是用棍棒對犯人行刑的工作。羅將身上穿著名為「號衣」或是「鵲衣」的制服，頭上戴著圓錐形的帽子。或許是工作壓力大的緣故，所以才會想要喝點小酒，沒想到一走進酒館，卻看到裡頭早已經被兩班貴族們坐滿了，於是他露出了不以為然的神色。就像從羅將的眼神中可以看出他的情緒一樣，從金弘道的畫中也可以看出酒棚裡的人們一臉行色匆匆，好像一副急

《申潤福筆風俗圖畫帖》〈酒肆舉盃〉：這是朝鮮後期畫家蕙園申潤福（1758～？）所繪製的風俗畫冊中，以酒家為背景的一幅畫作。老闆娘站在爐灶前方，正在把加熱的酒舀給客人，而爐灶的上面則放著數個盛裝著下酒菜的器皿。客人當中有穿著長袍的書生、頭戴黃色草笠的武藝廳別監，還有戴著尖頂帽的羅將♠。———資料來源：韓國文化財廳

著吃飽要趕著上路似的。相反地，申潤福酒肆裡的人們卻是個個面色從容，充滿了怡然自得的氛圍，沒有任何一個人露出焦急的表情。所以在這樣的地方，頂多也只會賣下酒菜，不太可能有湯飯出現的機會。就此看來，酒肆爐灶上的鍋子裡煮的並不是湯飯，而是用於加熱酒和下酒菜的朝鮮版微波爐，也就是滾沸的熱水。而且就放在爐灶上頭的物品來看，也找不到任何一個像是盛裝湯飯的器皿。

♠朝鮮時期郡衙的使令之一。

市集的酒棚不同於鄉村的酒棚和城市裡的酒館，更增添了一種急迫和忙碌的感覺。市集的酒棚裡顧客絡繹不絕，看起來總是一副應接不暇的景象。一走進酒棚裡，人們就開始喧嘩地喊著老闆娘，要她快點把煮好的湯飯端上來，為了這些必須在短時間內解決一餐的人們，市集的酒棚裡當然不可能像兩班家的精燉牛骨湯一樣，還有空間在小桌子上整齊地擺上小菜和白米飯。因此只能先把用野菜和醬油做成的醬牛肉（醬散炙）放入大的湯碗中，然後再加入調味料直接烹煮。與此相關的內容可以在《是議全書》中看到，書中對湯飯的煮法說明如下：「把優質的白米洗淨，炊煮成熟飯之後，把煮好的醬湯倒入煮至沸騰，備好野菜，將浸泡在湯裡的白飯煮至稀爛，將野菜擺放在上頭作為點綴，最後再灑上胡椒粉和辣椒粉。」為了讓奔波繁忙的人們能夠快速地飽餐一頓，所以市場湯飯的烹調方式也十分簡便，因此也可以說這是一種「朝鮮版的速食」。

一路伴隨百姓們生活至今的湯飯店

代表性的市場湯飯有在咸安五日市集伽倻市場裡煮的咸安湯飯、永川的市場湯飯以及安城湯飯等。不過這些湯飯店都有一個共同點。市場湯飯不同於《是議全書》所描述的樣子，並非在醬湯裡擺上野菜和醬牛肉做裝飾，而是在用牛腿骨和其餘雜骨熬製出來的濃郁高湯之中，放入白飯、野菜

和肉類一起煮好後再端上桌。之所以能用牛骨熬製高湯，答案可以從這三個市場的地理條件看出端倪。伽倻市場旳湯飯很早之前就以湯頭濃郁鮮美而聲名遠播，不過這是有原因的，因為在距離伽倻市場五百公尺左右的地方就是都項洞牛市場的屠宰場，所以店家可以從這裡得到最新鮮的牛肉副產品。咸安酒館的老闆娘們把從這裡取得的牛肉、牛血與各種內臟部位等，與黃豆芽、白蘿蔔一起熬煮成一碗用料豐盛的湯飯，難怪人人都說這裡的湯飯口味是一流的。再加上咸安不僅與晉州、宜寧、昌寧、馬山相鄰，而且不管是從大邱和浦項出發往南海岸方向移動，或是從河東與泗川出發前往首爾的人們，全部都會經過咸安，所以也可以說這裡是一塊南來北往的交通要地。因此這裡的老闆娘們為了招呼那些從一大清早就開始趕路的人，通常天還沒亮就已經開始忙著熬煮市場湯飯了。

另外關於永川有這樣一句俗語，「好馬送往永川市場，劣馬也送到永川市場。」在慶州皇南大塚被挖掘出來之前，從大韓帝國末期的照片來看，有一張旅人騎著短腿馬經過皇南大冢的照片。在朝鮮時代，短腿馬是該地區最重要的交通工具，從永川到大邱、慶州、慶山、浦項、軍威、義城以及迎日的距離都是八十里左右，騎著短腿馬前往大約要花上一天的路程。為了不讓剛從東海岸新鮮捕撈的青花魚受到損傷，在經過永川的時候會先在魚身上灑上鹽巴加以醃製，不過若想要完成這件艱鉅的任務，首先必須先在某處卸下行李，填飽空虛的肚子。此時正好就是順道前往永川市場酒館的最佳時機，到了那裡就可以吃到香味四溢的可口湯飯。和咸安市場一樣，永川的牛市場也在距離永川市場不遠的地方，所以這裡也很容易取得可以讓湯頭變得更濃郁的新鮮牛肉副產品。

最近某家食品公司正在販售的泡麵，它的名字大家或許都有聽過。那就是安城湯麵，名聲大到足以拿來作為泡麵的名字，可見朝鮮時代五大市集之一的安城有其威望，而安城市場的湯飯也別有一番風味。安城市場湯飯一般當地的人稱之為「安城湯」，它的美味祕訣果然也是因為安城牛市場就在附近的關係。酒館的老闆娘們在這裡取得了豐富的牛肉副產品，回去之後用店裡的大鐵鍋花時間慢慢熬煮，美味的市場湯飯就是這樣做出來的。安城湯飯之所以好吃，是因為在不熄火的狀態之下連續熬煮了十幾個小時，所以才能夠將牛骨的味道完全呈現出來，煮出白色濃郁的湯頭。把用高湯煮熟的牛胸肉撕成碎塊，放入乾蘿蔔葉和蕨菜等各種野菜一起熬煮，最後用醬料做調味即可完成。

目前全國最有名氣的牛骨湯店是羅州牛骨湯。羅州牛骨湯並非來自於班家精燉牛骨湯，而是從羅州牛市場取得牛肉副產品，並且花了四、五個小時的時間熬製成湯飯，由於主要販售的對象是在全羅南道羅州邑城舉行的五日市集做生意的商人們，因此才在人們的口耳相傳之下打出了口碑。羅州牛骨湯的特色在於熬製高湯時，牛腿骨的分量放得比較少，取而代之放入大量的牛胸肉、牛腱以及排骨肉等優質牛肉，因此味道大不相同。除此之外，還加入了大量的白蘿蔔、蔥和大蒜，藉此除去牛肉的腥味，經過多次的沖泡過程之後，最後再放入蛋絲和大蔥即可端上桌。「沖泡」這個動作是指將湯飯盛裝在碗裡時，在已經盛好食材的碗裡倒入熱騰騰的高湯，然後倒出部分湯汁後，再倒

入一點新的高湯，此動作反覆數次。這樣一來不僅可以加熱食材，也可以讓高湯的味道滲入其中。

關於羅州牛骨湯的歷史，有人說是從某戶人家四代流傳下來的料理，不過從以前的新聞資料來看，一直到一九八〇年代後期之後才出現提及羅州牛骨湯的報導。

朝鮮第一位，也是唯一的安城男寺黨女性團長——巴吾德兒

安城除了湯飯之外，還以一句話「恰到好處（安城合適）」而聞名。在首爾最具代表性的餐具商家們都是使用安城生產的黃銅器，只要有適當的安城黃銅器，就能做出好的器皿，因此才會產生這麼一句話。不過朝鮮時代後期著名的「男寺黨」也是發跡於安城，其名聲不亞於安城的湯飯和黃銅。巴吾德兒正是帶領男寺黨的團長，這裡指的男寺黨是由男性賤民組成的流浪藝人團體，他們往來於全國的市場與村莊，表演農樂、轉盤子、翻筋斗、走繩索、假面舞以及木偶戲等各種才藝。特別的是領導男寺黨的團長巴吾德兒是名女性。她在十五歲時就被推選為男寺黨史上的首位女團長，她的本名是金巖德（一八四八～一八七〇）。金巖德在朝鮮肅宗時期，出生於安城市瑞雲面青龍里，從五歲就開始在男寺黨學習表演技藝。她不僅擁有美麗的外貌，而且才華出眾，因此獲得了興宣大院君賞賜的玉貫子，這是只有正三品以上的官員才能佩戴的飾物。她特別擅長小鼓和立唱♥，每每表演都讓觀眾嘆為觀止。在巴吾德兒執掌男寺黨之後，安城男寺黨總共進行過六種場院演藝❖。他們的主要技能是風物遊戲，被稱為轉碟的轉盤子、小丑與雜耍者說對口相聲、相互施展地上技巧的場技、假面舞、空中走繩、假面舞以及木偶戲。現在安城每年都會舉行紀念巴吾德兒的慶典「安城男寺黨巴吾德兒節」，地點在她的祠堂所在地，也就是安城市青龍里的佛堂谷。

♥一種民謠演唱形式。

❖韓國傳統演藝的一種，包括歌劇和雜技。

朴僉知木偶戲：男寺黨的表演之一，抓著木偶的脖頸後端表演的木偶戲。隨著戲中出場的重要人物不同，分為木偶戲、朴僉知木偶戲和洪同知木偶戲，是韓國唯一傳承至今的傳統人偶戲表演。———資料來源：韓國文化財廳

老闆娘，我一趟路遠道而來，
不但口乾舌燥，而且肚子也快餓扁了。
若是可以在您這裡吃到這許久未吃的烤牛腸，
再配上米酒一起享用的話，
那麼我今天就可以酒足飯飽、盡興而歸了。

您就別再做夢了。
烤牛腸哪有這麼容易就能吃到？
正好今天有魷魚血腸，您要不要來一份？

這樣啊，魷魚血腸也好，
我想嚐嚐看，請給我多盛點。

還真是貪心啊。
您以為魷魚血腸很容易買得到嗎？
還好今天遇上趕集的日子，孩子們說要孝敬我，
不久前才剛買回來的呢。

真是個孝順的孩子。
孩子買給您吃的血腸，
您卻大方地分給我這個
路過此地的遊子，
我覺得您的心就像佛祖一樣慈祥呢。
那麼我就給您說說
牛腸和血腸的故事吧。

菜單 4-4

牛腸、血腸

從兩班貴族所吃的高級料理，走向庶民日常菜餚的過程

不受兩班貴族歡迎的庶民進補食品——牛腸

牛腸指的是「牛的小腸」，模樣是彎彎曲曲的形狀。牛腸（곱창）中的「곱」是指「動物的脂肪」，因為油脂豐富，所以味道特別好，另外價格也很低廉，因此是一種深受平民百姓們歡迎的滋補食品。從前若是有人罹患重病，在他恢復期的時候，家人會到牛市場或是市集購買牛腸，作為恢復期的養生膳食。不過在宮廷或兩班貴族家是不太吃這種食物的。無論從《朝鮮王朝實錄》、《承政院日記》或是《日省錄》等文獻裡，都找不到任何關於牛腸的紀錄。因為牛腸蜿蜒曲折的樣子很醜陋，讓他們認為只有吃不起牛肉的人才會用牛腸來取代。在他們的認知當中，像烤牛腸或是在牛腸中加入辣椒粉煮成的牛腸火鍋等這類食物，都只是「賤民食物」而已。不過《東醫寶鑑》中的內容與這種偏見不同，書上說牛腸有「補充人體精力、養脾健胃的功效」。

其實牛腸有其獨特的氣味，拿來做料理時並不容易處理。為了去除牛腸的味道，必須先將牛腸充分地浸泡在水裡，待去除血水之後，放入麵粉和鹽一起揉搓，將小腸裡的附屬物質由內而外地去除乾淨。做烤牛腸的時候，只要將牛腸放在鐵網上烤熟即可。但是若是要做牛腸火鍋的話，就必須先與白蘿蔔和生薑一起放入水中煮熟，撈起後才可以使用。這個時候若是煮的時間過長，會讓牛腸變得過於堅韌，所以把牛腸放入滾水後，一看到牛腸開始捲曲時就必須迅速撈起，然後再放入各種

調味料即可完成。

其實血腸曾經是兩班貴族家的高級料理

另外，血腸則是一種使用動物血液和內臟所製成的食物。六世紀中葉南北朝時期，由北魏的高陽太守賈思勰所編纂，也是中國歷史最悠久的農業技術相關書籍《齊民要術》中的「羊盤腸搗」介紹了羊腸的做法：「取羊盤腸，淨洗治。細剉羊肉，令如籠肉，細切葱白、鹽、豉汁、薑、椒末調和，令鹹淡適口，以灌腸。兩條夾而炙之。割食甚香美。」由此可以推測出，自古以來就與中國有過頻繁交流的韓國，應該也是從很久以前就已經知道製作血腸的方法，也可以得知游牧民族在遠古時代就已經有如此先進的動物內臟烹飪方法。不過兩者在製作方法上還是有差異存在，韓國血腸的烹調方法是用煮的，而中國北方民族製作的血腸則是用烤的方式來做料理。

關於在朝鮮時代製作血腸的方法，最先出現的文獻是在料理書籍《閨壺是議方》之中。不過當時並不是用豬腸，而是使用狗腸來製作血腸，用這種方式做出來的血腸稱為「犬腸」。瑞靖大學教授吳順德（오순덕）在二〇一二年《韓國食生活文化學會誌》二十七號上發表了〈朝鮮時代血腸的種類及烹飪方法之文獻考察〉，透過該論文可以了解朝鮮時代文獻之中曾經出現過的血腸種類。依

據吳教授的論文內容所示，朝鮮時代血腸的種類依據時期來區分，朝鮮中期有三種，後期有十二種，總共十五種。不過在一八三〇年崔漢綺所著的農業書籍《農政會要》中也有相關記載，介紹了使用牛肉做成的「牛腸蒸方」，但是這本書並沒有包含在吳教授的調查範圍之中。另外吳教授在論文中介紹血腸的元祖為《增補山林經濟》，與其相較之下，其實應該是《山林經濟》中更早收錄了相關的文獻。除了這兩本書介紹的牛腸蒸方烹調方法之外，根據吳教授的調查，製作血腸時所使用的肉也有所不同，烹調方法中使用狗肉的有一項、牛肉七項、豬肉二項、羊肉三項以及魚肉二項。特別是《酒方文》中的「烹牛肉法」更被視為血腸的鼻祖，書中提到先將醬油、蝦醬和胡椒放入上等的牛肉調味並煮熟，然後再和牛血、麵粉、花椒以及川椒等調味料拌勻，灌入牛的大腸中並將其煮熟之後食用。朝鮮時代文獻介紹製作血腸的方法之中，在洪萬選著作的《山林經濟》，以及一七六六年醫官柳重臨增補其內容而編寫的《增補山林經濟》中皆有提到的「牛腸蒸方」，與現代血腸製作方法最為相似。書中介紹的方法如下：「將牛腸裡外清洗乾淨，切成各一尺的長度，另外將牛的瘦肉用刀刃仔細切碎，然後用各種醬料、油、醬汁等均勻攪拌，紮實地灌進切好的牛腸裡，再用細繩紮緊兩端。在鍋子裡先倒入水，然後把竹子橫掛在鍋子上，將牛腸固定在竹子上，以免牛腸被水浸溼，最後再蓋上鍋蓋。用不強不弱的中火慢慢烹煮，待牛腸熟透了再拿出來放涼，用刀子切成馬蹄形的模樣，沾著醋醬一起食用。」

那麼最早出現「血腸」這個名稱的文獻又是哪一本書呢？答案正是十九世紀末一本作者不詳的烹飪書籍《是議全書》，裡頭不僅詳細地介紹了兩班貴族家的料理方法，同時也是史上首次出現「豬血血腸」名稱與其烹飪方法的書籍。介紹內容如下：「將（豬的）腸子翻開洗淨，先把綠豆芽、芹菜和白蘿蔔用滾水汆燙一下，然後再與泡菜一起搗碎，放入豆腐之後，把大量的大蔥、生姜、大蒜切成碎末後一起放入。接著再加入芝麻鹽、食用油、辣椒粉以及胡椒粉等各種調味料，與豬血一起拌勻，接著將拌好的餡料灌進腸子裡，將腸子兩端綁緊之後放進鍋內蒸熟。」血腸不只需要使用動物的腸子來製作，同時也要使用豬血，因此通常被認為是不適宜出現在兩班貴族家裡的食材。但是撰寫《閨壼是議方》的貞敬夫人安東張氏提到她們會使用狗的腸子來烹調，而《是議全書》裡也提到會使用豬的腸子來製作血腸。從上述這些內容中可以看出，社會上普遍認為血腸主要是老百姓們吃的食物，不過其實這樣的觀念和評價是錯誤的。換句話說，無論是犬腸、牛腸蒸方、《閨閤叢書》中所說的牛腸子蒸，或是《是議全書》裡的豬血血腸等，反而全部都是只有兩班貴族家才會製作來吃的高級料理呢。

另外在某些地區，雖然想要做血腸來吃，但是卻苦於很難買到牛腸或豬腸，於是這些地區只好改用其他食材，製作出魷魚血腸和明太魚血腸。明太魚血腸是將明太魚醃製一晚之後，從魚鰓將內臟取出，然後將各種蔬菜等加入調味料，搗碎做成餡料，放入明太魚的肚子裡即可。冬季的時候可

以改成別的餡料，最後將魚身上的開口部分縫起來，先放在外面冷凍，吃的時候取適量蒸熟，沾著醋醬一起吃就可以了。魷魚血腸也是用類似的方法製成的，在魷魚的軀幹裡放入調味過的蔬菜餡料，然後用線把開口的地方縫起來，蒸熟後即可食用。

造成人們普遍認為血腸不是兩班貴族家的料理，而是平民百姓們吃的食物，這種觀念是在一九七〇年代之後才形成的，因為當時養豬事業受到政府的鼓勵，所以中間包著冬粉的血腸也開始大量出現的關係。隨著血腸的大眾化，做血腸的人經常都是穿著長靴，在豬血淋漓的地板上製作血腸，這樣的製作過程不免讓人們對其衛生安全感到疑慮，所以開始認為血腸是一種不衛生的食物。另外在兩班貴族家一般是用牛肉來熬湯，但以市場為中心的店家則大多都是用豬腸來製作血腸，然後以蝦醬做調味，創造出了大受歡迎的血腸湯飯，此後血腸就更加被認為是屬於庶民們的食物了。

附帶一提，聞名全國的竝川血腸已經有數十年的歷史，柳寬順烈士在三一運動（삼일운동）當時曾經高喊萬歲的竝川市集（우내 장터）附近，在五十多年前就出現了豬肉加工廠，主要是在處理肉類的副產品，在食材便於取得的過程中，血腸也就因應而生了。白岩血腸的歷史也大概只有五十年左右。在白岩附近的京畿道竹城（現在的安城郡竹山面）曾經製作過傳統血腸，據說血腸湯飯的起源，就是從一位曾在白岩五日市集經營「豐盛屋（풍성옥）」，咸鏡道出身的李億兆（이억조）拿這傳統血腸來做血腸和湯飯的生意而開始的。

우내 장터

和金正浩一起刻世界地圖木刻本的惠岡崔漢綺

《農政會要》，一八三〇年出版，作者崔漢綺（一八〇三～一八七七）因著作無數而聞名於世。

茶山丁若鏞在《自撰墓誌銘》中表明自己的著作有四百九十九本，不過被稱為最後的實學家和實學繼承者的惠岡崔漢綺的作品竟然高達一千本之多。雖然他在進士及第之後並沒有出仕為官，不過由於自身家境富裕，因此有能力購買大量的書籍，在廣泛的閱讀之下，進而擴展了他的知識學問。對他而言，幸福就是從新的書中獲得未知的知識，以及透過書籍認識新的朋友。他是氣學研究的大學者。氣學是在東方的氣學基礎上，結合了西方的近代科學，特別是其中的物理學，將氣學以理論的方式變成一門系統化的學問。惠岡崔漢綺特別強調人與宇宙必須天人合一，因此他也積極地吸收天文觀測儀器、航海學以及數學等西方科學的知識。

他最信任的知己正是古山子金正浩。身為莫逆之交的兩人終於在一八三四年完成了兩人這一生之中的一大力作。這個作品就是刻在棗樹木版上的《地球前後圖》。《地球前後圖》是參考中國一八〇〇年左右繪製的兩個半球型世界地圖而製作的，不僅手法精巧，而且還是韓國最古老的世界地圖木刻本。除此之外，崔漢綺的學術成果也相當地豐碩，他不但熟知光的折射現象，也得知魚眼透過光線的折射可以看到岸上人體的形態。他還說明了之所以會有漲潮和退潮，是由於被氣所環繞的地球與月球之間的運動原理所造成的。實際上他在一八三六年出版的《氣測體儀》中，已經提出地球是圓形並且會自轉的理論。在一八五七年撰寫的《地球典要》中，介紹了哥白尼提出的地動說，還有他主張的地球自轉和公轉理論，並且也介紹了世界許多國家的地理、歷史、物產以及學問派別等。在一八六六年著作的《身機踐驗》裡說人體就像是一臺以神氣來運作的機器，並且介紹了西方醫學。

地球儀：後人認為這個地球儀是崔漢綺的作品，以青銅製成，直徑為 24 公分。每隔 10 度的間隔繪製著經線和緯線，標有北回歸線、南回歸線和黃道的記號，黃道上刻有 24 節氣。———資料來源：韓國文化財廳

老闆娘，您在做綠豆煎餅吧。
我的鼻子跟狗鼻子一樣靈敏，
老遠就聞到味道，急急忙忙地趕過來了呢。

確實是狗鼻子啊。
不過其他客人正在排隊等著，
您得先等一會兒才會輪到你。

我已經在路上奔波一整天了，
實在是飢餓難耐，
能不能請您先給我一份呢？

不管你什麼時候來，
總是會想盡辦法耍賴，
真是拿您沒辦法。
既然您都已經餓成這樣，
那我也只好讓別的客人多等一會兒了。

呵呵，
所以我才會這麼喜歡老闆娘啊。
不過作為代價，
我會把綠豆煎餅的由來，
好好地說給您聽的。

綠豆煎餅

在無心插柳之下成為了貧民們的食物

菜單
4-5

綠豆煎餅是窮人的糕點嗎？

關於綠豆煎餅名字的由來有很多種說法。筆者之所以將綠豆煎餅放入與身分相關的章節中，是因為考量到大多數的人都認為它是「為了窮人準備的糕點」之故。據說在朝鮮時代，每到荒歉之年，權貴家族們就會把種子送到南大門外貧民們聚集的地方，還會把救濟用的年糕扔給他們。與此相關的紀錄可以在朝鮮日報連載的李奎泰專欄中看到，其中一篇介紹了日本帝國主義強占時期親日的通度寺首任住持金九河僧人（一八七二～一九六五），他在以乞僧身分四處流浪時所發生的軼事。據說當時他正好抵達漢陽，不過因為當時排斥佛教，所以禁止僧侶出入城內，他在不得已的狀態之下只好待在南大門外頭。那一年時逢荒年，是故同時也有數百名從鄉村流離失所的流浪者露宿在那裡。此時僕役們推著裝滿綠豆煎餅的牛車前來，他們一邊搖著鈴聲，一邊大叫著：「這是北村驪興閔氏的善舉」、「這是廣通坊中人川寧玄氏的施捨」，然後把食物分送給貧民。如果考量到金九河僧侶是在一八八四年十三歲時正式成為僧侶的話，那麼可以推測這個故事應該是發生在一八八〇年代的初期。當時故事中扔給貧民的綠豆煎餅想必應該沒有放入肉類等食材，而是只有將綠豆粉加以稀釋，頂多再加入蔥或芹菜之類配料煎製而成的。

綠豆煎餅是窮人食物的想法，在解放之後變得更加根深蒂固。在日本帝國主義強占時期結束之

後，例如結束徵召回來的人，在祖國受到迫害難以生活而前往滿州、間島或沿海州的人，無法忍受北韓共產政權而逃亡至南方的人，這些人回到首爾之後必須要想辦法謀生就業，而當時最容易賺錢的街頭小吃生意就是不需要太多資金的綠豆煎餅，因為當時的綠豆價格十分便宜。另外在六．二五戰爭爆發之時，逃到釜山避難的人們能夠簡單拿來做生意的食物也是綠豆煎餅，避難結束之後回到首爾，只要用少許成本就可以在街頭營生的小吃當然也是綠豆煎餅。歷經了這樣的時代之後，綠豆煎餅是「窮人的食物」或「窮人的糕點」這樣的固有觀念就開始在人們的腦海裡扎根。搜索

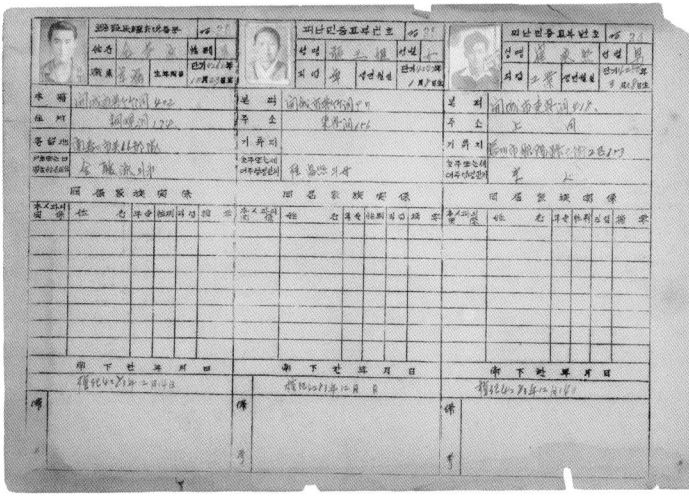

避難民證：證明是6.25戰爭中難民身分的文件。正面貼有三位難民的照片，並且註明了姓名、職業、出生年月日、籍貫以及住址等資訊。———資料來源：韓國國立民俗博物館

一下以前的新聞報導，就可以發現解放之後販賣綠豆煎餅和馬格利酒的店家呈現大幅度的增加。不僅如此，在一九五二年三月二十二日的報導中還寫了六・二五戰爭當時，英國紅十字會會長蒙巴頓女士為了讓戰爭的真相廣為世人所知而特地來到韓國，她在大廳洞市場裡簡陋的木板屋吃過釜山難民賣的綠豆煎餅，吃過之後讚不絕口，還用報紙打包了一些帶回去。

但是也有人說綠豆煎餅名稱的由來卻與此正好形成對比。其中一個說法是來自於高麗時代初期，某戶貧窮人家來了一位貴客，於是主人打算做個煎餅招待來客，因為是要招待賓客的煎餅，所以他取了賓客的「賓」字和招待的「待」字，將這個煎餅命名為「賓待糕」。還有一種說法是因為外形之故，所以才被稱為綠豆煎餅。由於貞洞地區有很多貧困家庭聚集在此，窮人家中經常會有壁虱（빈대）出沒，因此這裡又被叫做壁虱溝。據說這些人賣的煎餅長得很像扁平狀的壁虱，所以才取名為壁虱煎餅（빈대떡）。除此之外，一八七〇年韓醫黃泌秀在他著作的《名物紀略》中提到：「餲餅是中國的一種麵粉煎餅，後來將餲餅的『餲』字誤寫為意指壁虱的『蝎（全蝎的蝎）』字，因此最後稱其為壁虱煎餅。」因為讀錯了一個漢字，讓綠豆煎餅的由來變成一個津津有味的趣味故事。不過話說回來，也有人說是因為將磨好的綠豆放在鐵鍋上煎的時候，其壓扁的樣子很像壁虱，因此才取「蝎子」之意為名。

從「貧者」演變為「綠豆煎餅（貧者糕）」的過程

研究學者最關注的綠豆煎餅詞源來自於漢語。只要稍微對漢字有點概念的人，通常都會認為這是最接近綠豆煎餅詞源的說法。提供這個線索的書籍是一位研究學者替我們找出來的，這位先生正是解放後曾經擔任過首爾大學文理學院院長的學者方鍾鉉（一九〇五～一九五二）。他從朝鮮時代負責培養翻譯官的司譯院文獻中，找到一六七七年（肅宗三年）崔世珍發行的漢語教材的韓語解釋文本《朴通事諺解》，書裡提到「餅食者」的中文發音和「餅者」十分相似。而「餅者」也有用石磨將綠豆磨碎後做成煎餅的意思。這就意味著綠豆煎餅不是韓國固有的食物，而是連同名稱一起從中國直接傳入韓國的食品。據說「餅者（Bing-jyeo，빙져）」一詞在十七世紀時演變為「Bing-jya（빙쟈）」，然後這個詞彙在十九世紀末的文獻中又再次改變為「Bin-jya（빈쟈）」。支持這個論點的文獻是《閨壺是議方》，書中記載了煎綠豆煎餅的方法，名稱叫做「餅者法（빈쟈법）」。另外提及「餅者（빈자）」的文獻正是憑虛閣李氏撰寫的《閨閤叢書》，這本書裡是以「餅者（빙자）」來代表綠豆煎餅的名稱。其製作方法如下：「把綠豆磨成細末狀，立刻將大量的油倒入煎鍋中，然後再用勺子舀綠豆糊倒入鍋中，在上面放上用蜂蜜栗子拌勻做成的餡料，接著再用綠豆糊覆蓋住，用湯匙用力地按壓，做出像花煎餅的形狀，再把松子鑲在上面，大棗則是鑲在四周的位置，將其煎

熟即可。磨好的綠豆若是放置太久會腐壞，一旦腐壞即無法再使用。」這裡所提到的做法，比起現在的綠豆煎餅，反而更像是在製作花煎餅。另外由於使用了包括蜂蜜、松子以及大棗的珍貴食材，所以直到十九世紀為止，綠豆煎餅和後來專為窮人準備的糕點應該還沒有任何的關係。就這樣十九世紀末期文獻中曾經使用過的「餅者（빈쟈）」一詞，在二十世紀初的文獻中終於開始轉變為「餅者糕（빈자떡）」或是「餅者（빈자）」等用語。在語源的變遷之下，到了二十世紀之後，「餅者糕（빈자떡）」的發音就好像是在形容「貧窮的人」的「빈자（貧者）」，於是逐漸就被認定為是「貧窮的人所吃的糕點」了。與此相關的內容在一九二四年李用基著述的《朝鮮無雙新式料理製法》中也看得到，他表示因為用了代表窮人食物之意的漢字，使得綠豆煎餅被誤以為是窮人的食物。「將綠豆去除外皮，與糯米一起浸泡於水中，然後用石磨研磨後，加入雞蛋一起均勻攪拌。和做煎餅一樣，煎的時候必須要用大量的油，這樣煎出來的餅才會好吃，多打幾顆蛋進去，就可以讓煎餅變得更加酥脆爽口。（中間省略）綠豆煎餅的名稱雖然有『窮人吃的食物』之意，但是國家祭祀的時候也會使用。不過若這個真的是窮人吃的東西，怎麼會放這麼多各式各樣的食材呢？綠豆煎餅是指在綠豆裡放入切好的芹菜或蔥製成的煎餅。雖然也可以放入糯米或粳米一起研磨，但是這種煎餅本來就是要吃起來有點稀鬆酥脆的口感才算好吃，放入糯米或粳米的話，會變得像小麥煎餅一樣黏糊糊的，吃起來口感反而沒有那麼好。雞蛋多放一點，再加點小蘇打與磨碎的綠豆一起均勻攪拌，將剛拌好的綠豆糊立刻下鍋煎熟，現煎現吃的味道是最好的。」

其實從前宮廷裡在舉行祭祀的時候，為了讓分量看起來比較豐盛，會把煎餅墊在各種燒烤的肉下面再裝盤呈上供桌，所以才會特別製作了綠豆煎餅。但是如此一來，各種燒烤食物的豐富油脂和調味料也會滲入綠豆煎餅之中，最後讓綠豆煎餅本身也成為一道美味的佳餚。

綠豆煎餅在每個地區都有不同的名稱在全羅道被稱為「烙餅（부꾸미）」或「破爛餅（허드레떡）」。黃海道稱其為「粗煎餅（막부치）」；平安道稱之為「綠豆煎餅（녹두지짐）」，或是「煎餅（지짐이）」、「煎餅（부침）」，除此之外還有「貧者法（빈자법）」、「貧者餅（빈자병）」、「綠豆煎餅（녹두전병）」以及「綠豆炙（녹두적）」等說法。現在這種加了肉類和綠豆芽的綠豆煎餅很有可能是從北韓傳過來的。因為平安道的綠豆煎餅裡頭加了五彩繽紛的各種豆沙，因此比起首爾的綠豆煎餅來說，不僅尺寸大了三倍左右，而且厚度也大約高出了二倍。

筆者在一邊寫著飲食歷史的同時，也一邊思考著過去膾炙人口的那些飲食故事，這才發現很多一般人們所熟知的內容，其實並非是在過去歷史中真實發生的事情，很多都是將被時代創造出來的傳說加以包裝，使其看起來像是真實故事一樣而已。或許故事真相在朝鮮時代並非如此，但是歷經了開化期和日本帝國主義強占時期來到了現代社會，隨著時代的變遷故事也就隨之改變，不過在後人眼裡看來，好像自朝鮮時代起就已經有這樣的故事存在似的。綠豆煎餅也正是如此，與綠豆煎餅相關的內容之中也隱藏著各式各樣的時代面貌，因此在寫這些文章的時候真是讓人感到樂趣無窮。

與被稱為壁虱溝的貞洞相互交織的王后悲劇

被冠上「壁虱溝」這樣不光彩名字的貞洞，其地名是從何而來呢？在二〇〇三至二〇〇五年清溪川復原工程施工的過程中，發現了支撐朝鮮時代廣通橋的基石竟然是一塊古色古香的朝鮮初期石雕。但是無論怎麼看也看不出原來應該是什麼模樣。經過仔細的調查之後，才發現原來是將王陵的屏風石倒過來放置，用以支撐廣通橋的重量。與此相關的文獻出現在《朝鮮王朝實錄》太宗十年（一四一〇）的紀錄中，裡頭提到若是遇到下大雨的日子，廣通橋的土木橋梁就會倒塌，所以打算將其改為石頭橋梁，是故將貞陵的石材拿來使用。這麼說來，貞陵究竟是誰的陵墓，怎麼會把王陵裡的石雕拿來作為百姓們日日行走於其上的橋梁石材呢？原來內幕是這樣的。

朝鮮太祖李成桂有二位妻子，一位是婚後留在故鄉咸鏡道的「鄉妻」神懿王后韓氏（一三三七～一三九一），以及在開京再度結婚之後，得到女方很多幫助的「京妻」神德王后康氏（？～一三九六）。李成桂出身於咸鏡道貧寒的家庭，所以他與高麗權貴世族神德王后康氏的婚姻，對他將來出人頭地有莫大的助益。神德王后為人端莊穩重，並且善待鄉妻的子女，所以在朝鮮建國之前並沒有產生什麼太大的矛盾。但是神懿王后韓氏在朝鮮建國前的一年即因病去世，此後神德王后在成為朝鮮第一個王妃開始，糾纏不清的衝突就此展開。神德王后生育的幼子李芳碩，以十二歲的稚齡越過長幼順序在他之上的七位哥哥，被李成桂冊封為王世子。從此之後，李芳遠開始對神德王后心生怨恨。

一三九六年神德王后撒手歸天，太祖李成桂悲痛難抑，即使當時並沒有在四大門內建造王陵的先例，他還是命人在四大門內打造了一座王妃的陵墓，並且將其取名為「貞陵」。但是李芳遠在一三九八年引發第一次王子之亂，殺死了鄭道傳和同父異母的弟弟們，在李成桂崩逝之後，宮廷立即陷入報仇的血戰之中。首先他將神德王后從繼妃的身分降級為後宮，然後將她的牌位從宗廟趕出去，以不能在四大門內設立王陵為藉口，將神德王后的陵墓遷葬到都城外的京畿道楊州郡城北面的四限里。原來的貞陵已經被夷為平地，原先使用過的建材全數被拆除掉。後來到了一四一〇年時，廣通橋被改建為石橋，從貞陵挖出來的屏風石就被倒過來放置其下，當作橋梁的基石，讓百姓們千踏萬踩。今日之所以把德壽宮周邊稱為貞洞，正是因為神德王后的貞陵曾經位於此地之故。

首爾貞陵：這裡是太祖李成桂繼妃神德王后康氏（？-1396）的陵墓。同時這裡也是朝鮮王朝時期最早建造的一座王妃陵墓。———資料來源：韓國文化財廳

5-1

平壤冷麵、咸興冷麵

5-2

東萊葱煎餅

5-3

全州拌飯、黃豆芽湯飯

5-4

淳昌辣椒醬

5-5

海州勝妓樂湯

第五章

用鄉土史做出的料理

將個別的歷史彙集而成後造就了朝鮮
必須在當地吃，才品嚐得出其美味的料理

老闆娘，
今天請準備一點
涼爽的食物吧。

涼爽的食物？
您是指什麼樣的食物呢？

就是那種
老闆娘做不出來的食物。

哪裡還有
我做不出來的食物呢？

當然有囉。
請問您有沒有聽過
冷麵這種食物？

啊，您說冷麵嗎？
那個真的有那麼涼爽嗎？

雖然今天沒辦法吃到冷麵，
不過我還是跟您說說
關於美味冷麵的故事吧。

菜單 5-1

平壤冷麵、咸興冷麵

蕎麥的變身
讓北韓地區在冬季也能胃口大開

北韓地區每到冬季都會做來吃的冷麵

一般只要提起冷麵，人們通常會想起平壤冷麵和咸興冷麵。離開北韓來到外地的人們，把對故鄉的鄉愁寄託在平壤冷麵涼爽的肉湯和咸興冷麵香辣的醬料之中。冷麵是北韓人民的自豪，也是集結眾人創造力的作品，更是韓國固有的傳統飲食。金日成甚至囑咐要將平壤玉流館的冷麵味道保存下來，可見他多麼為平壤的第一美食感到驕傲。

冷麵是用蕎麥製作而成的，而蕎麥第一次出現在文獻上是在唐朝的時候。之後從宋朝開始廣泛地栽培，依據推測應該也是從很久以前就已經傳到韓國並且開始栽培了。蕎麥性喜陰涼且乾燥的環境，在這樣的土地上會生長得比較好。蕎麥是一種耐瘠性好的作物，生長期短，只需要六十到一百天即可收成。因此比起南部地區，在土地貧瘠且天氣較為陰涼的北韓地區，或是像平昌這樣的平坦高原地形更適合栽種。之所以會用蕎麥做麵條來吃，主要是因為祖先們以他們的智慧，從食用蕎麥的經驗之中發現了它的藥效成分。關於蕎麥的藥效，《東醫寶鑑》的記載中提到，蕎麥有消除脾胃溼氣和熱氣的作用，利於消除腸胃積滯，即使累積了一年的滯氣，只要吃了蕎麥即可使其下降。在朝鮮時代，想要在北韓地區見到醫員並不是一件容易的事情，所以才會利用蕎麥的特性，開發出對身體有益的食品。雖然現在冷麵賣得最好的季節是夏天，不過其實冷麵本來是在冬季吃的食物。在

《東國歲時記》十一月分的內容裡也有與冷麵相關的紀錄。

「用蕎麥麵沈菁菹（蘿蔔泡菜）、菘菹（白菜泡菜）和猪肉，名曰冷麵，又和雜菜、梨、栗、牛猪切肉、油醬於麵名曰骨董麵，關西之麵最良。」從這個紀錄看來，以前的冷麵與我們現在喜歡吃的冷麵有其不同之處。雖然現在我們吃的冷麵上放的都是牛肉，但是在十九世紀《東國歲時記》裡卻出現了放豬肉的紀錄。由此內容也可得知，在朝鮮時代想要尋求牛肉這項食材並不是一件簡單的事情。北韓朝鮮地區在寒冷的冬季裡，會用蕎麥來製作麵條並且搭配水蘿蔔泡菜一起吃，特別是在喝了酒之後，他們還會用蕎麥冷麵來取代解酒湯，作為醒酒以及緩解胃部不適之用。

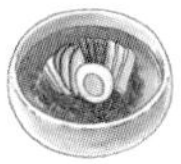

製作麵條在朝鮮時代是一項非常艱鉅的工作

朝鮮時代的儒生們喜歡創作五言詩或七言詩，其中也有與冷麵相關的詩句。茶山丁若鏞和遂安郡守一同造訪了海州，並且在當地擔任考試官的工作，在返京的路上，用開玩笑的心情給瑞興都護府使寫了一首詩，這首詩完整地呈現了冬天吃冷麵的冷涼寒意。

瑞興都護太憨生，
曲房銷妓如籠鸚，
金絲煙葉斑竹袋，
倩妓燒進作風情。

西關十月雪盈尺，
複帳軟氍留欸客，
笠樣溫銚鹿臠紅，
拉條冷麵菘菹碧。

從詩句中可以得知當時用獐子肉來做火鍋，並且在冷麵中加了水蘿蔔泡菜一起吃。既然提到了出現麵條和獐子的詩句，那麼就再為大家介紹一下在《朝鮮王朝實錄》中描述崔瑩與李成桂之間友情的趣味記載。禑王時期，若是人們在崔瑩面前提及誣陷李成桂的話語，崔瑩就會大發怒火並且加以訓斥。透過以下的內容可以看出兩人之間有著非常深厚的交情。

……每將宴會賓客，瑩必謂太祖曰：

「我備麵饌，公備肉饌。」

太祖曰：「諾。」

一日，太祖為是，率麾下士獵，有一獐自高嶺而走下。地勢峻絕，諸軍士皆不得下，迤從山底，回馳而集，忽聞大哨鳴鏑聲，自上而下，仰視之，乃太祖自嶺上直馳下，勢若迅電，去獐甚遠，射之正中而斃……以其狀言於瑩，瑩嗟賞者久之。

——《太祖實錄》第一卷，總書第七十三篇紀錄

從這篇紀錄中可以看出，由於當時是屬於自給自足的時代，因此人們必須親自去獵取飯桌上的菜餚。在崔瑩現做出來的麵條上，加上用太祖剛才捕獲的獐子做成彈性十足的白切肉片，這是一道現代人很難吃得到的食物。故事中是由崔瑩負責準備麵條，雖然不知道他準備的麵條是否就是冷麵，但是在朝鮮時代，若是想做冷麵的話，就必須先揉製蕎麥麵糰，然後再將其做成麵條，手續相當麻煩，可以說是一項艱鉅的任務。為了製作出比絲線稍微厚實一點的冷麵，就必須要有一臺「麵榨機」才行。在徐有榘著作的博古通今百科全書《林園經濟志》當中，提到了關於麵榨機的記載，內容如

下：「首先在大圓木的中間鑽出一個直徑四到五寸的圓孔，用鐵絲將洞孔包覆起來，然後在底部鑽出無數個小洞。再將這個壓麵機固定在大鐵鍋裡，把麵糰放入之後壓下槓桿，壓製出來的麵條就會接連不斷地掉入煮著沸水的鐵鍋裡了。」

從麵榨機裡壓取麵條是一件十分辛苦的勞動工作。開化期之後以各種風土民情為主題，留下多幅風俗畫的箕山金俊根，他的作品中有一幅名為《壓製麵條的模樣》。壓製麵條是一種多麼耗費人力的重度勞動工作，在這幅畫中可以一覽無遺。畫中有一個男人爬上了梯子，似使盡了全身的力氣往下壓，才得以將放入機器中的麵壓制成麵條，麵條的誕生真是得來不易。後來在一九三二年，咸鏡南道咸州郡的金剛鐵工所主任金圭弘開發出了機器式的冷麵製造機，為冷麵的普及化做出了莫大的貢獻。

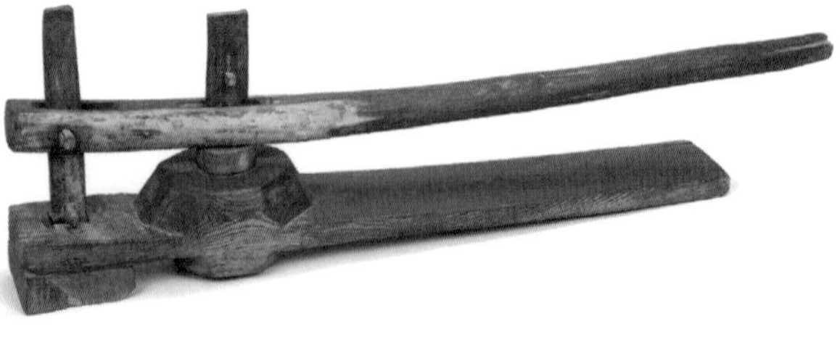

麵糰壓麵機：日本帝國主義強占時期由松樹製作而成的壓麵機，由主體和壓軸所組成。在放入麵糰的圓筒凹槽底部安裝著附有細小孔洞的鐵板。————資料來源：韓國國立中央博物館

咸興沒有咸興冷麵？起源竟是生魚片拌麵？

前面提到寫了《東國歲時記》的洪錫謨也將在關西地方製作的平壤冷麵列為第一美味。但是無論怎麼找，也找不到與關北地區的冷麵，也就是咸興冷麵相關的紀錄。就像中國沒有炸醬麵一樣，令人感到驚訝的是咸興冷麵也並非出自咸興。現在就算去咸興，也找不到賣咸興冷麵的地方。事情的真相是這樣的，原先咸興地區用馬鈴薯做成的麵條稱為澱粉麵條（冷粉），在六・二五戰爭之後，因為戰爭流離失所的咸興人民群居在束草，並且以咸興冷麵之名來販售麵條。另外咸興地區流浪在外的人民還是主要提供水產乾貨給五壯洞中部市場的供貨商，因此這種冷麵透過這個市場傳遍全國。咸興地區還會把一種在大海中經常捕到的鰈魚生魚片放入麵條中一起吃，這種麵條就叫做生魚片拌麵，並不是叫做咸興冷麵。離鄉背井的人們製作出在咸興時常吃的澱粉麵條，也就是用馬鈴薯的澱粉製成的麵條，這種麵條比用蕎麥製作的平壤冷麵更有咬勁，然後他們再添加帶有生魚片拌麵回憶的辣椒粉作為調味料，並且藉以去除生魚片的腥味，如此開發出香辣有勁的辣拌冷麵。一開始的名稱本來只是叫做生魚片拌麵，但是為了要跟平壤冷麵做出對比，因為這是由咸興逃亡出來的人所開發的食物，因此人們便稱其為咸興冷麵。他們所吃過的生魚片拌麵是使用剛從海裡捕撈回來的新鮮鰈魚，做成生魚片之後與醬料一起拌著吃，辣味十足的醬料與帶有些許魚骨的生魚片一起咀嚼品嚐，味道堪稱一絕。在南韓將澱粉麵條的口味重現之後，其後逐漸改為使用濟州島等地盛產的地瓜澱粉來取代馬鈴薯澱粉；本來使用的鰈魚生魚片也改為南方產量較為豐富的斑鰩，雖然食材已經不同，但是卻比在北韓吃過的冷麵更加可口，成為一道令咸興人民感到自豪的料理。

深受純祖和高宗喜愛的冷麵

朝鮮的歷代君王也很喜歡吃冷麵，特別是純祖和高宗還留下了與冷麵有關的軼事。高宗時期曾任領議政的李裕元所著的文集《林下筆記．春明逸史編》裡，記載了純祖與冷麵相關的逸事。將其內容簡略說明的話，大意是純祖經常與軍職和宣傳官一起賞月，據說某天晚上純祖想要找他們一起吃冷麵，所以叫他們兩個人買冷麵過來。可是其中一個人卻買了豬肉過來，純祖問他買豬肉來要做什麼，對方回答說是要放在冷麵裡一起吃的。於是純祖在分發冷麵的時候，只把冷麵分給其他人，唯獨不給那位買豬肉來的人，還跟其他人說：「他吃別的東西就可以了。」透過這個紀錄，我們不

僅可以得知純祖很喜歡吃冷麵，而且當時也有人會在冷麵裡放上豬肉一起吃，此外也可以從對話中觀察到純祖評斷一個臣子的人品時，是以什麼樣的基準來做判斷。

另外高宗將冷麵當作特別料理來吃也是家喻戶曉的故事。在高宗第八位後宮三祝堂金氏所講述的故事中，曾經提及關於為了高宗喜愛的冷麵所舉行的酒會。高宗喜歡吃的冷麵，其特點是加了很多水梨以及醃製過的清爽水蘿蔔泡菜湯，而且冷麵上還放滿了肉片、水梨和松子作為裝飾。在大韓帝國最後一任皇后純貞孝皇后尹氏身邊侍候的至密尚宮金命吉尚宮在她晚年出版的《樂善齋周邊》一書裡，介紹了關於高宗喜歡的冷麵內容。依據她的說明，在高宗吃的冷麵上會擺上配料作為點綴，肉片會以十字架的造型擺放在正中間，剩餘的空間則是用水梨和松子來填滿，其中水梨一定要用湯匙削成薄片，使其呈現出新月的形狀。

宮廷裡若是舉行大型宴會的話，麵食是絕對不會缺席的一道料理，不過大部分的麵食料理都是溫麵。但是學者們在研究了《進饌儀軌》和《進爵儀軌》等文獻之後，發現在一八四八年憲宗十四年進宴的時候，以及一八七三年因康寧殿火災而燒毀的景福宮在重建完成後舉行的宴會中，都可以確認菜單中曾經出現冷麵的紀錄。根據學者的調查，一八四八年的冷麵使用了蕎麥麵、牛胸肉、豬腿肉、白菜泡菜、水梨、蜂蜜以及松子；另外一八七三年的冷麵則是使用了蕎麥麵、豬腿肉、泡菜、水梨、辣椒粉以及松子等食材。由此可以看出，一般宮廷吃的冷麵皆屬於平壤式冷麵，而一八七三

年的冷麵開始加入了辣椒粉，口味也轉變成香辣的滋味。除此之外，《是議全書》中介紹的冷麵與高宗吃過的那種冷麵極其相似。「加上清爽的蘿蔔片水泡菜或是美味的水蘿蔔泡菜湯，淋上些許蜂蜜，再將牛胸肉、水梨以及醃製得宜的整顆白菜泡菜三項食材全部切成絲狀，擺在冷麵上方作為裝飾，最後灑上辣椒粉和松子增添香氣。」差異只在於用牛胸肉來取代豬肉而已。

隨著冷麵開始變得大眾化之後，擺放在冷麵上的肉片也跟著換成了豬肉。一九一〇年大韓帝國的主權被剝奪之後，從宮廷裡搬出去的宮女和熟手們為了維持生計，以他們在宮廷裡學到的料

明月館照片明信片：這是用朝鮮料理餐廳明月館本店全景照片做成的明信片。背面有黏貼郵票、填寫地址與內容的欄位，上面用鉛筆寫著「30,000」的字樣。——資料來源：韓國國立民俗博物館

理方式作為基礎在外面開了餐廳，其中最具代表性的餐廳就是明月館。在《婦人必知》裡簡單地介紹了明月館裡提供的冷麵。「將麵條放入水蘿蔔泡菜湯裡，然後將白蘿蔔、水梨和柚子切成薄片，豬肉亦切成薄片，煎好雞蛋做成蛋絲，擺放在冷麵上作為裝飾，最後以胡椒、水梨和松子做調味，這就是所謂的『明月館冷麵』。」從這個紀錄中可以看出，大眾化之後的冷麵已經開始使用豬肉。

在日本帝國主義強占時期的文獻中，也有大量關於冷麵的紀錄。另外在一九一〇年代以後，由日本人開發的調味料「味之素（味の素）」也讓平壤冷麵的美味更上一層樓。這個時期的冷麵分為夏季冷麵和冬季冷麵，甚至還介紹了兩者各自的烹飪方法。

單單一個冷麵的故事就足以寫成一本厚重的書，在有限的版面上很難將關於冷麵的故事全部都寫下來。若是要簡單地整理一下，大概可以做出這樣的結論，冷麵是平壤冷麵的始祖，即使在朝鮮時代也是上至君王，下至百姓人人都喜歡的料理，它是韓國固有的傳統食物。

深入了解，滋味加倍！

大韓帝國的末代皇后——純貞孝皇后

高宗除了明成皇后之外還有八位後宮嬪妃，雖然生下了眾多兒女，可是生存下來的只有大韓帝國末代皇帝純宗、貴人張氏生下的義親王李堈、皇貴妃嚴氏生下的英親王李垠、以及由貴人梁氏生下的德惠翁主。純宗因為海牙密使事件被日本帝國強行推上王位，並且於一九〇七年八月二十七日（陰曆七月十九日）在慶運宮（德壽宮）舉行繼位大典，成為朝鮮第二十七代，同時也是末代的君王。純宗雖然是在日本的逼迫之下繼任為王，不過他卻是一名至誠的孝子。純宗在王世子時期迎娶了純明孝皇后閔氏，不過她在純宗即位前的光武八年（一九〇四）因病逝世，享年三十三歲。兩年後的一九〇六年，純貞孝皇后尹氏正式成為了

純貞孝皇后：這是純宗的繼妃純貞孝皇后（1894～1966）的照片。——資料來源：韓國國立古宮博物館

純宗的繼妃。此時純貞孝皇后年僅十三歲，純宗足足比她大了二十歲，純貞孝皇后作為大韓帝國最後一位國母，擁有雍容華貴的氣度與堅毅的性格。在純貞孝皇后尹氏成為繼妃之後，她的父親海豐府院君尹澤榮進入宮中，宮廷特意為他準備用銀器盛裝的十二道菜餚。但是他一打開銀製餐具的蓋子，卻發現飯碗和菜盤全部都是空的。純貞孝皇后藉由此舉將大韓帝國的實際情況傳達給父親，對走向親日之路的父親提出了無言的抗議。另外在一九一〇年日本奪走大韓帝國主權之際，李完用強迫純宗簽署日韓併合條約，當時純貞孝皇后曾躲在屏風後面偷聽到這件事情，於是她把玉璽藏在她的裙子裡，而讓李完用因為找不到玉璽而驚慌失措，在翻找了三個多小時之後，玉璽還是被她親日派的伯父尹德榮強行奪走，這個故事非常有名。純貞孝皇后尹氏就像純宗一樣，對高宗相當孝順。

一九一九年高宗意外突然逝世，一九二六年純宗也因病去世，不過直到閉上眼睛的那天為止，她都沒有忘記作為皇后的威望和體統，是大韓帝國皇室最後一位活著的見證人。在六・二五戰爭爆發之後，尹皇后前往釜山避難，雖然當時順利地住進了慶尚南道的道知事官舍，但是不久即被隨後南下的李承晚總統將其住處奪走。之後她在釜山的某座傳教堂裡租了一個房間，可是卻不得不把房間讓給同樣前來避難的小叔子英親王，最後只能輾轉地搬到給守墓人住的房間暫時安住。聯合國軍收復首爾後，雖然她再度回到了樂善齋，但是李承晚總統卻頒布了法令，並且依據該法將昌德宮樂善齋收歸國有，尹皇后在無可奈何的情況之下被攆出宮廷，搬到了貞陵的修仁齋居住，過著一天比一天更加艱難的生活。第二共和國政府成立後，尹皇后終於被接回首爾，重新住進了樂善齋，不過在純宗駕崩四十年後的一九六六年二月三日，尹皇后病逝於昌德宮樂善齋，得年七十二歲。

老闆娘，
快點給我來點米酒和下酒菜，
下酒菜就請替我煎個蔥餅吧。

怎麼辦才好呢？
正好手邊沒有
做蔥餅的食材了。

聽說老闆娘做蔥餅的手藝
與東萊蔥煎餅不相上下，
我因為想吃這個才一鼓作氣跑過來，
真的不能給我做嗎？

由於我得了傷寒，
所以無法去市集買菜。
不過那個東萊蔥煎餅
真的有那麼好吃嗎？

當然好吃囉。
我給您說個東萊蔥煎餅的故事，
請您替我做點別的下酒菜吧。

菜單 5-2

東萊蔥煎餅

肥沃田野與豐饒大海一應俱全的地方名產

朝鮮後期對日外交的唯一窗口——東萊

位於釜山的東萊，其地名誕生於八世紀中葉新羅時代的景德王時期。朝鮮時期在東萊設置了「東萊都護府」，在外交和軍事上有著舉足輕重的地位。由於東萊都護府在此設立了左水營與釜山軍營，於是這裡便成為守護朝鮮東南海岸的防禦線，也成了戰略性的軍事要衝區域。位於此處並守護著東萊府的東萊邑城，是朝鮮時代最具代表性的邑城。壬辰倭亂爆發之時，東萊府使宋象賢為國殉節，東萊邑城也因此遭到倭軍破壞，不過在朝鮮時代歷經了數次的改建增修，依然展現了堅固的邑城面貌。不僅如此，東萊溫泉也是人們經常造訪的名勝景點。再加上壬辰倭亂以後，

東萊邑城址北門全景：從高麗末期至朝鮮初期建造的釜山東萊邑城。抵禦倭寇的第一道關口，在壬辰倭亂發生時與釜山鎮城同樣都是與倭寇展開激烈戰鬥的場所。———資料來源：韓國文化財廳

日本人進出朝鮮的地方僅限於倭館♣，所以倭館所在的東萊是朝鮮後期對日外交的唯一窗口。住在倭館的日本人大約有五百至六百名，每年在日本與朝鮮之間往返的貿易船約有五十多艘。從日本到朝鮮的外交使節主要是由對馬島主每年例行派遣的使臣「送使」，以及只有發生外交懸案時才會特意派遣的「差倭」。然而接待他們並進行外交事務的地方就是東萊。東萊地區還與日本展開了國家之間正式進行貿易的倭館開市。由於東萊是外交與軍事的要塞之地，所以從日本返回的通信使到從漢陽前來的高官「接慰官」等人都會在這裡做短暫的停留。先前在談論地瓜的由來時，曾經提到初次將地瓜帶回朝鮮的趙曮也是通過東萊前往日本，在他從日本返回時才將地瓜引進並且開始試著在東萊栽種的故事。

優質蔬菜和海鮮的絕妙組合——東萊蔥煎餅

東萊地區擁有悠久歷史的傳統食物正是東萊蔥煎餅。雖然並未在朝鮮時代的文獻當中發現提及東萊蔥煎餅的資料，不過坊間有這樣的說法，由於東萊是外交上非常重要的地方，為了能夠隨時招

♣朝鮮時期設在釜山的日本商務館舍。

待前來的朝廷大臣，所以才會特別製作東萊蔥煎餅這樣的食物。東萊蔥煎餅料多而味美，據說每逢上巳日（農曆三月三日），東萊府使就會把東萊蔥煎餅上呈給君王享用。還有一種說法是這樣的，據說在建造東萊邑城的時候，因為要提供給工人的米飯不足，所以用蔥煎餅來取而代之。還有傳聞說，蔥煎餅的製作方法是由宮廷流傳到民間的。聽說將東萊蔥煎餅轉變為市面上出售的食物是因為一九三〇年代東萊府官妓們的關係，這是目前最有力的說法。當時東萊的官妓甚至成立了妓生工會，在她們經營的其中一家酒家「真珠館」裡，初次將東萊蔥煎餅作為招待客人的下酒菜。不過當時販售的價格過於昂貴，如果不是富裕的達官顯要，一般人通常是吃不起的。後來這樣的東萊蔥煎餅開始在每五天舉行一次的東萊市集，由手藝絕佳的婦女們負責煎製，並且以老百姓能夠買得起的價格來販售，於是蔥煎餅的人氣也隨之蒸蒸日上。當時東萊市集是聞名全國的大型市集，每當倭館開市的時候，這裡就是以私下交易形式控制倭館後市的「萊商」們的活動根據地。隨著東萊市集中心商圈的形成，東萊蔥煎餅的名氣也跟著水漲船高。每當市集營業的時候，被稱為「趕集商販」的貨郎們就會為了吃一口美味的東萊蔥煎餅而加快腳步。甚至還產生了「為了吃蔥煎餅而特地去東萊市集」的說法。

東萊蔥煎餅除了是東萊市場的名產，也是春天的代表性食物。放入機張當地栽種的朝鮮細蔥、彥陽地區生產的芹菜和牛肉末、還有在機張海邊捕撈的新鮮海產，再將糯米和粳米磨成粉，調製成

略稀的麵糊倒入鍋中，將雞蛋打散淋在上面（打散時蛋白和蛋黃不需要完全混合在一起），蓋上鍋蓋待其煮熟，令人垂涎三尺的蔥煎餅即可完成。東萊蔥煎餅最大的特色就是不加魷魚，這是因為想要把空間留給一些更加罕見，或者是比較珍貴的海鮮之故；舉例來說像是文蛤、牡蠣、蝦子、花蛤以及江珧蛤等海產。另外將米粉調製成麵糊時不加水，而是加入用蔥根與各種材料熬煮出來的湯汁，醬料則是以傳統方法釀造的醬油為基底來調配。東萊蔥煎餅之所以會如此美味，是因為有當地盛產的翠綠蔬菜與剛從大海捕撈上來的新鮮海產，兩者的組合形成了妙不可言的滋味。除非擁有像東萊一樣的優異地理條件，否則其他地方是絕對無法複製出一樣的食物，因此東萊蔥煎餅才會成為足以代表當地的風味料理。

每到東萊市集開張的日子，即便人們並沒有需要採買的東西，也會因為想要一嚐東萊蔥煎餅的美味蜂擁而至，所以賣東萊蔥煎餅的店家門外總是大排長龍。其中開店至今已經流傳至第四代的第一餐廳東萊奶奶蔥煎餅是最有名氣的一家店。他們製作的東萊蔥煎餅不僅較為厚實，煎製的的技術也和一般蔥煎餅不同，因此外人難以模仿。東萊人認為東萊蔥煎餅是一種兼具魅力、品味、美味、風格以及趣味的料理，並且深深為它感到自豪。東萊人懷著對東萊蔥煎餅的熱情，從二〇〇四年開始成立了「東萊蔥煎餅研究會」，並且積極地舉行各種活動，另外每到東萊邑城歷史慶典（東萊邑城歷史祝祭）的時候，還會舉行製作東萊蔥煎餅的活動。

英勇對抗倭寇，為國捐軀的東萊府使宋象賢

朝鮮時代的東萊府使是正三品的堂上官，而宋象賢在一五九二年被任命為東萊府使。在英祖時期東萊府畫員卞璞繼的作品《東萊府殉節圖》中，描繪了壬辰倭亂當時讓宋象賢忘身殉國的那場東萊城激烈戰役。一六五八年（孝宗九年）東萊府使閔鼎重（一六二八～一六九二）在壬辰倭亂當時，以曾經親眼見證東萊城戰役的老人之詞作為基礎所繪製，一七○九年（肅宗三十五年）再度臨摹，其後在英祖三十六年（一七六○年），在東萊府使洪名漢的命令之下，由東萊府畫員卞璞繼重新臨摹繪製而成。此外還有宋象賢宗家保留的珍藏版本，以及近代畫家卞崑所繪製的畫作，卞崑的作品中不僅記錄了明確的製作時間和繪製者，而且就連主要的人物姓名、追封職稱以及重要的山水地名也都有詳細的記載。

一五九二年四月十四日，小西行長率領的一萬八千名倭軍第一軍團攻陷了釜山鎮，接著立即對東萊城展開攻勢。雖然當時東萊府使宋象賢在壬辰倭亂爆發的一年前甫上任，不過自他上任以來就開始為了防禦日本入侵而採取了警戒的姿態。宋象賢府使原先的計畫是這樣的，他打算在敵軍入侵時，聯合慶尚左道兵使（亦指兵馬節度使）的兵力一同抵制。不過一聽到釜山鎮淪陷的消息之後，慶尚左道的兵馬節度使李珏就因為心生畏懼而逃之夭夭。另外負責防禦釜山海域慶尚左水營水使（亦指水軍節度使）朴泓，也在敵方大軍湧入釜山浦之際棄城而逃。釜山鎮淪陷之後，能夠守護東萊城的人只有宋象賢府使以及他所率領的士兵們而已。倭軍首先把寫著「戰則戰矣，不戰則假道」的木牌遞送到東

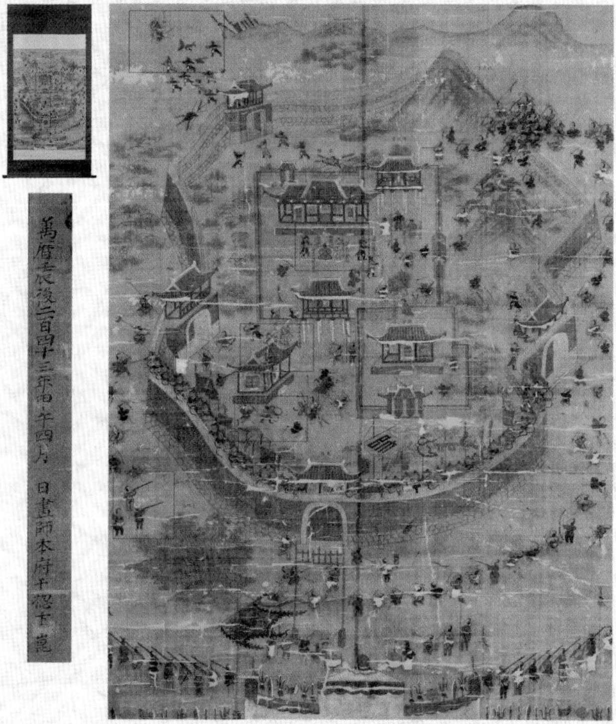

《東萊府殉節圖》：記錄1592年4月15日在東萊城與倭軍奮戰，最終殉國的宋象賢與將士們的繪畫作品。———資料來源：韓國文化財廳

萊城，用以勸告東萊邑城的軍民盡速投降。對此宋象賢將寫著「戰死易，假道難」的木牌擲向敵方陣營，表現出抗戰到底的氣勢。雖然宋象賢一方誓死抗戰，但是卻抵擋不住帶著火槍進攻的敵軍，最後他跑向供奉君王殿牌的客舍前方。宋象賢在盔甲外面被上朝服，面朝君王所在的北方行了四次大禮，並且在扇子上面寫下了留給父親的書信。城破後仍與倭軍奮鬥到底，最終英勇戰死。

老闆娘，我趕著要出發了。
酒館裡上菜速度最快的菜色，
是什麼呢？

看來您真的急如星火啊。
我做一道放滿了各種野菜
做成的拌飯給您，如何呢？

這個當然好，
雖然不是要舉行祭祀，
不過請您均勻地放上蔬菜吧。

我是要給您做拌飯，
怎麼說到祭祀去了呢？

哎呀，因為那個拌飯
就是因為祭祀
而產生的菜餚啊。

真的嗎？這我還是第一次聽說呢。

那麼趁著您在準備的時間，
我就把聽來的拌飯由來告訴您，
請您聽聽看吧。

菜單 5-3

全州拌飯、黃豆芽湯飯

調味恰到好處，更高檔次的全州風味

又有骨董飯之稱的拌飯

骨董吾無厭，
填腸澆饡佳，
下嚥惟己分，
鼓腹是生涯。

這是十八世紀著名的實學家星湖李瀷所寫的五言詩之其中一部分。星湖李瀷在詩中表明自己很喜歡「骨董」，這是指什麼東西呢？答案就是今日我們所吃的拌飯。洪錫謨在《東國歲時記》中介紹了骨董的由來，他說這是來自中國的食物。「江南（揚子江）人好作「盤遊飯」，鮓、脯、膾、炙無不埋在飯下，此即飯之『骨董』，而自古已有此食品也。」

正如星湖李瀷所敘述的內容，拌飯在朝鮮時代被稱之為「汩董飯或骨董飯」。就漢字的意思來解讀的話，「汩」字有混亂之意，而「董」字則有監督之意，而董這個字的部首是草字頭，因此也可以解釋為放入各種蔬菜等，將其與米飯混合攪拌做成的食物。就像在《東國歲時記》十一月篇

裡出現的「骨董麵」，其中也說明了「骨董」是指將各種食材混合在一起的意思。另外聽說在大年三十的夜晚，為了不要讓前一年的食物有所剩餘，不僅是民間，就連宮廷裡也會做拌飯來吃。文獻中最早出現拌飯紀錄的書籍是《是議全書》。書中提到將拌飯和雜燴湯一起端上餐桌。「將米飯煮熟，製過的肉炒熟，做好煎餅之後將其切成絲，各色蔬菜炒好，將上好的昆布先油炸過再弄碎，把上述食材加入米飯裡，再加入大量的辣椒粉、芝麻鹽和食用油，拌勻之後再用碗盛裝。煎好的雞蛋切成像骨牌似的蛋絲擺在最上面。把肉剁成細末狀，充分醃製入味後做成圓球狀的肉丸子，在表面裹上一層麵粉和蛋液，放入鍋中煎熟後也擺放上去。最後把拌飯和雜燴湯一起端上桌享用。」這裡所說的雜燴湯，是指用肋條肉與牛的內臟一起熬煮的湯品。

在研究學者的報告可以看出，早在三國時期舉行的山神祭、洞祭或是時祭等祭祀當中就有「神人共食」的儀式，也就是作為祭祀用的供品會平均分送給參加祭拜的所有人，韓文漢字寫為「飲福」，依據推測，拌飯即是在此時誕生的料理。一般都是在山中或村口擺放供桌舉行祭祀，不僅空間不夠寬敞，而且碗盤的數量也往往不足，因此人們把野菜和燒烤等食物放在同一個碗裡食用，於是拌飯就隨著飲福的儀式而產生了。

另外在《朝鮮無雙新式料理製法》當中，還有一則將拌飯與骨董品和骨董聯想在一起的文章，內容十分有趣。究竟這兩者之間有什麼共同點呢？「拌飯即是指骨董的意思，若是把年久失修、外

表有損傷以及破爛的衣物等擺放在一起販賣，那麼這些東西就變成了骨董，由此看來，拌飯也可以算是骨董的一種，因為它同樣也是由各種食材混合而成的食物。店裡頭賣的東西應該要講求新鮮、別緻而且要擺放整齊，看起來才會清爽乾淨，若是像骨董品一樣雜亂無章地擺放，那麼不管是喜歡拌飯的人或是販售骨董的人，都會看起來像骨董似的顯得混濁不堪。」內容大意是說骨董店的物品擺設十分雜亂，還說喜歡吃拌飯的人跟這種店極其相似，可見這本書的作者李用基對於不把食物好好地擺放整齊，同時將各種食物混合在一起的料理方式感到不甚贊同。除此之外，在朝鮮時代的文獻之中，到處都找得到食用拌飯的紀錄。仁祖時期曾擔任刑曹判書和義禁部判事等職務的文臣朴東亮（一五六九～一六三五），在他的文集《寄齋雜記》裡有在拌飯中加入魚和蔬菜一起吃的紀錄；高宗時期的一八九一至一九一一年期間留下個人日記的池奎植，在他的《荷齋日記》中記載著有五、六位鄰居老人收到了邀請而前往南山山麓松林，當時款待他們的食物中也曾經出現拌飯。此外李德懋的《青莊館全書》中也有相關的記載，他在參加親戚祭祀的時候，因為吃了拌飯而造成腹痛，而且還因此跑了六、七次茅房。那麼朝鮮時代的拌飯價格大約是多少呢？身為李家煥的侄子，而且曾經與茶山丁若鏞有過交流的文臣李學逵（一七七〇～一八三五），在他的著作《洛下生藁》裡記載了拌飯的價格，原來當時的拌飯要價不菲；書中提到：「一條腰帶的價格和富裕人家在夏天吃的一碗骨董飯一樣，要價高達六百錢。」

全州當地製作的高級拌飯料理，還有黃豆芽湯飯

價值六百錢的腰帶與骨董飯的價格是一樣的，可見拌飯在當時是一種高級料理。能夠將這種高級料理作為風味小吃的地方，應該也是不平凡的地方。在韓國將拌飯視為當地代表性風味小吃的地方正是現在全羅北道的道廳所在地，朝鮮時代監營的舊址，同時也是曾被東學農民軍攻陷的全州。全州拌飯、平壤冷麵以及開城湯飯一起被稱為是朝鮮三大美食。

關於全州拌飯的由來有下列幾種說法。第一種說法是將飲福料理發展為全州拌飯。自從甄萱攻克全州，將後百濟的首都定為完山洲（全州）以來，百濟王朝的精神延續至今，此地已經成為一個具有氣度、歷史與傳統的地方。李成桂一家在遷居咸鏡道之前，他的祖先曾經居住過的地方也是全州，全州李氏是朝鮮王室的本籍。現在全州李氏的大同宗約院也設於全州，這裡還供奉著太祖的御真。每年光是周年祭就會舉行好幾次，參加周年祭的人數更是人山人海。由於無法擺桌設宴招待那麼多人，所以在飲福文化的發展過程中，符合王室禮法且具有水準的拌飯就此誕生了。第二個說法是在綠豆將軍全琫準引領民眾發動東學農民運動的時候，據說在戰爭期間，很多士兵不僅連一頓飯都吃不上，補給的糧食也嚴重地不足，因此才會研發出拌飯來作為軍用的食物。第三種是由農忙季節在中間休息時間吃的點心演變為拌飯的說法。全州是一個被田野所環繞的富饒地區，一望無際的平原地形相當適合種植農作物。每到農忙季節，婦女們就會提著裝有點心的竹籃到田裡來，直接在現場做起拌飯來吃。最後第四個說法是這樣的，據說君王與宗親們在吃午膳的點心時，拌飯是上呈給君主的御膳之一。因為全州是王室的本籍所在之地，因此也有人主張由於王室的御膳拌飯後來普及至民間，才會成為一道大眾化的料理。如果不是在全州，而是在其他地方點拌飯來吃的話，通常都是用不鏽鋼碗、瓷碗，或者是用石鍋來盛裝，但是在全州地區，則是會用高級的方字鍮器來盛裝拌飯。現在我們經常吃的石鍋拌飯也是來自於全州，由於三十多年前全州的中央會館開始使用石鍋製作拌飯，因此進而傳播到全國各地。全州是全羅道各地農作物的集散地，因此拌飯所需的各種

鍮器製品：鍮器是指用黃銅製成的器皿。鍮器依據製作技法分為方字鍮器、鑄物鍮器和半方字鍮器，其中方字鍮器的品質最為上等。———資料來源：韓國文化財廳

蔬菜和野菜等應有盡有，就地即可取得豐富的食材。拌飯中的米飯是使用肉湯烹煮而成，然後再加入各種調味料和用陳年醬料拌過的野菜，光是一碗拌飯裡就足足有二十多種蔬菜、野菜和肉類。在全州吃拌飯時通常會搭配醬湯一起食用，於是他們也創造出可以消除脹氣的清爽黃豆芽湯。全州的南川和西川以水質優異而聞名全國，在這些清澈河水的孕育之下培植出個頭小而圓胖的黃豆芽，因此才能煮出美味的黃豆芽湯飯。全州市將全州拌飯視為他們的鄉土資產，每年都會舉行全州拌飯節，藉此向前來參加慶典的本國遊客和外國人宣傳韓式料理的美味、品味和風味。

自稱為「看書癡」的李德懋

奎章閣四大檢書官之一的李德懋（一七四一～一七九三）認為自己只是一個愛看書的傻瓜，因此自稱「看書癡」。正祖對這樣的李德懋疼愛有加，在他擔任官職的十五年期間，光是賞賜物品給他的次數就高達五百二十餘次。另外在他死後，十分愛惜賢才的正祖還特別任命他的兒子李圭景擔任檢書官，使用國家的預算將李德懋的遺稿編制成文集《青莊館全書》。

十八世紀代表性的知識分子李德懋是所謂「白塔派」的成員之一。白塔是指圓覺寺址的十層石塔，居住在白塔周圍，擁有相同想法和理念的一群知識分子被稱之為白塔派。他們之中輩分最高的大師級人物有湛軒洪大容和燕巖朴趾源，李德懋是其中的核心成員，後輩學者包括了楚亭朴齊家、泠齋柳得恭、惕齋李書九以及野餒白東脩等人。他們共同分享歷史、地理、文化、風俗、人物乃至音樂等廣大無垠的知識，是一群愛好風流的文雅之士。特別是洪大容、朴趾源以及朴齊家自從前往清國回來之後，便深深地沉醉於清國的文物之中，並且主張引進清國的文化制度，藉以振興工商業，依據楚亭朴齊家的代表作《北學議》之名，他們也被稱之為「北學派」。

愛書成癡的李德懋據說一生中閱讀過的書籍高達二萬多冊。就算每天讀一本書，要達到這個數量也必須花費五十四年的時間。出身庶子之家的他，其實家境十分地拮据。由於家人忍受不了長時間的飢餓，於是他在不得已的狀況之下，最後只好把珍藏的七卷《孟子》以二百錢的價格出售，用這些微薄的錢換取家人的溫飽。聽聞這件事情之後，他的好友柳得恭將自己心愛的《左氏傳》拿出來賣掉，買了馬格利酒贈予他，聊表安慰之意。身為讀書狂的他即便得了凍傷，在手指頭都已經因凍傷而出血的情況之下，他還是會去跟別人借書回來閱讀。由於囊中羞澀，為了節省紙張，他用蠅頭小字抄寫的書本竟然有上百本之多，書中每個字的一筆一畫都相當端正且工整，充滿了真誠之意。人們都說未經李德懋之眼的書是沒有價值的書，因此經常爭先恐後地把自己的書借給他看。

老闆娘，野菜讓我胃口大開，
請您再給我點辣椒醬，
拌著一起吃應該會更美味。

要求的東西那麼多，
銀兩卻一點也沒多給，
辣椒醬在這裡。

哎呀，
光是用手指頭沾一點嚐嚐就知道，
這個一定是淳昌辣椒醬吧。
極品啊！

唷，您的嘴巴也真夠厲害。
淳昌辣椒醬可是全國第一呢，
雖然我也想過要自己做辣椒醬，
但是卻沒那個閒功夫，
只好去買淳昌辣椒醬了。

怪不得呀，
用老闆娘這隻像鍋蓋般的手，
怎麼可能做出這個味道呢！
聽完淳昌辣椒醬的故事之後，
您再來學一下醃製方法吧。

淳昌辣椒醬

只有淳昌才做得出來的名品醬料

菜單 5-4

以名品辣椒醬聞名於世，淳昌辣椒醬的誕生

一提到淳昌，大家就會聯想到色彩紅豔的淳昌辣椒醬。生產淳昌辣椒醬的地方在全羅北道淳昌郡的各戶人家，以及淳昌邑白山里的淳昌傳統辣椒醬民俗村。淳昌辣椒醬中又以糯米辣椒醬最為出名，顏色紅豔帶有光澤。當地除了糯米辣椒醬之外，另外還有生產粳米辣椒醬、梅子辣椒醬、大麥辣椒醬、高粱辣椒醬以及大蒜辣椒醬。

關於淳昌辣椒醬的淵源透過萬日寺的碑石流傳至今，據說高麗末期李成桂的老師無學大師為了幫助李成桂登基而在此處祈禱了萬日，這也是萬日寺名字的由來。就碑石上所刻的內文來看，無學大師在前往淳昌郡龜林面的萬日寺時，中途曾經在某戶農家裡吃了一頓美味的午餐。由於在農家吃到的辣椒醬令他念念不忘，於是無學大師在朝鮮建國之後，提議將淳昌辣椒醬作為特產品進貢，此後淳昌辣椒醬就成為君王御膳桌上專用的辣椒醬，名聲遠揚至全國各地。但是辣椒是在壬辰倭亂以後才傳入韓國，也就是說開始製作辣椒醬應該是在十八世紀以後的事情，因此故事中提到在朝鮮建國初期，將淳昌辣椒醬作為貢品的事情應非屬實。不過透過像這樣子流傳下來的故事，我們可以得知淳昌辣椒醬的傳統必然已經十分悠久，才會出現足以追溯到朝鮮時代的傳說。

淳昌辣椒醬的顏色美麗，味道一流，然而能夠造就出如此美味並非偶然。其他地區之所以做不

出這樣的辣椒醬，是因為唯有淳昌得天獨厚，擁有非常適合醃製辣椒醬的自然條件。淳昌不僅有蟾津江清澈的河水流經其中，而且四周被剛泉山所環繞，形成獨有的盆地地形，氣候相當適合讓辣椒醬產生發酵作用，可以使微生物的生長達到最高水準。年平均氣溫為十三點五度，溼度平均大約是百分之七十三，起霧的日子每年約有七十七天，在這樣的自然條件之下，讓製作辣椒醬時的米麴菌（Aspergillus Oryzae）得以活躍且積極發揮作用。不僅如此，在蛋白酶（Protease）和澱粉酶（Amylas）大量地生長之下，得以加速分解蛋白質和澱粉的速度，並且增加遊離糖（유리당）與氨基酸的含量，造就出淳昌辣椒醬獨有的香氣和味道。另外由於日照充足，這裡的辣椒醬都是使用經過日曬的太陽草辣椒，因此每次打開辣椒醬的時候，都能夠聞到獨特的辣椒香氣，還可以看到均勻適當的纖維質。在上述這些條件完美地協調在一起之後，就可以生產出品質一如既往的美味辣椒醬。

關於製作辣椒醬的紀錄，最早的文獻出現在景宗的御醫李時弼（一六五七～一七二四），亦有另一說法是出現在譯官李杓（一六八〇～？）所作的《謏聞事說》。這本書中的〈食治方〉篇章中，介紹了淳昌辣椒醬是當地的特產。依據研究學者的推測，該書著述的年代應該是英祖時期的一七二〇年或一七四〇年之間。《謏聞事說》裡的的辣椒醬製作方法非常詳細：「豆子二斗白屑餅五升合細末亂搗入於空石中，正二月限七日晒乾後，將晒好的辣椒粉六升調和，又麥芽一升粘米一升磨成粉末，快冷後甘醬分數同入，全部放入缸中醃製。」

不過有趣的是，書中記載了當時還會將鮑魚、大蝦以及紅蛤一起放入辣椒醬中，另外還有切片的生薑也一同放入，放置於陰涼處醃製十五天之後才拿出來吃的內容。由此可以看出，在朝鮮時代會將海產放入辣椒醬裡一起醃製入味再食用。另外由於上述的製作方法並不是《謏聞事說》的作者親自編寫，而是轉載了其他書籍裡的內容，依作者個人的想法，他認為醬料當中一定還加了蜂蜜，但是製作方法中卻沒有提及蜂蜜，所以作者認為應該是原文作者漏掉這項食材了。除此之外，在一七六六年（英祖四十二年）出版，由柳重臨著作的《增補山林經濟》中也詳細介紹了製作辣椒醬的方法。「在用大豆醃製而成大豆粉一斗裡，加入辣椒粉三合、糯米粉一升，取其三者之味，再加入優質的清醬（傳統醬油）一同醃製，置於陽光下日晒使其發酵熟成。」

依據烹飪專家推測，雖然書中記載的方法與現代的辣椒醬製作方法極其相似，不過由於裡頭的辣椒粉含量低，主要的成分是大醬，所以做出來的醬料看起來應該比較偏向大醬的樣子。另外書中並非用鹽，而是用醬油來做調味，這點與現代的做法也有差異。比《增補山林經濟》晚了五十多年才出版，由憑虛閣李氏著述的《閨閤叢書》中也提及了淳昌辣椒醬和天安辣椒醬，說它們是朝鮮八道的名產。另外也介紹了製作辣椒醬的方法。隨著歲月的流逝，製作方法也逐漸改變，書中的內容比先前放入更多的辣椒粉，從製作豆醬餅開始就加入大米，由此可以確認已經與現代的製作方法更加接近了。然而比《閨閤叢書》再晚五十多年出版，由金迥洙編寫的《月餘農歌》中把辣椒醬稱為

「蕃椒醬」，並且提出了這樣的製作方法，「取大豆製成的麥醬麵粉一斗，辣椒粉三合，糯米粉一升，將三者醃製成青醬，並且放置於陽光下使其發酵熟成。」

將淳昌得天獨厚的自然環境，用真心誠意釀造

另外在一九三一年於東亞日報上連載了一年的「主婦手冊」裡的「掌握本月料理法」中，介紹了製作辣椒醬的方法。文章中提到製作淳昌辣椒醬並不是有什麼祕訣，重點在於必須在把盛放在寬大碗裡的辣椒醬不斷地攪拌使其熟成。第一次醃製的時候，可以把豆醬餅或辣椒切成細末，放入大量的麥芽酵母，將其過濾後再醃製，也可以把生肉切成薄片狀加進去一起醃製。而且淳昌辣椒醬若是醃得太淡而無味的話，很容易使醬料腐敗變質，所以要經常攪拌讓食材均勻入味。

不過若是地點改變的話，即便是請淳昌在地人用淳昌當地的方式來醃製辣椒醬，也做不出淳昌辣椒醬原有的味道。這是因為少了淳昌特有的水、日照曬乾的辣椒、用堆肥法耕種出來的大豆，以及醃製辣椒醬的時間和祕法。淳昌的水比其他地區的水含有更豐富的鐵質，辣椒和做醬曲的黃豆也有比較高的糖分。更重要的是，淳昌辣椒醬的美味祕訣在於農曆七月處暑前後，用陳年黃豆熬製成甜甜圈形狀的豆醬餅。將製作好的豆醬餅懸掛在通風良好的陰涼處放置一個月。到了秋日陽光和煦的時候，從剛收成的新鮮辣椒中挑選出味道辛辣且顏色紅豔的辣椒，把籽全部去除之後，再將其搗碎做成辣椒粉備用。最後到了農曆冬至臘月中旬時，取出豆醬餅以及在秋季時就準備好的新鮮辣椒粉，把這些食材用精心誠意熬製成辣椒醬。之後把辣椒醬缸放在日照充足的地方，並把布襪底樣倒掛貼在缸口上。朝鮮的人們為了替家人做出合腳的布襪，會先依照腳的大小量製布襪底樣，不過淳昌這裡為什麼要把布襪底樣拿來貼在辣椒醬的醬缸上，而且還倒著貼呢？那是因為當地的人相信，如果把布襪底樣倒過來貼的話，惡鬼們就會掉進布襪裡，於是他們就可以守護醬缸，保持辣椒醬的味道不變。總而言之，淳昌辣椒醬是在得天獨厚的天然環境中，配合時機精心醃製的醬料，最後還貼上了布襪底樣，把祈求一切順利的心意也蘊含在其中，造就了聞名全國的淳昌名產。

醬缸和布襪底樣：這是石南宋錫夏先生的現場調查照片，上面附有「在醬缸貼上布襪底樣之風俗」的說明。用韓紙製作的布襪底樣倒貼在醬缸上的樣子。———資料來源：國立民俗博物館

無學大師與鄭道傳的漢陽遷都的核心之爭

如果到了忠清南道瑞山市浮石面看月島里的話，可以看到有顆座落小小岩石島上的看月岩。相傳這座小庵堂是由高麗末期的無學大師所創建，無學大師在此處修道的時候，因為觀看月亮而悟道，故而將庵堂取名為「看月庵」。無學大師被譽為是繼風水大師道詵國師之後的接班人，十分精通風水地理之道，被李成桂奉為老師及王師。因此李成桂在朝鮮建國定都之時，首先就想到了無學大師，並且派他前往當時舊名為南京的首爾，考察建立新都城的位置。於是由於無學大師發生的軼事，造就了後來往十里和踏十里這兩處地名。但是無學大師不是朝廷的實權人物，在與三峰鄭道傳之間展開的漢陽城池布局爭論中處於劣勢。漢陽的四周由內四山所圍繞著，北邊是北岳山（或白岳山）；東邊是駱駝山（洛山）；西邊是仁王山；南邊則是木覓山（南山）。鄭道傳主張應該將朝鮮第一宮殿景福宮的主山定為北岳山，因為他認為自古帝王皆向南面進行統治。相反地，無學大師則是主張應該要把仁王山當作景福宮的主山，將北岳山和木覓山視為左青龍與右白虎；理由是因為北岳山和漢陽的外四山之一冠岳山皆是屬性為火的山，再加上木覓山的名稱中帶有「木」字，因此他認為一旦發生火災的話，將會有巨大的災難橫掃朝鮮。他預言若是以北岳山為主山，在君王傳承至五代之前就會發生篡奪王位的悲劇，而且在二百年之內就會發生重大的變故。讓人感到驚訝的是，他的預言全都變成了現實。李芳遠引發了兩次王子之亂，首陽大君還發動了癸酉靖難，搶走了侄子端宗的君王寶座，而且還自行登基成為世祖。另外朝鮮在建國二百年後的一五九二年發生了壬辰倭亂，漢陽成為一片火

崇禮門匾額（2015 年）：這是朝鮮時代漢陽都城正門崇禮門（南大門）的匾額，依據《芝峰類說》的記載，應是由讓寧大君親自提字書寫。———資料來源：韓國文化財廳

海，就連景福宮也遭到燒毀。其實鄭道傳也不敢完全無視無學大師所說的話，所以他也請人設置了可以鎮壓火氣的布局。他在光化門前設立了兩隻傳說中能吞火的獬豸雕像，並且在崇禮門前方挖了一個名為「南池」的池塘，為了鎮住冠嶽山的不祥之氣，還將崇禮門匾額以縱向懸掛方式豎立起來。

老闆娘，最近好想吃海鮮，
能不能做點海鮮料理給我吃呢？

在我們這種窮鄉僻壤，
哪裡會有海鮮可吃呢？

也是，這裡自然是沒有海鮮可吃的。
不過就算是這樣，
您也說點好聽的安慰我嘛！
海州人為了某位值得感謝的人，
不是連朝鮮八道沒有的食物
都做出來了嗎？

我這輩子從來沒離開過這裡，
每天都在這裡賣酒和食物，
我又怎麼會知道
什麼海州做的食物呢？

若是你沒聽過這個故事的話，
從現在開始就好好地聽我說。
那一道料理呀，
就叫做勝妓樂湯。

海州勝妓樂湯

為了守護海州的貴客們所準備的高級料理

菜單
5-5

送給驅逐蠻夷的貴人，海州人的報恩

高麗時代蒙古入侵時期，元朝在朝鮮半島設立統治機構東寧府的地方就在黃海道。在西北面兵馬使記官崔坦等人向元朝投降之後，此處即劃歸為元朝行省東寧府。幸而在一二九〇年，應高麗忠烈王的要求，元朝將東寧府歸還高麗。進入朝鮮時代之後的一三九五年，也就是太祖四年，取豐川和海州之名，將此處更名為豐海道。一四一七年太宗十八年，由黃州和海州的名稱各取一字，再度改名為黃海道。之後海州成了黃海道觀察使任職的監營所在地。海州的代表性風味菜餚，同時也被稱為朝鮮最佳宮廷料理的是「勝妓樂湯」。因為料理的名稱上有一個湯字，看起來好像是一道湯品，為什麼會取一個這麼奇怪的名字呢？原來是有一段歷時久遠的故事緣由。

在朝鮮初期，被稱為野人的女真族們經常在咸鏡道和平安道一帶策馬前來尋釁滋事，令朝鮮軍民頭疼不已。後來在世宗時期，雖然派遣崔潤德和金宗瑞另外建設了四郡六鎮，讓南方的居民遷居到平安道和咸鏡道，但是野人女真們仍然不斷地越過國境，讓當地民眾不勝甚擾，苦不堪言。其後在一四六〇年世祖六年，申叔舟奉世祖之命越過圖們江征伐野人女真。後來又為了因應明朝的要求攻打建州女真，特意派遣南怡、康純、魚有沼等人，連同尹弼商率領的北伐軍出兵征戰。然後在征伐成功的地方實行徙民政策，讓南邊的居民搬遷到此地居住。但是到了成宗時期，野人女真們又再

次蠢蠢欲動，一逮到機會便屢屢犯境南侵。於是成宗派遣了許琮前往阻擋野人女真的侵犯。關於成宗時期許琮征討野人女真的事蹟，在歷史上留下了多次的記載。例如在一四六〇年野人女真入侵時，他以兵馬節制使都事的身分出征討伐；一四六五年以後，他成為平安、黃海、江原以及咸吉道體察使韓明澮的從事官，對北伐戰績貢獻良多；一四七七年，建州衛的女真族入侵我國，他被任命為平安道巡察使前往征戰。據說勝妓樂湯就是在一四六〇年至一四七七年間，許琮奉成宗之命前往抵禦女真族時，當地百姓們為了招待他而創造出來的料理，並且由許琮親自為其命名。

洪善杓在他於一九四〇年著述的《朝鮮料理學》中提及關於為什麼許琮會把這道特意準備來款待他的料理取名為勝妓樂湯，並闡述了故事的來龍去脈。他奉命前往義州抵禦野人女真的入侵，百姓們為了表示對許琮的歡迎之意，在珍貴的鯛魚裡加入各種調味料，精心準備了一道特製料理來款待他。雖然許琮常年在漢陽侍奉君王，早已品嚐過各種珍貴的宮廷料理，但是這種以鯛魚為食材的菜餚他還是初次品嚐，一吃之下不僅對於味道感到驚豔，而且心中十分感動。於是他向老百姓們打聽這道佳餚的名字，但是大家卻回答說這是特意為許琮準備的食物，由於是第一次製作，所以還沒有取名字。許琮感到大喜過望，認為這道料理的美味勝於在風樂伴奏之下唱歌跳舞的妓女與美酒，因此取「勝過妓生與音樂的湯」之意，替它取名為「勝妓樂湯」。勝妓樂湯又名「勝歌妓湯」，意指「勝過歌舞與妓生的湯」；另外又因為「勝過妓生的絕佳之湯」，於是也有另外一個名稱叫做「勝佳妓湯」。這道菜餚是宮廷進饌或兩班貴族家有喜慶之事時才會準備的最高級食物。朝鮮後期文臣

崔永年（一八五六～一九三五）在他的漢詩集《海東竹枝》裡也有提及勝佳妓湯是海州的名產。

讓人忘卻妓生與音樂之樂的美味鯛魚麵

勝妓樂湯的主要食材鯛魚，是又有「大海的女王」之稱的上等海鮮。鯛魚整個冬天都處於冬眠的狀態，一直到天氣暖和冰塊融化之後，牠才會醒過來並且開始產卵。正值產卵期間的鯛魚不僅魚肉色澤白皙、肉質鮮嫩，而且滋味最佳，營養也特別豐富。因此鯛魚又被稱為是「春天的使者」，在告知人們必須開始進行農事的重要節氣穀雨或端午之際，鯛魚的美味更是達到最高點，可以說是當季最棒的時令食品。不過《增補山林經濟》一書的作者柳重臨卻說：「鯛魚是『魚頭一味』，亦即鯛魚頭是最美味的部分，相較於春夏之際，在秋天時與蓴菜一起熬湯味道更佳。」

文獻中首次記載勝妓樂湯的書籍是一八〇九年出版的《閨閤叢書》。雖然《閨閤叢書》也提到勝妓樂湯是勝於與妓生享樂之湯，不過書裡的勝妓樂湯烹調法中，並非使用鯛魚，而是使用雞肉作為主要食材。「將肥美老雞的雙腳去除，取出內臟之後，將一杯酒、一杯油、良醋一杯倒入，用竹籤將其刺穿，將瓠瓜、香菇、蔥、豬肉油脂切細後大量放入，最後再放入雞蛋，像在熬湯似再以烹煮即可完成。這就是倭館裡的美食，據聞『更勝妓生與音樂』。」這裡提到的倭館美食，是指日本

人的食物，透過倭館流傳至韓國的意思。與上述內容相較之下，一九一三年由方信榮著述的《朝鮮料理製法》與一九二四年出版的《朝鮮無雙新式料理製法》中，皆出現了用鯔魚來取代雞肉的勝妓樂湯，其製作方法與《閨閤叢書》相同。高宗時期以宮廷料理端上筵席桌上時，這道料理的名字叫做「勝只雅湯」，當時也並非使用鯛魚，而是以鯔魚作為主要食材。另外在前面談及全州拌飯時曾經提到著作《洛下生集》的李學逵，他在辛酉迫害時被流放至慶南金海，於是記錄了當地的風俗和鄉土史，編寫了一本名為《金官竹枝詞》的書籍，裡頭提到「勝佳妓」是一種用神仙爐煮成的肉湯，是一種從日本流傳過來的料理。但是崔南善在《朝鮮常識問答》中提到，日本的壽喜燒是在勝妓樂湯從韓國流傳到日本之後才發展出來的料理，待壽喜燒在日本盛行之後，才又重新以另外的面貌傳回了韓國。

雖然在眾多文獻當中，勝妓樂湯使用的主要食材皆不相同，但是海州的勝妓樂湯無庸置疑是用鯛魚做成的鯛魚麵。正如同鯛魚麵一詞的字面意思，準備一尾鯛魚，將鯛魚肉切片做成煎餅後放入鍋中，再把煮好的肉、香菇、綠豆芽、黃花菜、芹菜以及木耳等各式蔬菜放入，雞蛋煎好切成蛋絲，將上述配料依序圍繞著鯛魚的模樣排列。然後再把用各種調味料醃過的肉和肉湯放入，將熟雞蛋做成漂亮的形狀，最後再放入麵條，待湯汁煮沸即可完成。如此一來，一道色彩繽紛的勝妓樂湯就完成了，不僅視覺效果令人感到賞心悅目，口感與風味都是天下一絕，如同宮廷甜點桌上的花朵一樣美不勝收。

盛名一時的南怡將軍最終含冤而逝的原因

若是要選出韓國歷史上慘遭冤死的名將，上榜的代表人物必然是崔瑩將軍和南怡將軍。後來崔瑩將軍被巫師們奉為國師堂的神明，而南怡將軍則是每年都會在首爾的龍頭洞舉行大規模的堂祭。南怡遭到朝中奸臣柳子光誣陷謀反，因此在三日之內處以車裂刑而慘死，當時他的年紀僅僅只有二十八歲。此外還誣陷他的母親在服喪期間吃肉，與兒子私通，以莫須有的罪名將其處以凌遲之刑。那麼南怡到底因為什麼罪名而慘遭處決呢？

南怡的家族裡都是赫赫有名的人物。南怡的祖父是宜山君南暉，祖母則

南怡將軍墓：朝鮮初期的武臣忠武公南怡將軍（1441~1468）的墓地。墳墓的左右兩側分別立著一對文人石與望柱石。———資料來源：韓國文化財廳

是朝鮮太宗的四女貞善公主，也就是說南怡其實是太宗的外曾孫。而他的岳父是開國功臣權近的孫子，同時也是官封左議政，以平定癸酉靖難受封為一等佐翼功臣的權擥。南怡在十九歲時考取武科狀元，其後屢次在沙場上的奮勇殺敵，尤其是在李施愛之亂立下輝煌的戰績，因頭等功勛而受封為「敵愾功臣」，因此集世祖的寵愛於一身。《朝鮮王朝實錄》裡記載了南怡的英勇事蹟，據說他雖然身中四、五支箭，但是仍以泰然自若的神色擊退敵軍。世祖雖然很寵愛南怡，但是也經常勸戒他不可心生自滿。其他人對他的評價則是性格豪爽、善飲酒，但是有蔑視武士的傾向。南怡身任工曹判書之職，同時也官拜等同於現今陸軍參謀總長的五衛都摠府都摠官，後來年僅二十八歲的他就已經登上了兵曹判書之位。不過後來世祖駕崩，素來忌妒南怡的睿宗繼位之後，立即將南怡從兵曹判書降職為從二品的「兼司僕將」。其後在同年十月二十四日，看到彗星劃過天際的南怡說道：「此乃革舊除新之跡象。」於是兵曹參知柳子光便誣陷他有謀反之心，於是下令逮捕南怡將軍並且以逆謀罪名處斬，最後將他處以車裂刑至死。直到一八一八年純祖十八年，在右議政南公轍的奏請之下，南怡才得以恢復官爵和名譽，並且追封「忠武」之謚號。

參考文獻

一手史料

金富軾，《三國史記》／金宗瑞、鄭麟趾《高麗史》／李奎報，《東國李相國集》／李奎報，《朝鮮王朝實錄》／李奎報，《承政院日記》／正祖，《日省錄》／許浚，《東醫寶鑑》／金綏，《需雲雜方》／張桂香，《飲食知味方》／作者不詳，《要錄》／崔世珍，《訓蒙字會》／申維翰，《海游錄》／趙在三，《松南雜識》／金邁淳，《洌陽歲時記》／洪錫謨，《東國歲時記》／徐榮輔等人，《萬機要覽》／徐有榘，《林園經濟志》／憑虛閣李氏《閨閣叢書》／瀋陽館，侍講院《瀋陽狀啓》／李裕元，《林下筆記》／李裕元，《園幸乙卯整理儀軌》／惠慶宮洪氏，《閑中錄》／李荇等人，《新增東國輿地勝覽》／作者不詳，《才物譜》／朴東亮，《寄齋雜記》／池圭植，《荷齋日記》／金安國，《救急禺瘟》／金安國，《慕齋集》／作者不詳，《辟瘟方》／許筠，《屠門大爵》／張善瀓，《谿谷先生集》／李睟光，《芝峯類說》／洪萬選，《山林經濟》／金昌業，《燕行日記》／李海應（推測），《薊山紀程》／柳重臨，《增補山林經濟》／作者不詳，《酒方文》／姜必履，《甘藷譜》／徐有榘，《林園十六志》／徐有榘，《蘭湖漁牧志》／徐有榘，《饔饎雜誌》／金長淳，《甘藷新譜》／金昌漢，《圓藷譜》／朴齊家，《北學議》／趙曮，《海槎日記》／李圭景，《五洲衍文長箋散稿》／吳其濬，《植物名實圖考》／崔漢綺，《農政會要》／全循義，《食療纂要》／柳得恭，《京都雜志》／作者不詳，《是議全書》／黃泌秀，《名物紀略》／李珥，《石潭日記》／權用正，《歲時雜詠》／金鑢，《潭庭遺藁》柳晚恭，《歲時風謠》／崔永年，《海東竹枝》／崔永年，《閨壼要覽》／鄭東愈，《晝永編》／李杓（推測，《謏聞事說》／憑虛閣李氏，《閨閤叢書》／李學逵，《洛下生藁》／李學逵，《金官竹枝詞》／丁若銓，《茲山魚譜》／作者不詳，《歷酒方文》／「農家月令歌」／作者不詳，《婦人必知》／《進饌儀軌》／《進宴儀軌》／《進爵儀軌》／《迎接都監儀軌》／《園幸乙卯整理儀軌》

單行本

崔南善、文亨烈 編，《朝鮮常識問答》，二〇一一／姜仁姬、李慶馥，《韓國食生活風俗》，三英社，一九八四／金尚寶，《朝鮮王朝宮中飲食》，修學社，二〇〇四／金尚寶，《韓國的飲食文化》，가람기획 karamplan，二〇〇六／方信榮，《朝鮮料理製法》，廣益書館，一九二一／白斗鉉（백두현），《飲食知味方注解》，Geulnurim，二〇一五／KBS 韓國人的餐桌製作組，黃橋益，《韓國人的餐桌》，

seed paper，二〇一二／李用基，《朝鮮無雙新式料理製法》，宮廷飲食研究院，二〇一一／吳晴，《朝鮮的年中行事（朝鮮の年中行事）》，民俗院，一九九二／朴宗采，朴熙秉（박희병）譯，《我的父親，朴趾源》，Dolbegae，二〇一三／尹德老（윤덕노），《飲食雜學詞典》，Bookroad，二〇〇七／崔成子，《韓國的風采、滋味與聲音》，慧眼，一九九五／全循義，《食療纂要，我國最早的食醫療法書》，Yesmin，二〇〇六／全循義，韓福麗，《重溫山家要錄》，宮廷飲食研究院，二〇一一／朱寧夏（주영하），《飲食人文學》，Humanist，二〇一一／朱寧夏（주영하），《餐桌上的韓國史》，Humanist，二〇一三／洪善杓，《朝鮮料理學》，朝光社，一九四〇／韓國文化財保護財團 編，《我們的風采，我們的味道：宮中飲食40選》，韓國文化財保護財團，二〇〇六／韓國學中央研究院，《朝鮮後期宮中宴享文化2》，民俗院，二〇〇四／韓福鎮，《我們的百年生活，飲食》，玄岩社，二〇〇一／韓福鎮，《朝鮮時代宮中的食生活文化》，首爾大學出版部，二〇〇五／韓福鎮，《非知不可的我國一百種飲食1》，玄岩社，二〇〇五／韓福鎮，《非知不可的我國一百種飲食2》，玄岩社，二〇〇五／金命吉尚宮，《樂善齋周邊》，朝鮮日報 東洋放送，一九七七／黃教益，《韓國飲食文化的100個事典》，Tabi，二〇一一／世界泡菜研究所編，《韓國宗家流傳的發酵食品：記錄宗婦的手藝》，CookAnd，二〇一五／國立文化財產研究所，《宗家的祭禮與飲食・9》，Worin，二〇〇六／韓國古文書學會，《朝鮮時代生活史3—衣食住行，鮮活的朝鮮風景》，歷史批評社，二〇〇六／韓國古文書學會，《朝鮮時代生活史2—衣食住行，鮮活的朝鮮風景》，歷史批評社，二〇〇〇／韓國歷史研究會，《朝鮮時代的人們是如何生活的呢？1—社會、經濟生活》，青年社，二〇〇五

論文

金基先（김기선），「雪濃湯與御膳桌的語源學考察」，《韓國食生活文化學會誌》12-1，一九九七／金尚寶（김상보），「18世紀宮中飲食考究：以園幸乙卯整理儀軌為中心」，《大韓家政學會》22-4，一九八四／朴玉柱（박옥주），「憑虛閣李氏《閨閤叢書》之相關文獻研究」，《韓國古典女性文學研究》1，二〇〇〇／辛承云（신승운），「朝鮮初期的醫學書，《食療纂要》之對韓研究」，《書誌學研究》40，二〇〇八／李玉南（이옥남），「園幸乙卯整理儀軌中出現的宮中宴會料理之分析」，京畿大學博士論文，二〇一一／車慶熙（차경희），「透過屠門大嚼所見之朝鮮中期各地區生產食品和鄉土飲食」，《韓國食生活文化學會誌》18-4，二〇〇三／車慶熙（차경희），「朝鮮中期外來食品之引進及其影響」，《韓國食生活文化學會誌》，20-4，二〇〇五／金熙善（김희선），「從漁業技術的發展層面來看，《閨壺是議方》與《閨閤叢書》中的魚貝類利用情況之比較研究」，《韓國食生活文化學會誌》19-3，二〇〇四／鄭延亨、金東律、任炫正、車雄碩（정연형，김동율，임현정，차웅석），「關於朝鮮王室飲食治療（食治）中使用的人蔘粟米飲的起源及意義之考察」，《韓國食生活文化學會誌》，30-4，二〇一五／吳順德（오순덕），「朝鮮時代血腸的種類及烹飪方法之文獻考察」，《韓國食生活文化學會誌》27-4，二〇一二

飲食中的朝鮮野史 / 宋永心著 ; 陳曉菁譯 . -- 初版 . -- 新北市 : 臺灣商務 , 2019.12
面 ; 公分 . -- (人文)
ISBN 978-957-05-3246-3(平裝)

1. 飲食風俗 2. 韓國史

538.782 108020423

人文

飲食中的朝鮮野史

알고 먹으면 더 맛있는 음식 속 조선 야사

作　　者—宋永心
譯　　者—陳曉菁
發 行 人—王春申
總 編 輯—李進文
責任編輯—王育涵
書籍設計—吳郁嫻
校　　對—楊芳綾
營業組長—陳召祐
行銷組長—張傑凱
出版發行—臺灣商務印書館股份有限公司
23141 新北市新店區民權路 108-3 號 5 樓（同門市地址）
電話：(02)8667-3712　傳真：(02)8667-3709
讀者服務專線：0800056196
郵撥：0000165-1
E-mail：ecptw@cptw.com.tw
網路書店網址：www.cptw.com.tw
Facebook：facebook.com.tw/ecptw

局版北市業字第 993 號
初版一刷：2019 年 12 月
印刷廠：沈氏藝術印刷股份有限公司
定價：新台幣 430 元
法律顧問—何一芃律師事務所